사이다경제

어디 가서 아는 척할 수 있는
경제 지식

사이다 경제

사이다경제 지음

원앤원북스

경제의 첫걸음,
사이다경제와 함께!

2016년 여름, 다른 스타트업과 마찬가지로 사이다경제도 작은 골방에서 시작되었다. 3명의 창립 멤버가 모여 젊은 우리에게만 보이는 시선으로 경제를 쉽고 재미있게 풀어내려고 고군분투했다. 왜? 경제를 좋아하니까.

어려운 경제를 20대 젊은이들이 어떻게 좋아할 수 있을까? 우리가 항상 받는 질문이었다. 그에 대한 우리의 대답은 경제는 가장 원초적이라는 것이다. 돈이 필요하지 않은 사람이 없고 돈을 쓰지 않는 사람도 없다. 그런데 이런 돈을 버는 것은 어떤 방식으로도 가능하다. 그렇기에 우리가 할 수 있는 이야기는 정말 무궁무진했다. 모든 것이 가능한 가능성의 세계, 그 안에서 우리는 정말 즐겁게 떠들어왔다.

우리가 즐겁게 시작한 일에 점점 많은 분들이 관심을 보이고 같이 즐기기 시작했다. 웹사이트와 앱을 통해 제공한 사이다경제 콘텐츠의 누적 조회 수는 2,600만 회를 돌파했고 월간 방문자 수는 252만 명을 넘어섰다. 우리의 경제 이야기에 이렇게 많은 이들이 귀를 기울인 이유는 경제 지식의 필요성에 공감했기 때문일 것이다.

경제 지식은 자본이 지배하는 경제 체제, 즉 자본주의 사회에서 살아가기 위해 꼭 필요하다. 그러나 우리나라 초등학교, 중학교, 고등학교 정규 교육과정에서 경제 교육은 그리 큰 비중을 차지하지 않는다. 더 나아가 대학교에서도 경제 교육을 접할 수 있는 기회는 흔치 않다. 또한 대부분의 사람들이 어렵고 재미없다는 이유로 경제를 멀리하고, 경제 공부를 하고자 마음먹어도 어떻게 해야 할지 몰라서 막막해한다. 젊은 시선으로 즐겁게 경제 지식을 이야기하는 '사이다경제'는 바로 이런 상황에서 통쾌한 해답이 되었다고 생각한다.

사이다경제는 그동안 신나게 달려왔다. 경제는 어렵다는 인식을 깨뜨리기 위해 젊은 에너지로 쉼 없이 앞을 보고 뛰었고, 그러다 넘어져도 다시 일어나 금세 또 뛰기 시작했다. 초기 서비스는 온라인 콘텐츠 중심이었다. 스마트폰 앱을 통해 그래픽과 오디오, 영상 등 다양한 형태로 경제를 재미있게 풀어냈다. 그리고 현재는 '경제'와 '이로움'을 합쳐 '경이로움'이라는 교육 브랜드를 추가로 론칭했다. '경이로움'은 일반적인 강의 형식, 소규모로 진행하는 스터디 형식, 대규모로 진행하는 세미나 형식으로 총 3가지 형태로 운영되고 있다. 사이다경제가 엄선한 리더들과 함께 점점 더 많은 이들이 동참해 주식 투자부터 부동산 경매, 직장인을 위한 회계, 그리고 블록체인 시스템까지 다양한 주제를 공부하고 있다.

이 책 역시 사이다경제의 지치지 않는 시도 중 하나다. 처음 출간 제의를 받은 시점부터 1년이 넘는 시간 동안 사이다경제를 통해 제공된 경제 지식과 이야기를 꼼꼼히 다듬어냈다. 무엇보다 온라인 콘텐츠에서 분산된 정보를 체계적으로 정리하는 데 초점을 맞췄다. 자본주의 사회를 살면서 꼭 알아야 하는 기초 경제 이야기부터 주식, 펀드, 부동산 등 실생활과 밀접하게 연관되어 있는 금융 이야기까지. 경제를 어디서부터 공부해야 하는지도 모르는 초보자들이 한 호흡으로 따라가기 좋도록 구성했다. 그렇기에 경제 공부의 첫걸음을 내딛는 데 함께할 딱 좋은 책이라고 생각한다.

끝으로 글로벌 경제 대통령으로 불리는 앨런 그린스펀의 말을 빌려 경제 공부의 필요성을 강조하고 싶다.

"문맹은 생활을 불편하게 하지만 금융문맹은 생존을 불가능하게 한다."

- 앨런 그린스펀(전 연준 의장)

경제는 생존을 위한 필수 지식이다. 좋은 학교를 가기 위해 열심히 공부하고 좋은 직장에 들어가기 위해 피나는 노력을 하는 것처럼, 많은 사람들이 그 노력의 반의 반만이라도 투자해 경제 공부를 하기를 바란다. 아니, 경제를 즐기기 바란다. 그 출발을 사이다경제가 함께할 것이다.

오랜 시간 이 책의 집필에 열심히 참여해준 정연두, 유토미, 류광현, 박동수 에디터, 책의 편집을 맡은 오혜미 총괄 에디터, 끝으로 사이다경제를 지금까지 지탱하게 한 세상에 둘도 없는 소중한 동료 정기훈, 양희아, 안민관 팀원들에게 정말 감사하다는 말을 전한다.

사이다경제 대표

김의현

목차

지은이의 말 경제의 첫걸음, 사이다경제와 함께! 004

PART 1. 기초 다지기

CHAPTER 1 나를 둘러싼 경제

왜 경제를 알아야 할까? 017
돈은 왜 만들어졌을까? 021
가격은 누가 정하는 걸까? 024
왜 경제적으로 생각해야 해? 030
내 월급은 왜 오르지 않을까? 033
기업이 돈을 버는 방법 ①: 자본이 자본을 축적한다 039
기업이 돈을 버는 방법 ②: 마케팅이 성패를 좌우한다 043
공기업과 사기업: 공기업의 민영화는 필요할까? 048
정부의 역할 ①: 해주는 게 뭐가 있다고 세금을 내? 053
정부의 역할 ②: 왜 이렇게 하지 말라는 게 많은 거야? 058
쉬어가기: 나우루공화국의 비극 062

CHAPTER 2
사회를 움직이는 경제

금리: 왜 돈을 맡기면 이자를 줄까? 067
인플레이션: 물가는 왜 오르는 거야? 072
쉬어가기: 디플레이션과 스태그플레이션 076
환율: 외국 돈은 얼마에 사야 할까? 079
무역: 다른 나라의 물건을 사고팔다 082
독과점: 한 기업이 시장을 지배한다면 087
주식: 자본주의 사회의 자본을 만들다 091
펀드: 내 투자를 대신해줘! 097
보험: 혹시 모를 위험을 대비하다 102
채권: 국가가 내 돈을 빌린다고? 106
부동산: 움직이지 않는 자산 111

CHAPTER 3
세계를 바꾸는 경제

조약과 국제기구: 우리나라가 다른 나라를 만났을 때 118
기축통화의 왕, 미국 달러 122
언제 어디서나 통하는 화폐, 금 127
검은 황금, 석유를 말하다 130
석유를 둘러싼 분쟁, 1970년대 오일쇼크 135
숫자로 읽는 경제, 경제지표 142
일본의 버블경제와 잃어버린 20년 146
1990년대 몰려온 아시아의 외환위기 150
2008년 글로벌 금융위기, 서브프라임 모기지 156
2016년 브렉시트, 영국의 유럽연합 탈퇴 162
쉬어가기: 샤워실의 바보들 167

PART 2. 지식 넓히기

CHAPTER 4 시야를 넓히는 경제

포드와 아디다스: 생산의 혁신으로 시장을 주도하다 175
조지 소로스: 나라를 무너뜨린 헤지펀드의 신화 178
폰지사기: 다단계는 어떻게 돈을 벌까? 183
히든 챔피언: 탄탄한 경제의 보이지 않는 승리자 186
가계부채: 언제 터질지 모르는 시한폭탄 190
구조조정에도 종류가 있다 193
민영화의 성패: 민영화는 무조건 나쁜 걸까? 197
양적완화: 그들이 돈을 푸는 이유 201
쉬어가기: 베어링은행 파산 사건 205

CHAPTER 5 세상을 이끄는 마케팅

산타를 만들어낸 코카콜라의 마케팅 210
스타벅스를 따라다니는 이디야의 미투 마케팅 213
샤워효과와 폭포효과 216
바이러스처럼 퍼지는 바이럴 마케팅 219
나를 더 욕해주세요! 노이즈 마케팅 222
겁주는 마케팅? 공포 마케팅! 226
숨어서 일격을 노리는 매복 마케팅 229
오늘은 ○○하는 날! 데이 마케팅 232
모두가 사는 명품? 매스티지 브랜드 235
쉬어가기: 존슨앤존슨의 타이레놀 238

CHAPTER 6
미래를 주도할 4차 산업혁명

인공지능은 인간을 대체할까? 242
사물인터넷(IoT)과 산업용 사물인터넷(IIoT) 247
블록체인 도대체 무엇일까? 250
화폐 혁명의 주인공, 비트코인 254
전기차와 스마트카, 상용화는 머지않았다? 257
의료로봇이 수술을 하게 될까? 261
미래를 예측하는 힘, 빅데이터 265
가상현실(VR)과 혼합현실(MR) 269
반도체와 낸드플래시는 왜 그렇게 중요한 걸까? 273

PART 3. 투자하기

CHAPTER 7
주식과 펀드 투자

주식은 모든 투자의 기본이다 281
주식의 진정한 의미는? 283
주식은 정말 위험할까? 286
주식 투자의 방법 ①: 투자 전 각종 자료 분석하기 290
주식 투자의 방법 ②: 수단을 결정해 직접 투자하기 296
쉬어가기: ELS 원금 손실 공포 301
펀드에 돈을 맡겨도 되는 걸까? 303
펀드 투자의 종류 ①: 투자처에 따라 나뉘는 펀드 308
펀드 투자의 종류 ②: 주식 특징에 따라 나뉘는 펀드 312
펀드 투자의 수익률은 어느 정도일까? 316

CHAPTER 8
부동산 투자

부동산이 도대체 뭐길래! 324
부동산을 취득하는 법 329
새 집을 사는 방법, 청약과 전매 333
LTV, DTI, 그리고 신DTI와 DSR: 부동산 대출의 기준 340
쉬어가기: 재건축과 재개발의 차이 345
부동산 투자에는 큰돈이 필요하다? 349
부동산도 간접투자가 가능하다? ① 354
부동산도 간접투자가 가능하다? ② 360
부동산 시장에 관한 전망 364
부동산 투자에 관한 전망 370
쉬어가기: 발로 뛰는 부동산 투자 373

CHAPTER 9
경제와 투자

자본주의 사회에서의 투자 377
인플레이션과 투자 382
금리와 투자 387
환율과 투자 391
앞으로의 투자 전망 396

미주 402

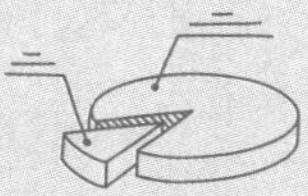

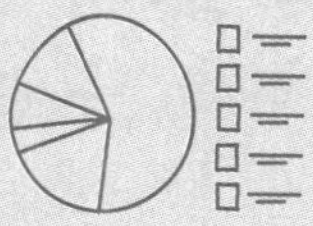

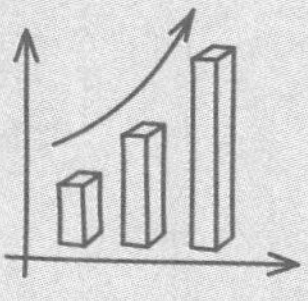

경제는 무엇일까요? 나와는 상관없는 어려운 학문? 아니면 투자를 하는 이들만 알면 되는 전문지식? 경제는 우리의 삶 그 자체입니다. 내가 사는 물건의 가격, 물건을 살 때 지불하는 나의 돈, 내가 살고 있는 국가 등 나를 둘러싼 모든 것이 경제입니다. 경제는 또한 사회를 굴러가게 합니다. 은행은 금리를 통해 세상에 돌아다니는 돈의 흐름을 관리하고, 주식과 펀드와 채권은 기업과 나라를 운영하기 위해 필요한 자본을 만들어줍니다. 끝으로 경제는 전 세계를 연결시켜줍니다. 원유, 금, 달러 등의 가격은 모든 나라에 영향을 끼치며 각종 조약과 협력기구를 통해 영향력을 조절합니다. 우리 주변부터 나아가 전 세계까지 모든 곳에 존재하는 경제를 지금부터 알아봅시다.

PART 1

기초 다지기

CHAPTER 1

나를 둘러싼 경제

왜 경제를 알아야 할까?

국내 포털사이트 검색 순위를 보면 '경제뉴스'가 상당 부분을 차지합니다. 특히 암호화폐, 미국 금리 인상 등의 이슈는 연예인 가십만큼 뉴스에 자주 등장하죠. 하지만 경제 관련 기사를 볼 때마다 그저 꺼림칙한 기분이 들 뿐, 정작 나와는 아무 관련이 없는 것 같습니다.

왜 경제를 알아야 할까요? 당장 집안일과 회사 일을 하기도 벅차고 경제뉴스들은 직접 와닿지 않는데 말이죠. 경제성장률이 올라도 내 월급은 변함없고, 미국 금리가 올라도 1년에 한 2번 가는 해외여행에서 큰 어려움을 겪는 것 같지 않습니다. 한마디로 경제는 내 삶과 상관없어 보입니다. 오히려 잘 빠지지 않는 나잇살 다이어트법을 경제보다 더 알고 싶죠.

다이어트 실패도 경제와 관련이 있다고?

경제학자의 생각은 좀 다릅니다. 경제가 우리 삶과 매우 밀접하게 연관되어 있다고 주장합니다. 심지어 다이어트조차 경제를 떠나서 생각할 수 없다고 하죠. 의식주 문제를 경제 현상으로 설명한 『경제학을 입다/먹다/짓다』의 박정호 저자는 다이어트 실패를 비용과 편익의 관점에서 분석한 경제학자들의 의견을 소개합니다.

먼저 비용의 관점입니다. 워싱턴대학의 애덤 드레브노프스키 교수는 미국 내 저소득층 가구가 몸에 해로운 음식을 더 섭취해 비만율이 평균보다 2배 이상 높다고 주장합니다. 또 하버드대학의 데이비드 커틀러 교수는 음식을 섭취하는 비용이 줄어 비만율이 높아졌다고 주장하죠. 이때 구매 비용뿐 아니라 불편함까지 모두 비용으로 계산합니다. 즉 감자튀김이 먹고 싶을 때, 옛날에는 힘든 육체노동 끝에 수확한 감자를 깎고 튀겨야 했지만 지금은 스마트폰 배달 앱으로 감자튀김을 주문하면 됩니다. 금전적인 비용과 불편함이 모두 줄어들었죠.

다음으로 편익의 관점입니다. 베스트셀러 『넛지』의 저자로 유명한 시카고 부스 경영대학원 리처드 탈러 교수는 우리가 현재의 이익에 눈이 멀어 미래 이익을 낮춰 본다고 주장합니다. 다시 말해 몇 달 후의 날씬한 몸매보다 눈앞의 초콜릿 아이스크림이 더 중요하게 느껴지는 거죠. 하루 이틀 음식을 참는다고 내 몸매가 눈에 띄게 달라지지는 않는데 눈앞의 초콜릿 아이스크림은 지금 녹고 있거든요.

흥미로운 사실은 다이어트 실패의 경제적 원인에 대해서도 경제학자들은 각기 다른 주장을 한다는 점입니다. 이 사람이 말할 때는 이 말이 맞는 것 같고, 저 사람이 말할 때는 저 말이 맞는 것 같죠. 속 시원히 해결되는 건 없고 들으면 들을수록 헷갈립니다. 이렇게 경제학자들의 주장이 다른 이유는 경제가 우리의 복잡한 삶을 반영하기 때문입니다.

우리 삶만큼 복잡한 경제학

베스트셀러 『괴짜 경제학』의 저자이자 시카고대학 스티븐 레빗 교수는 "경제학이란 모든 것의 이면을 파헤치는 학문"이라고 정의합니다. 우리가 하는 행동 하나하나가 모두 경제와 관련이 있다는 이야기죠. 주말이 시작되는 금요일 퇴근 후 맥주 한 잔을 홀짝이며 TV 예능 프로그램을 보고 다음 날 아침에 늦게 일어나 화장실에 가는 일조차 경제를 떼어놓고 말할 수 없습니다.

혼자서 즐기는 맥주 한 잔에도 주류기업과 소비자 간의 경제활동이 숨어 있습니다. 경기 불황으로 회식 문화가 차츰 사라지자 혼자서 술을 즐기는 '혼술족'이 생겼고, 혼술족들은 개인 취향에 따라 다양한 맥주를 마시기 원했습니다. 이런 요구에 부응해 주류업체는 외국 맥주를 수입했고, 유통업체는 여러 국가의 맥주를 매장에 우선 배치합니다. 그 덕분에 평소 수입맥주에 관심이 없던 사람도 진열대를 보고 구매욕이 생깁니다. 지난달 흘려들은 경제뉴스가 오늘 우리가 마시는 맥주의 취향에 영향을 준 셈이죠.

이렇게 수입맥주만 놓고 보면 단순해 보이지만 수입맥주의 대체재로 소주, 과실주 등 다른 주종까지 고려하면 셈법이 복잡해집니다. 그동안 경제학자들은 수입맥주 같은 특정 영역에 대한 가설을 세운 후 가설을 검증하는 방식으로 경제를 연구해왔습니다. 이는 마치 과학 연구의 정석을 그대로 따른 것처럼 보이죠.

그러나 과학과 경제학은 생김새만 비슷할 뿐이지 자세히 들여다보면 전혀 다릅니다. 과학은 일정한 논리로 움직이는 자연에서 법칙을 찾아내지만, 경제학은 하루에도 몇 번씩 마음이 바뀌는 사람에게서 법칙을 찾아냅니다. 꽤 오랫동안 경제학자들은 인간도 자연법칙처럼 일정한 논리대로 움직인다고 믿었습니다. 실제로 많은 사람들이 경제를 알수록 '합리적으로' 움직인다고 생각하죠. 하지만 인간의 실제 행동을 토대로 경제를 설명한 행동 경제학에서는 소위 말하는 '합리적 인간'과는 정반대의 이야기를 합니다.

도대체 어느 쪽이 옳을까요? 확실한 건 정답이 없다는 것입니다. 우스갯소리처럼 "그때그때 달라요"라고 말할 수도 있습니다. 때로는 기존의 표준 경제학이 옳고, 때로는 행동 경제학이 옳습니다. 이들 이론의 최대 변수가 바로 인간이기 때문입니다.

경제를 이해하는 건 인간을 이해하는 것

경제를 이해하는 깊이와 폭은 곧 인간을 이해하는 깊이와 폭입니다. 인간을 이해하는 것은 곧 인간이 놓인 상황을 이해하는 것이죠. 내가 직면한 경제 상황은 누구보다 자신이 가장 잘 알고 있습니다. 뉴스에 나오는 경제학자들은 자기만의 영역을 설정한 후 일반적 기준에 따라 이러쿵저러쿵 논평하는 것일 뿐 나의 경제 상황까지 고려하지는 않습니다. 우리가 할 일은 경제학자들이 내놓은 해법 중에서 자신에게 가장 알맞은 답을 고르는 것입니다. 이때 좋은 선택을 하려면 경제를 제대로 알아야 합니다.

"경제가 너무 어려워요!"라고 호소하는 사람들에게 이렇게 말하겠습니다. 경제는 어려운 것이 아니라 어려워 보일 뿐이라고 말입니다. 우리가 사는 세상을 경제용어로 바꿔 말하니까 좀 헷갈리는 것뿐이죠. 경제는 우리가 사는 세상보다 더 어렵지도, 더 쉽지도 않습니다. 어렵다고 외면하면 영영 알 수 없는 세상이 저기 닫힌 문 너머에 있습니다. 문 앞에서 그만 망설이고 이제 문을 열어보세요. 생각보다 쉬운 경제의 세계가 당신을 기다립니다.

돈은 왜 만들어졌을까?

인류 역사상 가장 위대한 발명품은 무엇일까요? 전기, 바퀴, 세탁기, 컴퓨터, 아이폰, 인공지능 등 수많은 발명품이 떠오릅니다. 범위가 넓어서 하나만 선택하기도 어렵죠. 그렇다면 경제 분야에 한정해보면 어떨까요? 저는 가장 먼저 '화폐'가 떠오릅니다.

화폐는 현대 경제활동의 근간이자 사회관계를 잇는 필수 매개체입니다. 사람들은 각자 '상품'을 생산·판매하고 또 다른 '상품'을 구매합니다. 화폐는 개별 상품의 가치를 재는 척도가 되어 사람들끼리 상품을 사고팔 수 있게 돕습니다. 오늘날에는 상품 가치가 동일한 기준의 가격으로 표시되는 일을 당연하게 여기지만, 화폐의 존재가 처음부터 당연한 일은 아니었습니다. 철저하게 필요해서 생겨난 인류의 위대한 발명품 중 하나죠.

물물교환 시대의 화폐

화폐란 우리가 일한 것의 가치를 동등한 기준에서 평가하려고 선택한 특정 물품을 말합니다. 물품의 형태는 시대마다, 사회적 약속에 따라 달라집니다. 물물교환 시대에는 각 물품이 화폐 역할을 했습니다. 돼지 1마리를 사과 100개와 바꿀 수 있다면, 돼지와 사과가 화폐처럼 사용된 셈이죠.

물물교환에는 치명적 단점이 몇 가지 있습니다. 첫째, 당사자끼리 서로 원하는 물품이 다르면 교환할 수 없습니다. 둘째, 각자가 생각하는 물품의 가치가 다릅니다. 사과를 좋아하는 돼지농장 주인은 자신이 먹으려고 돼지 1마리당 오늘 갓 딴 사과 100개를 달라고 하고, 사과를 싫어하는 돼지농장 주인은 돼지 먹이로 쓰려고 상처투성이 사과 200개를 달라고 합니다. 목적에 따라 사과의 가치가 달라지니까 혼란스럽겠죠. 셋째, 물품은 부피가 커서 들고 다니기가 어렵습니다. 즉 휴대성과 이동성이 떨어집니다. 만약 돼지농장 주인이 서울에서 부산으로 여행을 떠난다면 여행경비로 돼지 10마리를 끌고 가야 하는 겁니다.

새로운 매개수단, 금속화폐의 등장

물물교환이 활발해지자 사람들은 각 물품 사이의 기준이 될 만한 물품, 즉 물물교환의 매개수단을 정합니다. 처음에는 베, 쌀, 소금 등 살아가는 데 꼭 필요한 물품을 선택했습니다. 그러나 이런 초기 매개수단은 유통이 발달할수록 점점 한계를 드러냅니다. 먹지 못하는 쌀과 사용하지 못하는 베가 화폐로 유통되는 등 품질이 들쭉날쭉해서 '물품 사이의 기준'으로 제 역할을 다하지 못하는 경우가 발생했기 때문이죠.

결국 사람들은 시간이 오래 지나도 변치 않고 항상 일정한 가치를 지닌 물품을 찾다가 금과 은 같은 귀금속을 선택합니다. 금속화폐는 물품화폐보다 보관과 운반이 쉽고 화폐 자체의 가치도 오래도록 유지됩니다. 또 화폐 단위를 지금처럼 10원, 50원, 100원 등 여러 단위로 나눌 수도 있고요. 새로운 매개수단이 등장한 것이죠.

가짜가 진짜를 몰아내다

금속화폐는 금과 은 같은 귀금속을 직접 캐낸 후 화폐로 가공해 공급되었습니다. 채광 양과 제련 기술의 한계로 공급량이 항상 일정할 수밖에 없었죠. 결국 화폐의 양이 경제 규모의 발전 속도를 따라가지 못하게 됩니다. 쉽게 말해 한 나라에서 유통되는 금이 부족해서 회사가 직원의 월급을 못 올려주는 상황인 것이죠.

사람들은 금속화폐의 단점을 보완해 법화(法貨)를 만듭니다. 법화란 법이 정한 물품을 화폐로 인정한 것을 말합니다. 현재 법화는 주로 종이를 사용하는데, 종이 화폐가 탄생할 수 있었던 것은 17세기에 은행이 등장한 덕이 큽니다. 17세기 영국에서는 금 세공사에게 금을 맡긴 후 금 보관증을 받아 화폐처럼 사용했습니다. 즉 진짜 금화는 안전하게 보관하는 대신 금 보관증만 유통된 셈이죠. 이름만 화폐인 명목화폐가 진짜 금화인 실물화폐를 밀어낸 순간입니다. 이후 명목화폐는 실물화폐보다 더 자주 사용되다가 결국 실물화폐와 상관없이 독립적으로 사용되기에 이릅니다.

경제의 혈액 같은 존재인 화폐

화폐는 자본주의 경제의 출발점입니다. 상품을 생산하는 기업은 은행에서 신용을 바탕으로 화폐를 받아 노동자의 임금을 지불하고 상품 재료를 사옵니다. 반대로 이윤이 생기면 화폐로 자산을 축적하죠. 또한 은행은 기업에 빌려준 화폐에서 이자를 받아 수익을 내며, 금융 시장은 화폐 창출을 위해 주식, 채권, 대출 등 다양한 방법을 사용합니다. 즉 화폐는 자본주의 사회 곳곳에서 가치를 만들고 교환할 수 있는 연결고리입니다. 경제가 곧 화폐라고도 할 수 있죠. 모든 경제의 이면에 화폐가 있음을 잊지 않는다면 앞으로의 이야기도 쉽게 이해할 수 있을 것입니다.

가격은 누가 정하는 걸까?

화폐 이야기에서 살펴본 대로 가격은 상품의 가치를 돈으로 나타낸 것입니다. 자본주의를 비판한 경제학자 칼 마르크스는 자신의 저서 『자본론』에서 상품 이야기를 가장 먼저 합니다. 마르크스는 상품의 조건을

"다른 사람에게 필요한 물건"으로 설명합니다. 또 상품의 가치는 상품을 생산하는 데 투입한 시간에 따라 결정된다고 하죠.

결국 판매자는 자신이 생산한 상품 값을 높임으로써 자신이 투입한 시간의 가치를 최대한 높이려 하고, 구매자는 이미 화폐로 바꾼 자신의 가치를 최대한 지키기 위해 판매자의 상품을 저렴하게 구매하려 합니다. 가격은 판매자와 구매자의 줄다리기를 통해 결정되는 셈이죠.

경제학의 수요: 능력과 마음의 이중주

경제학에서 말하는 수요는 구매 '욕구'와 구매 '능력'을 합친 뜻입니다. 수요자에게는 물건 살 마음과 물건 살 능력이 다 필요합니다. 재벌에게 핵무기를 살 자금이 있더라도 국방부에서 구매를 허락하지 않겠죠. 그렇다면 재벌은 핵무기의 수요자가 아닙니다. 반대로 핵무장을 반대하는 나라에서는 구매 능력이 있어도 구매 욕구가 없는 셈이 됩니다.

수요법칙: 가격이 오르면 수요량이 줄어든다

수요량은 수요자가 재화와 서비스를 특정 가격에 구매하려는 양을 뜻합니다. 예를 들어 노트북 1대를 70만 원 주고 사려는 수요가 전국에 1만 건이라면 70만 원의 수요량은 1만 대가 됩니다.

수요량은 가격에 따라 좌우되는 경우가 많습니다. 대학 새내기 김 군의 예를 들어보죠. 그는 형이 쓰던 노트북을 물려받았기 때문에 당분

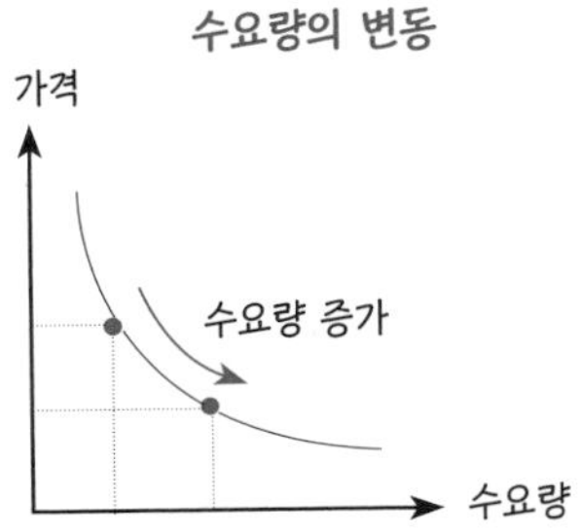

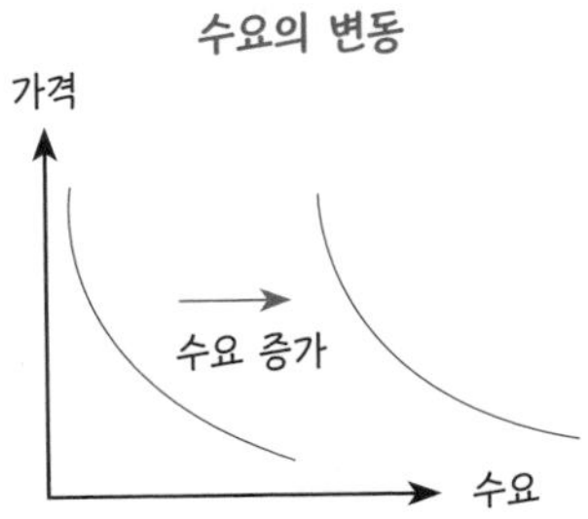

간 노트북을 살 생각이 없었습니다. 그러나 신형 노트북이 신학기 특가로 50% 할인되자 노트북을 구매합니다. 이렇게 수요량은 가격이 낮아질수록 증가하고, 가격이 높아질수록 감소합니다. 이런 가격과 수요량의 관계를 그린 그래프를 '수요곡선'이라고 합니다.

대개 수요량은 가격에 따라 좌우되지만 항상 그렇지는 않습니다. 다시 노트북 이야기를 해봅시다. 신학기 이후 판매상은 재고 정리를 위해 100만 원짜리 노트북을 70% 할인 판매합니다. 그러자 한 달 만에 전체 노트북 판매량(수요량)이 100대에서 200대로 증가합니다. 한 달 후 제조사에서 획기적 성능의 노트북을 새롭게 출시했습니다. 판매상은 노트북 가격을 종전의 100만 원으로 되돌렸지만 신제품 덕분에 노트북 판매량(수요량)은 200대로 그대로 유지됩니다.

수요량의 변동은 가격 때문에 발생합니다. 가격은 정확한 위치를 수요곡선에 점으로 표기하고, 점과 점의 변화를 추적해 변동 폭을 확인할 수 있습니다. 하지만 수요의 변동은 가격 이외의 조건, 즉 신제품 출시 같은 외부 요인 때문에 발생합니다. 외부 요인은 가격만큼 정확하게 측정할 수 없고, 당연히 수요량의 변동처럼 정확한 위치를 수요곡선에 한 점으로 표기할 수도 없죠. 그래서 수요의 변동은 수요곡선을 통째로 움직여 그 변동 폭을 가늠합니다.

경제학의 공급: 시장에서 파는 물건

경제학에서 말하는 공급은 재화와 서비스를 시장에서 판매하는 것을 말합니다. 만약 정부에서 노트북을 교육 목적으로 무상 보급하면 이는 경제학의 공급으로 볼 수 없습니다. 경제학에서의 공급은 오로지 판매와 교환을 목적으로 시장에서 수요자의 필요에 의해 제공되어야 하며, 반드시 돈을 받고 팔아야 합니다.

공급법칙: 가격이 오르면 공급량이 증가한다

공급량이란 공급자가 특정 가격에 판매하려는 재화와 서비스의 양을 말합니다. 수요와 마찬가지로 가격이 공급량을 좌우하기에 기업은 이윤을 위해 가격을 올리고 공급량을 늘립니다. 이번에도 노트북을 예로 들어보죠. 중국 기업의 노트북 제조 공장이 지진으로 무너져 노트북 가격이 급상승하자 한국 기업은 잽싸게 노트북 가격을 올린 후 노트북 제조량을 2배로 늘립니다. 가격도 올리고 판매량도 늘어나니 이보다 좋을 수 없죠. 바로 이것이 가격이 오르면 공급량이 증가하는 공급법칙입니다. 반대로 가격이 내리면 손해를 보지 않으려고 공급량을

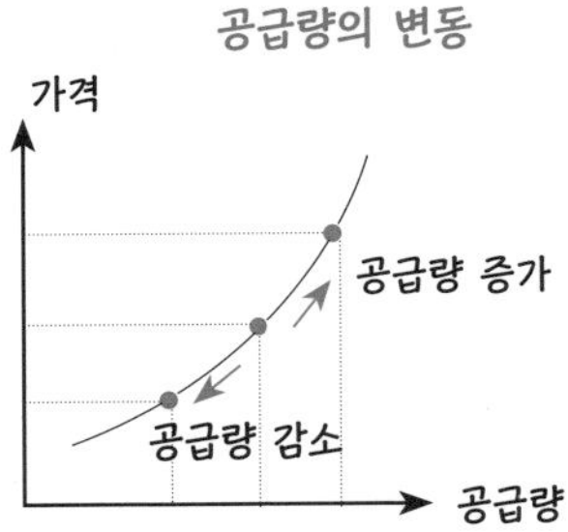

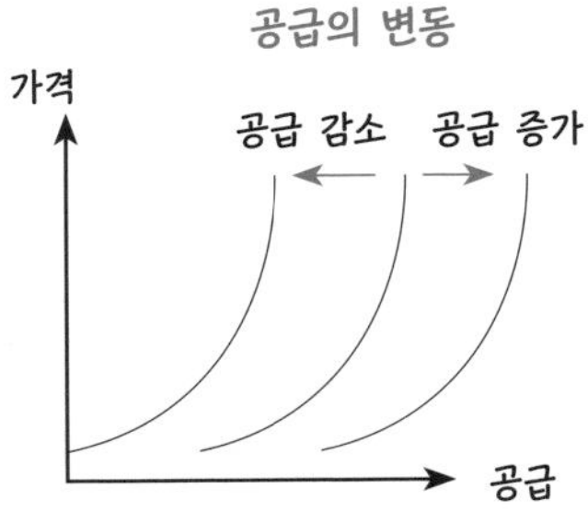

줄입니다.

일반적으로 공급량은 가격에 따라 결정됩니다. 가격이 오를수록 공급량이 늘어나죠. 그런데 예외도 있습니다. 중국 기업의 지진 사례로 돌아가봅시다. 평소 같으면 한국 기업이 가격을 올리고 공급량도 늘렸을 텐데, 이번에는 지진이 발생한 시기가 한국 기업의 발목을 잡습니다. 지진 발생 한 달 전부터 한국 기업은 신학기 50% 할인행사를 대대적으로 광고했습니다. 한국 기업은 할인행사를 없던 일로 하고 싶지만 대중의 이목이 두렵습니다. 하루빨리 할인행사를 마무리 짓고 노트북을 높은 가격에 팔고 싶습니다. 그렇다면 방법은 하나뿐이죠. 적게 생산해 적게 파는 것입니다. 한국 기업은 기업 이미지를 위해 할인행사를 취소하지 않고 공급곡선 상의 공급량을 줄입니다.

그런데 할인행사 이후 뜻밖의 일이 벌어집니다. 중국 지진의 여파가 부품 공장으로 번져 생산원가가 급상승한 것입니다. 손해를 보지 않으려면 가격을 인상해야 하는데, 이번에는 정부가 발목을 붙잡네요. 정부는 중국 지진의 여파로 생활물가가 급상승하는 것을 막으려고 한국

기업에 가격 인상을 당분간 보류하라고 권고합니다. 한국 기업은 울며 겨자 먹기로 가격을 동결하고 공급을 줄입니다. 수요곡선과 마찬가지로 공급곡선의 이동도 '외부 요인'에 의해서 이뤄집니다.

공급량은 곧 이윤입니다. 기업은 이윤을 늘리기 위해 공급량을 늘리고, 이윤이 줄어드는 탓에 공급량을 줄입니다. 공급량과 이윤의 관계를 꼭 명심하세요.

대체재와 보완재

지금까지 살펴본 수요곡선과 공급곡선이 만나는 곳에서 시장은 균형을 이루며 가격을 형성합니다. 수요와 공급을 좌우하는 환경 요인은 셀 수 없이 많지만, 그중에서 대체재와 보완재의 관계를 알아보도록 합시다.

대체재란 말 그대로 어떤 물건을 대신할 수 있는 재화나 서비스를 말합니다. 노트북의 대체재로는 태블릿PC가 있죠. 수요 측면에서는 노트북의 수요가 증가하면 태블릿PC의 수요가 감소합니다. 공급 측면에서는 노트북 가격이 떨어져 수요가 증가하면 태블릿PC의 제조사는 공급을 줄입니다. 이렇게 노트북 아니면 태블릿PC, 즉 대체재는 일종의 경쟁 관계죠.

반대로 보완재는 이것이 잘되면 저것도 잘되는 재화와 서비스를 말합니다. 즉 서로 돕는 관계에 있는 셈입니다. 예를 들어 노트북이 잘 팔리면 노트북 가방도 잘 팔리겠죠. 보완재 관계에 있는 제품끼리는 수요와 공급이 함께 움직입니다.

왜 경제적으로 생각해야 해?

영국 케임브리지대학 경제학과 장하준 교수는 저서 『장하준의 경제학 강의』에서 로마의 정치인 마르쿠스 툴리우스 키케로의 "누가 이득을 보는가?"라는 질문을 인용해 "경제학은 정치적 논쟁"이라고 주장합니다. 사회 구성원들이 한정된 자원을 어떻게 사용할지 정할 때 결국은 정치적·도덕적 기준으로 결단을 내린다는 것이죠. 개인의 문제도 마찬가지입니다. 키케로의 질문을 살짝 비틀어보죠. 여러분은 이득을 보고 있나요?

이득과 손해는 반드시 우리 앞으로 밀려옵니다. 아무 선택을 하지 않아도 그에 따르는 결과를 피할 수 없죠. '선택하지 않음'도 일종의 선택이니까요. 그렇다면 남은 건 합리적 선택을 하는 길뿐인데, 다행히도 경제학에서는 오랜 시간 합리적 선택을 돕는 다양한 방법을 연구해왔습니다. 그중 하나가 바로 '기회비용'이라는 개념입니다.

포기의 가치 기회비용

기회비용은 선택하지 않은 것 중에서 가장 큰 가치의 비용을 말합니다. 직장인 김 씨는 재테크 투자 상담을 받고 고민에 빠집니다. 상담사는 그에게 ① 연 수익 20%의 부동산 투자, ② 연 수익 10%의 주식형 펀드, ③ 연 수익 5%의 채권 투자를 제안합니다. 이 중에서 김 씨는 부동산 투자를 선택했죠. 이때 기회비용은 선택하지 않은 주식형 펀드와 채권 투자 중에서 더 큰 가치를 가진 '② 주식형 펀드 연 수익 10%'가 됩니다.

기업은 연구개발, 시설 증설, 마케팅 확대 등 여러 선택지를 펼쳐놓고 여유 자금을 어디에 쓸지 결정합니다. 만약 여유 자금을 연구개발에 투자한다면 기업은 시설을 증설해 기존 제품의 판매를 늘려 수익을 확대하는 것보다 신제품을 출시해 늘어나는 수익 규모가 더 크다고 판단한 것입니다.

정부도 마찬가지입니다. 보건소에서는 매년 65세 이상 국민에게 폐렴구균을 무료로 예방접종합니다. 무료 접종으로 얻는 이득이 접종하지 않아서 생기는 손해보다 크기 때문에, 매년 거액의 예산을 책정하는 것이죠. 물론 정부의 무료 접종에 경제적 이유만 있는 것은 아닙니다. 그러나 만약 무료 예방접종의 기회비용이 너무 크다면 정부는 무료 접종 대신에 다른 방법을 찾을 것입니다. 기회비용은 이렇게 경제 행위를 선택할 때 반드시 고려해야 할 필수 요소입니다.

명시적 비용과 암묵적 비용

경제학에서는 기회비용이 적을수록 합리적 선택이라고 합니다. 사실 기회비용을 계산하기란 생각보다 어렵습니다. 우리가 포기한 가치에는 눈에 보이지 않는 가치가 섞여 있기 때문입니다. 대개 사람들은 명시적 기회비용만 생각하는 경향이 있습니다. 명시적 비용은 다른 사람의 재화와 서비스를 사용한 대가로 현금을 직접 지불하는 것을 말하는데, 그 흐름을 쉽게 파악할 수 있죠. 반대로 암묵적 비용은 선택하지 않고 포기한 기회의 잠재적 비용을 말합니다.

예를 들어봅시다. 연봉 3천만 원을 받던 직장인 김 씨가 직장을 그만둔 후 자기 돈 1억 원을 투자해 치킨집을 개업합니다. 이때 사람들은 연봉 3천만 원만 기회비용(명시적 비용)으로 생각하는데, 여기엔 암묵적 비용의 규모도 상당합니다. 암묵적 비용에 포함되는 것으로 자유시간이 있습니다. 김 씨는 직장을 다닐 때 토요일과 일요일, 연간 15일의 유급휴가, 공휴일 등을 합쳐 1년 동안 130여 일의 자유시간을 즐겼습니다. 그런데 치킨집을 개업한 후에는 매주 하루만 가게를 쉬기 때문에 1년 동안 자유시간은 50여 일뿐입니다. 또 투자금 1억 원을 가게를 여는 데 쓰지 않고 은행에 맡겨두었을 때 얻을 수 있는 예금이자 2%의 수익 200만 원도 암묵적 비용에 속합니다.

눈에 잘 보여서 잊을 수 없는 매몰비용 효과

기회비용은 잘 보이지 않아서 말썽을 일으키지만, 반대로 매몰비용은 너무 잘 보여서 말썽을 일으킵니다. 매몰비용이란 이미 파묻어서(매몰) 되돌릴 수 없는 비용을 말합니다. 쉽게 말해 본전이 생각나는 비용이죠.

1년 전 치킨집을 개업한 김 씨는 지난 한 해를 결산하고 나서 크게 실망했습니다. 적자 폭이 줄기는커녕 꾸준히 유지되었기 때문입니다. 이러다가 내년에는 가게 운영비를 위해 빚을 내야 할지도 모릅니다. 때마침 전 직장의 상사가 재입사를 권유합니다. 고민하던 김 씨는 재입사 권유를 물리치고 가게를 좀더 해보기로 결정합니다. 임차료와 인테리어, 가게 운영비로 쓴 투자금 1억 원을 어떻게든 만회하고 싶었기 때문이죠. 또 그간 확보한 단골도 잃고 싶지 않았고요.

이렇게 김 씨가 아깝게 여기는, 돌이킬 수 없는 돈이 바로 매몰비용입니다. 매몰비용 때문에 비합리적인 선택을 하는 것을 매몰비용 효과라고 하고요. 매몰비용 효과는 김 씨만의 이야기가 아닙니다. 정부와 기업도 매몰비용 효과에 얽매여 비합리적 선택을 하곤 합니다.

문재인 정부의 핵심 공약인 탈(脫)원전 정책을 둘러싼 찬반 논의도 마찬가지입니다. 신고리 원자력 발전소 5·6호기의 건설이 잠정 중단되자, 반대 측에서는 2조 6천억 원에 달하는 공사 중단 손실과 세계적 원전 기술의 사장이라는 매몰비용을 이야기합니다. 찬성 측에서는 원전 폐로 및 핵폐기물 처리 비용 등 가까운 미래에 치러야 할 손실이 매몰비용보다 많다고 주장합니다. 탈원전 정책은 문재인 정권 내내 사회적 합의를 위해 진통을 겪을 것으로 예상됩니다. 매몰비용의 규모에 휘둘려 정말 중요한 것이 무엇인지 잊어서는 안 될 것입니다.

내 월급은 왜 오르지 않을까?

2018년 3월 영국 주간지 〈이코노미스트〉 산하 경제분석기관 이코노미스트 인텔리전스 유닛(EIU)에서 '세계 생활비(Worldwide Cost of Living)' 보고서를 발표했습니다. 서울은 도시 물가 순위에서 세계 주요 도시

세계 도시 물가 순위 10위(세계 생활비지수*)

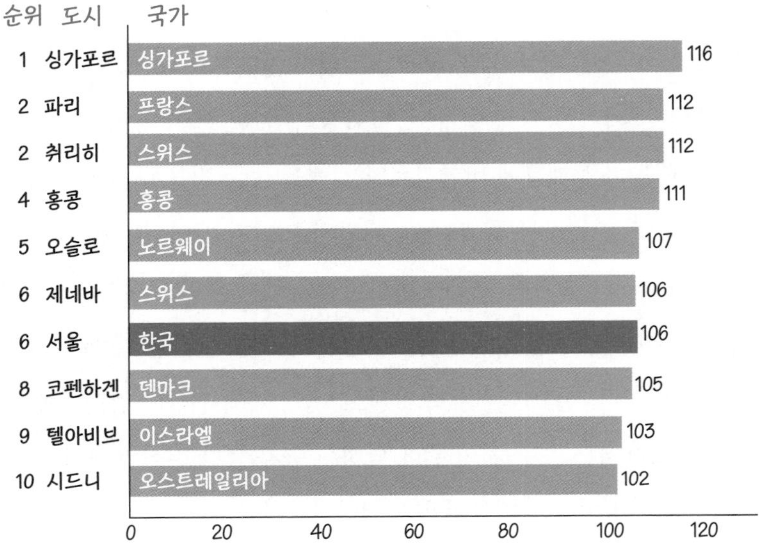

* 세계 생활비지수(WCOL index)는 미국 뉴욕의 물가를 100으로 잡고, 식품·의료·주거·교통·학비 등 160여 개 상품과 서비스 가격을 반영한 지수다.

출처: 이코노미스트 인텔리전스 유닛(EIU)

133곳 중 6위에 올랐습니다. 싱가포르가 1위, 프랑스 파리와 스위스 취리히가 공동 2위, 홍콩이 4위이며, 미국 뉴욕과 일본 도쿄는 10위권 밖입니다. 물가가 비싸기로 소문난 도시들과 비교해 서울의 물가도 만만치 않은 것이죠.

순위 변화의 폭도 가파릅니다. 서울은 1999년에 50위, 2000년에 36위였는데 2014년에 갑자기 순위가 9위로 껑충 뛰었습니다. 특히 식료품 물가 중 빵 값과 와인 값은 세계 1위를 차지했습니다.

물가는 오르는데 왜 월급은 그대로일까?

서울 시민들의 삶의 질은 갈수록 낮아졌습니다. 미국의 한 컨설팅 회사가 세계 주요 도시 230곳의 외국 주재원을 대상으로 조사한 삶의 질 순위에서, 그간 70~80위권을 유지하던 서울은 2016년 처음으로 100위권 밖으로 밀려나 115위를 기록합니다.[1]

만약 물가가 오르는 만큼 임금이 같이 올랐다면 좀 나았을 텐데요, 최저임금 상승률은 지난 10년간 단 한 차례(2007년 12.3%)만 10% 이상 올랐을 뿐 계속 한 자릿수 상승에 그쳤습니다. 물론 2018년 최저임금 상승률은 2007년 이후 처음으로 10%대를 넘어 16.4%를 기록했지만 워낙 갑작스럽게 진행되었기 때문에 아직 사회적으로 자리 잡지 못한 상황입니다.[2]

공교롭게도 같은 기간 대기업의 성적표는 우수합니다. 수출은 각국의 보호무역 분위기에도 호조를 보였고, 주식은 연일 최고치를 경신하며 엄청난 상승세를 보였습니다.

기업의 이윤 추구와 월급의 한계선

국내총생산(GDP, Gross Domestic Product)은 한 나라 안에서 일정 기간 동안 생산한 재화와 서비스의 부가가치를 화폐 단위로 합산한 것을 말합니다. 일반적으로 국민 전체의 생활수준을 가늠할 때 GDP를 사용하는데, 국제통화기금(IMF)에 따르면 2018년 기준 1인당 GDP 순위에서 우리나라는 3만 2,775달러(약 3,600만 원)로 29위를 차지했습니다. 상위권 순위를 살펴보면 일본이 4만 849달러(약 4,500만 원)로 23위를, 독일이 5만 842달러(약 5,600만 원)로 16위를, 미국이 6만 2,152달러(약 6,900만 원)로 8위를, 룩셈부르크가 12만 61달러(약 1억 3천만 원)로 1위를 차지했네요. 조사 결과만 보면 우리나라도 곧 1인당 GDP 3만 달러(약 3,400만 원)를 달성할 수 있을 것 같습니다.

이처럼 국민의 생활수준을 보여주는 1인당 GDP는 갈수록 상승하는데 우리는 아무리 열심히 일해도 계속 제자리에 서 있거나 오히려 뒤처지는 듯합니다. 왜 우리는 월급을 이것밖에 받지 못할까요? 우리가 일하는 기업은 나날이 성장하는데 말이죠.

일각에서는 1인당 GDP는 단순히 국내총생산을 국민 수로 나눈 것이어서 각 계층에 소득이 얼마나 분배되었는지 보여줄 수 없다고 말합니다. 이 말처럼 분명히 1인당 GDP의 측정 방법에도 한계가 있지만, 임금수준이 기업 성장을 따라가지 못하는 데는 또 다른 이유가 있습니다. 바로 기업의 이윤 추구입니다.

기업은 이윤을 추구하는 사적 집단이므로, 노동자가 생산한 재화와 서비스 가격에 이윤을 반영합니다. 그리고 이윤을 극대화하기 위해 수익을 최대화하고 비용을 최소화하죠. 이때 기업이 최소화하려는 비용에 노동자의 임금이 포함되어 있습니다. 그렇기 때문에 기업이 이윤을 추구하는 과정에서 우리 삶의 질이 직접적으로 또는 간접적으로 떨어지는 것이죠.

임금을 줄이거나 생산성을 높이거나

기업의 이윤 추구 과정을 더 자세히 살펴보겠습니다. 기업은 이윤을 극대화하기 위해 생산 비용을 줄이려고 최선을 다합니다. 생산 비용을 줄이려면 단위 노동비용을 줄여야 합니다. 단위 노동비용이란 상품 1개를 만들 때 고용주가 노동자에게 지급하는 돈입니다. 단위 노동비용을 한 달 동안 모아서 받는 것이 바로 월급이죠.

단위 노동비용을 줄이는 데는 임금을 줄이는 방법과 생산성을 높이는 방법이 있습니다. 고용주는 임금을 동결하거나 기업 고유의 업무를 외부로 돌려 전체 노동자의 임금을 줄입니다. 그렇지만 고용주가 직접 임금을 줄이는 방법에는 한계가 있습니다. 고용주가 임금을 줄일수록 노동자는 살기 힘들어지므로, 노동자는 노동조합을 결성해 고용주의 결정에 대항하고 정부는 최저임금 제도를 두어 고용주가 무분별하게 노동자의 임금을 낮추지 못하도록 막습니다. 임금을 줄이지 못한 고용주는 생산성을 높여 임금 하락 효과를 거두려고 합니다. 생산성은 노동강도와 업무 효율성에 좌우됩니다. 고용주는 점심시간과 휴식시간, 근무 중 낭비되는 시간, 심지어 휴일까지 줄여가면서 노동강도를 높이려고 합니다. 하지만 이런 방법은 근무 환경의 질을 급격히 떨어뜨리고 심지어 안전까지 위협해 노동자들의 반발에 부딪치기 십상이죠.

업무 효율성은 성격이 좀 복잡합니다. 업무 효율성을 높이는 방법은 흔히 고용주와 노동자에게 모두 이롭기만 한 것으로 보이기 쉽습니다. 제조회사에서는 작업 동선을 최적화하거나 새로운 장비를 구입해 업무 효율성을 높일 수 있고, 개인은 IT 신제품을 구매하거나 최신 소프트웨어를 활용해 업무 속도를 향상시킬 수 있습니다. 이렇게 하면 회사와 노동자 모두에게 나쁠 것이 없죠.

생산성 향상과 인공지능은 월급에 위협이 된다?

업무 효율성의 정점에 있는 것이 바로 인공지능입니다. 앞서 말한 대로 업무 효율성을 높여 생산성을 증가시키면 임금 하락의 효과를 거둘 수 있습니다. 두 사람이 하던 일을 한 사람이 할 수 있게 되면 고용주는 한 사람만 일하게 하지 두 사람 다 일하도록 두지 않습니다. 업무 효율화를 위해 회사가 인공지능 서비스를 사용한다면 근무 환경이 좋아질 수도 있지만 오히려 일자리가 줄어들 수도 있습니다.

기업은 노동자가 생산한 재화와 서비스의 부가가치에서 최대한 많은 이윤을 챙기기 위해 노동자의 몫을 최소한으로 줄입니다. 일부 기업에선 이윤은 기업이 위험을 감수하면서 자본을 투자한 대가이므로 많이 가져가는 것이 정당하다고 주장합니다. 당연히 자본주의 사회에서 고용주의 이윤 추구를 부정할 수 없습니다. 그러나 고용주와 노동자의 처지는 완전히 다릅니다. 고용주에게는 이윤이 장부의 수치일 뿐이지만, 노동자에게는 당장 먹고사는 문제를 좌우하는 월급입니다.

오늘날 자본주의 사회는 대개 민주주의 사회이기도 합니다. 그리고 민주주의 사회 구성원의 대다수는 임금 노동자입니다. 『자본주의 사용설명서』를 지은 경제학자 짐 스탠포드는 임금 노동자가 아닌 자본가의 비율이 2% 이하라고 주장합니다. 여기서 자본가란 우리 주변에서 흔히 볼 수 있는 자영업자를 말하는 것이 아닙니다. 동네 치킨집을 운영하는 자영업자, 대기업에서 하청을 받는 사업주, 각종 업무 처리를 대신하는 아웃소싱 회사의 대표까지 임금 노동자로 분류되죠. 즉 우리 사회는 98%의 임금 노동자로 구성되어 있다고 해도 무방합니다. 그렇기 때문에 임금 노동자의 삶이 나아져야 사회도 건강해질 수 있습니다. 여러분도 자신의 월급이 턱없이 적게 느껴질 때 기업의 이윤 추구가 정당한 것인지 탐욕스러운 것인지 한 번 따져보시길 바랍니다.

기업이 돈을 버는 방법 ①: 자본이 자본을 축적한다

기업은 자본주의 경제체계를 구성하는 핵심 요소입니다. 기업은 사회가 필요로 하는 재화와 서비스를 생산하고, 노동자에게 임금을 지불합니다. 임금을 받은 노동자는 시장에서 물품을 구매해 기업의 재생산·재투자에 기여하죠. 이렇게 경제순환 흐름에서 기업의 역할은 노동자만큼이나 중요합니다.

지금부터는 직장인 김대박 씨의 초콜릿 가게가 어엿한 기업으로 성장해가는 과정을 통해 기업이 어떻게 탄생하고 돈은 어떤 식으로 벌어들이며, 무슨 방법으로 사업을 확장하는지 단계별로 알아보겠습니다.

기업은 어떻게 시작될까?

회사의 베이커리 마케팅 부서에서 일하는 직장인 김대박 씨는 딸의 생일선물로 수제 초콜릿 케이크를 만들면서 초콜릿 특유의 달곰쌉쌀한 맛을 2배로 늘린 조리법을 알아냅니다. 평소 창업에 관심이 많았기에 직장을 그만둔 후 '달쌈 초콜릿'이라는 가게를 차립니다.

초기 투자 비용을 마련하기 위해 김대박 씨는 은행에서 주택담보대출을 받습니다. 주택담보대출은 은행이 사업가에게 제공하는 금융자본의 일종으로, 금융자본이란 은행이 기업에 투자한 자본을 뜻합니다. 은행은 단골 기업에 큰돈을 장기간 빌려줘 단골 기업이 쉽게 사업을 키울 수 있게 돕고, 단골 기업은 큰돈을 빌려 은행의 실적을 올려줍니다. 이 과정에서 은행은 기업이 돈을 제대로 갚을 수 있도록 경영에 간섭하기도 합니다.

이윤의 물꼬를 트는 자본투자

자본가(은행)의 투자는 경제순환 흐름의 출발점입니다. 사업을 시작하면 가게 보증금, 인테리어 비용, 기계 설비 등 고정자본이 초기 지출로 나갑니다. 아울러 임대료 같은 운영자금과 직원의 임금을 주려면 일정 금액 이상의 현금을 확보해야 하죠. 직원은 판매 상황과 관계없이 매달 임금을 받는 사람이니까요. 김대박 씨의 경우 본인 몫의 임금을 계산해야겠죠. 이렇게 자본주의 경제에서는 자본가의 초기 투자를 통해 일자리가 생깁니다.

창업 초기 김대박 씨는 자본을 은행에서 끌어오지만 이후 가게가 번창하면 이윤을 축적해 재투자 자본을 형성합니다. 이윤은 총수입에서 총비용을 뺀 나머지이며, 이윤율은 김대박 씨가 투자한 총 투자금으로 이윤을 얼마나 얻었는지를 계산한 비율입니다. 이윤율을 구하는 공식은 아래와 같습니다.

이윤율 = 총 판매액 - 총 생산 비용 - 임금비용 / 총 자본투자량

이윤율 공식에서 하나만 기억하세요. 이윤율은 노동강도를 높이거나 임금을 낮출수록 올라갑니다. 현재 1인 창업자인 김대박 씨는 혼자 일하기 때문에 자신의 노동강도를 높이거나 생활비를 아껴, 즉 임금을 낮춰 이윤율을 최대한 올렸지만 혼자서는 한계가 있죠. 다행히 '달쌈 초콜릿' 신제품이 시장에서 좋은 반응을 얻어 판매가 순조롭습니다. 김대박 씨는 손이 10개라도 모자랄 지경에 이르죠.

재투자와 자본축적

김대박 씨는 달쌈 초콜릿을 확장하기로 결정한 후 생산 공장을 짓고 직원 100명을 모집합니다. 김대박 씨는 생산·판매에 관한 비법을 새로 모집한 직원들과 공유해 단기간에 생산성을 높은 수준으로 끌어올립니다. 직원 1명의 업계 평균 생산량이 하루에 초콜릿 800상자인데, 달쌈

초콜릿에선 직원 1명이 하루에 900상자를 생산합니다. 초콜릿 1상자에 1만 원이므로, 달쌈 초콜릿은 하루 1억 원의 매출을 더 올린 셈이죠. 업계 평균보다 매출이 높다고 해서 달쌈 초콜릿의 임금이 더 높은 것은 아니었기에 김대박 씨는 점점 많은 이윤을 남깁니다.

비법 공유로 생산성을 높여 매일 직원 1명의 생산량만큼 이윤이 생기자 김대박 씨는 처음으로 자본을 축적하게 됩니다. 가게를 혼자 운영할 때는 이윤이 남아도 생활비, 운영자금 등으로 모두 사용했는데, 지금은 직원 100명의 이윤을 통해 생활비와 운영자금을 충당하고도 이윤이 남습니다. 즉 김대박 씨는 직원 1명의 추가 노동시간만큼 자본의 축적을 이룬 셈이죠.

1년 후 김대박 씨는 은행에서 빌린 주택담보대출을 모두 갚고도 자본이 남아 설비를 추가로 구매하고 직원을 100명 더 모집합니다. 이번에도 김대박 씨는 신입 직원의 생산성 향상 교육에 힘써 이윤을 극대화하기 위해 전력을 다합니다.

결국 김대박 씨는 은행자본을 통해 최소 비용으로 최대 효과를 거둔 셈입니다. 이 점에 관해 사회주의자 칼 마르크스는 자본가가 자신의 노동 가치를 축적해 초기 투자 비용을 대는 것이 아니라 은행 같은 금융자본을 통해 초기 투자 비용을 조달한 후 노동자가 추가로 생산한 이윤을 가로채 사업 규모를 키운다고 비판합니다. 하지만 기업의 초과 이윤이 사업가의 혁신, 창조성을 자극해 사회의 발전을 이끈 것도 사실입니다. 이어지는 글에서는 각 기업의 경쟁에 관해 살펴보겠습니다.

기업이 돈을 버는 방법 ②: 마케팅이 성패를 좌우한다

어느덧 중견 기업으로 성장한 달쌈 초콜릿이 전국으로 시장을 확대하자 동종 업체에서도 달곰쌉쌀한 맛을 강화한 초콜릿 신제품을 앞다투어 내놓았습니다. 수많은 유사품이 쏟아지자 소비자는 달쌈 초콜릿의 독특한 맛에 더 이상 매력을 느끼지 못합니다. 경쟁 업체의 신제품 출시는 달쌈 초콜릿 창립 이후 첫 매출 감소로 이어지죠.

사실 달쌈 초콜릿은 독특한 맛의 제품을 생산하는 데만 치중했을 뿐 소비자의 욕구에는 무관심했습니다. 맛있는 초콜릿만 생산하면 소비자가 구매할 것이라 생각해 마케팅에 소홀했죠. 그러던 중 경쟁 업체가 등장하자 위기를 맞았습니다. 어떻게 외부 경쟁에서 살아남을 수 있을까요?

차별화하기 위한 마케팅의 탄생

김대박 씨는 달쌈 초콜릿의 경영 위기를 이겨내기 위해 마케팅 부서를 신설합니다. 도대체 마케팅이란 무엇일까요? 한국 마케팅학회에 따르면 마케팅은 "조직이나 개인이 자신의 목적을 달성시키는 교환을 창출하고 유지할 수 있도록 시장을 정의하고 관리하는 과정"이라고 합니다. 쉽게 말해서 소비자가 우리가 생산한 제품 및 서비스를 다른 회사의 것보다 먼저 선택하도록 만드는 모든 활동을 의미합니다. 이는 '판매'보다 큰 개념입니다. 판매는 단순히 팔려는 제품에 초점을 맞춘다면, 마케팅은 소비자가 원하는 것, 욕구를 탐구하죠.

마케팅의 개념이 처음 탄생한 곳은 19세기 후반 미국으로, 시장을 뜻하는 'market'에 현재진행의 의미를 더하는 어미 '~ing'가 붙어서 만들어졌다고 합니다. 마케팅의 개념은 시간이 지남에 따라 변해왔는데요, 처음엔 단순한 생산의 증가를 마케팅으로 여겼습니다. 그러나 시간이 흐르면서 마케팅은 '생산 → 제품 → 판매 → 타깃 → 사회적 마케팅' 순으로 그 의미를 확장해왔습니다.

마케팅의 변화 과정을 구체적으로 설명해보죠. 마케팅이 생산 개념에 멈춰 있던 시기에는 기술 부족 등으로 생산된 제품 자체가 적었습니다. 이는 다른 기업과의 경쟁은커녕 소비자가 제품 자체를 구매하기 어려운 상황으로, 달쌈 초콜릿이 처음 시장에 나와 신제품을 출시한 상황과 비슷하죠. 이때 김대박 씨가 할 수 있는 마케팅이란 생산량을 높이는 것밖에 없습니다.

시간이 흘러 기술력이 쌓이면서 더 이상 생산량은 문제가 되지 않습니다. 각 기업의 경쟁이 치열해지면서 단순히 생산량을 증대하는 것보다 제품의 차별화를 꾀해야 하는 시점이 온 것이죠. 이제 기업들은 제품 개념의 마케팅을 하기 시작합니다. 마케팅 부서를 신설한 달쌈 초콜릿의 현재 모습이 바로 이 단계라고 할 수 있죠. 김대박 씨는 자사 제품이 경쟁사 제품보다 더 나음을 알리기 위해 제품의 특징, 성능, 품질, 기능 등에 초점을 맞춘 마케팅을 진행합니다.

달쌈 초콜릿은 위기를 벗어날 수 있을까?

하지만 대기업에서 달쌈 초콜릿이 진출해 있는 시장에 눈독을 들이면서 제품 자체의 우수성에 집중하는 것만으로는 차별화가 어려워집니다. 대기업에서도 수많은 전문 인력과 대규모 설비로 똑같이 우수한 제품을 대량으로 공급했기 때문이죠.

달쌈 초콜릿은 대기업의 시장 진입에 대응하기 위해 판매량을 최대한 늘리는 판매 개념의 마케팅 전략을 택합니다. 판매 개념의 마케팅 시대에는 공급이 과잉될 정도로 기업 간 경쟁이 격화되어 기업들은 모두 제품 판매와 촉진 활동에 매진합니다. 문제는 판매 개념의 마케팅 전략으로는 처음부터 달쌈 초콜릿이 대기업을 이길 방도가 없다는 것입니다. 대기업은 거미줄처럼 퍼진 영업망을 보유하고 있어서 누구보다도 제품 판매와 촉진 활동에 유리했으니까요.

창사 이래 최대 위기를 맞은 달쌈 초콜릿. 김대박 씨는 달쌈 초콜릿의 출발점을 다시 돌아보며, 딸을 위해 초콜릿을 만들던 자신의 모습을 떠올립니다. "바로, 이거다!" 김대박 씨는 무릎을 칩니다. 달쌈 초콜릿에는 아버지의 마음, 가족의 사랑이 담겨 있음을 잊고 있었습니다.

다음 날부터 달쌈 초콜릿은 가족에게 줄 선물을 고민하는 아버지를 대상으로 한 마케팅을 새로 시작합니다. 이와 같은 타깃 마케팅 시대에는 표적 고객의 니즈(needs, 필요)와 원츠(wants, 욕구), 즉 온전히 고객 입장에 초점을 맞춥니다. 고객 만족이 곧 기업의 이익이 된다고 보기 때문이죠. 여기서 니즈는 '배고픔' 같은 근본적인 필요를 말하며, 원츠는

'라면' 같은 구체적 욕구를 말합니다.

김대박 씨의 인식 전환 덕분에 달쌈 초콜릿은 선물 시장에서 자신의 영역을 조금씩 넓혀갑니다. 물론 가족 선물 시장에서 잔뼈 굵은 기업의 반격도 만만치 않습니다. 선물 시장을 개척한 기존 기업들은 확고한 기업 및 제품 이미지를 무기로 달쌈 초콜릿의 시장 확장을 가로막습니다. 게다가 달쌈 초콜릿의 표적 고객인 아버지들은 제품의 성능(맛)보다 평소 익숙한 브랜드를 선호했습니다. 그래서 김대박 씨는 설비 투자를 미룬 채 각 매체에 광고를 내보냅니다. 광고는 달쌈 초콜릿의 브랜드와 독특한 맛의 특징을 강조합니다. 광고 노출을 늘리자 달쌈 초콜릿을 모르는 사람이 없을 정도로 전국 인지도가 급상승합니다. 그런데 이상하게도 매출은 제자리걸음을 면치 못합니다.

소비자를 움직이게 하는 기업의 이미지

마케팅 전문가는 달쌈 초콜릿이 이미지 전쟁에서 패했다고 단언합니다. 김대박 씨는 가족 사랑의 콘셉트로 선물 시장에 도전했음에도 아버지와 딸의 관계를 이미지로 형상화하는 데 실패한 것이죠. 아버지들은 딸의 기쁨을 위해 달쌈 초콜릿을 사는 것이지 달쌈 초콜릿의 브랜드와 맛 때문에 사는 것이 아닙니다. 광고의 방향이 잘못된 것입니다. 마케팅은 궁극적으로 경영자의 이념과 철학을 제품에 반영하는 활동이며, 이런 가치를 원하는 소비자들에게 잘 전달해야 합니다. 그동안 김대박 씨는 기술적인 마케팅 전략을 충실히 따랐지만, 마케팅의 본질인 철학을 제대로 구현하지 못했고 소비자가 무엇을 원하는지도 신경 쓰지 못했던 것입니다.

달쌈 초콜릿은 아버지의 사랑을 기업 이미지로 정한 후 마케팅 전략에 적극 활용합니다. 제품 포장부터 광고 콘셉트까지 아버지와 딸의 관계를 중심으로 그려나갑니다. 가족의 사랑을 강조하며 사회봉사 활동에도 지원을 아끼지 않습니다. 이를테면 편부모 가정의 식비를 지원하거나 희귀병에 걸린 아이의 생일 파티를 열어주는 식이죠.

이렇게 사회적 마케팅 시대에는 기업 이미지 제고와 더불어 사회의 이익을 고민하는 마케팅 전략이 등장합니다. 이는 단순히 마케팅의 차원을 넘어서 기업들의 '책임'이라는 개념으로 자리 잡았습니다. 바로 사회 공헌 활동(CSR, Corporate Social Responsibility)입니다. 사회 공헌 활동은 좁은 의미로는 단순히 기업의 이윤 및 소득의 일부를 사회에 환원하는 것이지만, 넓은 의미로는 기업이 가진 재능·능력·재원 등을 이용해 다양한 사회문제들을 해결하고 공익을 위해 활동하는 것을 말합니다. 현재는 해외를 중심으로 공유 가치 창출(CSV, Creating Shared Value)이라는 새로운 방향으로 확대되는 추세입니다.

오늘날 상당수의 기업들이 이런 사회적 가치를 추구하며 자사의 마케팅이 사회 전체에 기여하고 있음을 강조함으로써 고객들이 갖는 기업 이미지가 긍정적으로 변하기를 원합니다. '달쌈 초콜릿' 하면 따뜻함, 사랑, 정 같은 긍정적인 감정을 자연스럽게 떠올릴 수 있도록 하는 것이죠.

작은 가게에서 시작한 달쌈 초콜릿은 어엿한 기업체로 성장했습니다. 자본주의 사회에는 달쌈 초콜릿과 같은 사기업뿐만 아니라 공기업도 존재하는데요, 다음으로 공기업과 사기업에 대해 알아보도록 하겠습니다.

공기업과 사기업:
공기업의 민영화는 필요할까?

자본주의에서는 공기업 민영화가 경제 발전을 위해 필수적이라고 받아들여집니다. 시장 사회주의* 국가인 중국에서도 국영기업(공기업)의 민영화가 정부 과제로 떠오를 정도죠. 중국 국영기업은 2008년 글로벌 금융위기 이후 몸집을 빠른 속도로 불려왔는데요, 이들 국영기업의 경제 규모는 일본 경제의 전체 규모에 버금갑니다. 국영기업의 덩치가 지나치게 커지자 최근 중국 정부도 경제 체질을 개선하려 민영화를 추진하겠다고 나섰죠.

왜 사람들은 공기업을 사기업처럼 운영하려고 할까요? 그리고 다른 쪽에서는 왜 민영화에 반대할까요? 그 답을 알아보기 전에 공기업과 사기업이 무엇인지, 그 특징을 먼저 살펴보겠습니다.

* 중국이 개혁·개방을 추구하면서 내세운 체제 이론으로, 공산당의 지배가 유지되는 사회주의에 자본주의를 일부 반영한 경제체제를 말한다.

공기업과 사기업, 차이가 뭐지?

공기업은 막대한 자본이 투입되지만 그 재화와 서비스의 가격이 국민의 생활에 큰 영향을 줘서 값을 크게 올릴 수 없고, 이로 인해 수익 실현이 불확실한 사업을 하기 위해 존재합니다. 전기·수도·도로 등의 사업이 대표적이죠. 다시 말해 공기업은 기업의 성격과 공익의 성격을 함께 가지고 있는 셈입니다.

일반적으로 공기업은 행정기업과 공공기업체로 나뉩니다. 행정기업은 코레일이나 우정사업본부처럼 국가 및 지방자치단체가 투자하고 경영까지 하는 곳입니다. 반면 공공기업체는 한국토지주택공사(LH)처럼 운영자금은 국가에서 받아도 경영의 자율성이 어느 정도 확보된 곳이죠.

사기업은 국가가 아닌 민간이 소유한 기업으로, 소유 및 경영 주체에 따라 개인기업과 공동기업으로 나뉩니다. 민간기업의 분류는 규모에 따라 1명의 개인이 출자해 경영하는 개인기업부터 2명 이상의 합명회사 및 합자회사, 그리고 2명 이상 50명 이하의 유한회사와 주식회사로 나눌 수 있습니다.

규모에 따라 사기업을 분류해보자

흔히 개인사업자라고 많이 알려진 개인기업은 소유주 1명이 출자하고 경영하므로 기업의 설립과 폐업이 쉽고, 경영과 관련한 비밀 유지에 유리하며, 의사 결정의 속도가 빠릅니다. 그러나 소유주 1명이 가진 자본으로만 이뤄지기에 성장에 한계가 있죠. 그래서 나온 것이 2명 이상이 공동 출자하고 회사 채무에 관해 연대무한책임*을 지는 합명회사입니다. 합명회사는 모든 회원이 의사 결정 및 지분 분양에 참여합니다. 쉽게 말해 개인기업의 공동경영 형태라고 볼 수 있죠. 주로 가족 및 지인끼리 합명회사를 세우곤 합니다.

합명회사는 개인기업보다 규모가 크지만 여전히 연대무한책임을 지기 때문에 제3자의 참여를 끌어내는 것이 어렵습니다. 이런 단점을 극복한 형태가 바로 합자회사입니다. 합자회사는 2명 이상이 공동 출자하되 경영 실패 때는 유한책임을 집니다. 책임의 범위를 정해 위험을 관리하므로 제3자의 참여가 좀더 활발해지죠.

합자회사 다음의 기업 형태는 합자회사보다 규모가 좀더 큰 유한회사입니다. 유한회사는 합자회사의 확대판으로 2명 이상 50명 이하의 유한책임사원이 각자 낸 출자액만큼 책임을 지는 형태입니다. 주식회사보다 설립 및 조직 절차가 간편해 중소기업에 적합하죠.

사실 지금까지 설명한 기업의 형태는 많은 이들에게 낯설 것입니다. 대부분의 사람들이 '기업' 하면 바로 '주식회사'만 떠올리기 쉽죠. 주식회사는 주식의 발행으로 설립된 회사로, 출자는 사원인 주주에 의해

---

* 출자한 사람들이 회사의 채무에 관해 전 재산으로 채무 전액을 변제하는 것을 연대무한책임이라고 한다. 이와 달리 유한책임은 투자자들이 회사가 파산했을 때 자신이 출자한 부분만큼만 책임을 지는 것이다.

이뤄집니다. 다만 주주는 출자의 의무를 지닐 뿐 회사의 채무에 관해서는 어떤 책임도 지지 않습니다. 앞서 설명한 회사들과 가장 큰 차이점입니다. 그리고 일정 규모 이상의 주식회사는 증권거래 시장에 상장되어 다수의 주주를 모집합니다. 이렇게 되면 불특정 다수로부터 거대한 자금을 끌어모을 수 있습니다. 흔히 말하는 주식 투자의 대상이 되는 것이죠. 주식회사는 전문 경영인에게 경영을 위임해 소유와 경영을 분리하는 것이 일반적입니다.

공기업을 민영화하는 이유

다시 공기업의 민영화 문제로 돌아와보겠습니다. 공기업 민영화란 국가가 소유하고 운영하는 공기업을 업무 효율성 및 생산성 향상을 위해 사기업화하는 것을 말합니다. 왜 공기업을 사기업으로 바꾸자는 걸까요? 공기업은 기업 특성상 시장에서 독점적 지위를 보장받습니다. 이런 독점적 지위는 비효율적인 운영과 도덕적 해이로 이어지기 쉽고, 결국 많은 공기업들이 만성 적자에 시달리게 되었죠.

민영화 찬성 측은 공기업이 민간 영역에 넘어오는 순간 이런 독점적 지위가 경쟁 체제로 바뀌면서 근본적 문제가 해결될 것이라 믿습니다. 또한 민간 부문의 자본과 인력을 활용함으로써 정부 재정은 줄이고 민간 경제는 살릴 수 있다고 주장하죠. 민영화 반대 측은 공기업의 사업을 민간 업체가 맡으면 독점적 지위가 경쟁 체제로 바뀌는 것이 아니라 민간 업체가 독점화할 뿐이며, 재화 및 서비스의 가격 인상 등으로 공익을 해칠 것이라 주장합니다.

이미 우리 주변에는 민영화를 거친 공기업이 제법 많습니다. 포스코(포항제철), KT(한국전기통신공사), KT&G(담배인삼공사) 등이 대표적이죠. 민영화 결과에 관해서는 아직 의견이 분분합니다. 예를 들어 KT는 민영화 15년 동안 매출액 대비 인건비와 투자비를 줄여 주주들에게 높은 배당금을 돌려줌으로써 경제적으로 성공한 기업이 되었지만, 같은 기간 주주의 이익을 위해 국민에게 높은 통신요금을 부담하게 하고 노동 여건을 악화시켰다는 비판도 있습니다.[3]

공익을 해쳤는가에 대한 비판은 차치하더라도 민간 영역으로 넘어와 기업의 효율이 높아진 것은 어느 정도 사실인 것으로 보입니다. 그렇다면 왜 공기업은 사기업보다 효율성에서 뒤처질까요? 경제학자들은 이윤 극대화를 추구하는 것이 경영 혁신을 끌어내는 원동력이라고 진단합니다.[4]

사기업은 수많은 경쟁기업을 물리치고 이윤을 내기 위해 온 힘을 다합니다. 연구개발을 바탕으로 신제품을 끊임없이 내놓으며 시장을 확대하죠. 기존 시장이 없으면 새로운 시장을 개척합니다. 그에 비해 공기업은 사적 이윤이 아닌 '공익'을 추구해야 한다는 명제가 있습니다. 사기업의 이윤 추구 행위와 차이가 생길 수밖에 없죠. 이윤 추구를 통한 효율성 제고와 공익 보존 사이에서 공기업이 어떤 선택을 해야 할지는 앞으로도 계속 논의되어야 합니다.

정부의 역할 ①:
해주는 게 뭐가 있다고 세금을 내?

정부의 조세 정책에는 항상 국민의 불만이 뒤따릅니다. 자본주의 체제든 사회주의 체제든 간에 세금이 달가운 국민은 없습니다. 공산당 1당 독재 체제인 중국에서도 중국 당국과 기업인들이 높은 세금을 두고 치열한 공방을 벌이고,[5] 북한 주민들도 과한 세금 징수에 대해선 하늘처럼 떠받드는 김정은을 욕한다고 합니다.[6]

세금 불만의 핵심에는 '세금을 내도 나에게 득이 없다'는 생각이 자리 잡고 있습니다. 내가 낸 세금이 어디에 사용되는지도 모르겠고, 정부가 세금을 거둬서 제대로 사용하는지도 의심스럽습니다. 국책 사업의 실패 사례를 접할 때마다 불만만 더해질 뿐이죠.

정부가 세금을 거두는 이유 ① 공공서비스 또는 공공재

이런 불만들이 있음에도 정부가 세금을 거두는 이유는 각종 공공서비스와 복지의 재원을 마련하기 위해서입니다. 공공서비스와 복지는 누구나 혜택을 받고 있지만, 그 혜택이 정부 재정정책(세금)에서 나왔다는 사실은 종종 잊어버립니다. 내가 낸 세금이 이런저런 공공서비스와 복지에 사용된다고는 생각하지 못하고, 공공서비스를 그저 공짜라고만 여기기 쉽죠. 우리가 이 사실을 인지하지 못하더라도 세금으로 운영되는 공공서비스는 세금을 내는 우리가 그 내용을 알고 있어야 합니다.

경제학에서는 공공서비스를 공공재(公共財, public goods)라고 하는데,공공재란 무료 도로, 무료 공원, 국방과 치안 서비스 등 누구나 돈을 내지 않고 공동으로 사용하는 재화 또는 서비스를 말합니다. 공공재는 두 사람 이상이 동일한 재화와 서비스를 이용할 수 있기에 경합성이 없고(비경합성), 돈을 내지 않은 사람도 재화와 서비스를 이용할 수 있기에 배제성이 없죠(비배제성).

경합성과 배제성에 대해 좀더 자세히 알아보겠습니다. 우선 경합성이란 한 사람이 영화관 A1 좌석을 예매하면 다른 사람은 A1 좌석을 예매할 수 없듯이 두 사람 이상이 동일한 재화와 서비스를 소비할 수 없음을 뜻합니다. 배제성이란 입장권을 구매한 사람만 디즈니랜드에 들어갈 수 있고 돈을 내지 않은 사람들은 디즈니랜드에 들어가지 못해 재화와 서비스 이용에서 배제되는 것을 말하죠.

거의 모든 재화와 서비스가 경합성과 배제성을 기준으로 공공재와 공유재, 사적재화와 자연독점으로 나눠집니다. 앞서 설명한 대로 공공재는 경합성도 없고 배제성도 없어서 쓰고 또 쓸 수 있는 것이고, 공유재는 배제성이 없으나 경합성이 있어서 누가 쓰고 나면 다른 사람이 쓸 수 없는 것입니다. 예를 들어 산에서 나는 봄나물은 누구나 캘 수 있지만 누군가 한 번 캐고 나면 다른 사람이 같은 것을 캘 수 없으므로 공유재에 속합니다.

자연독점은 공유재와 반대로 배제성이 있으나 경합성이 없습니다. 예컨대 전기나 상수도 시설은 건물 소유주가 일정한 비용을 지불해야 공급받지만, 소유주가 아니라도 건물 내의 사람은 누구나 사용할

재화와 서비스의 구분

구분	경합성	배제성
공공재	X	X
공유재	O	X
자연독점	X	O
사적재화	O	O

수 있죠. 정부에서는 공공재처럼 여러 사람이 반드시 이용해야 하지만 배제성 없이 무료로 공급할 수 없는 전기, 상하수도 시설 등의 경우에 소수의 기업에 독점할 권리를 주어 규모의 경제를 이룰 수 있게 합니다. 또한 정부는 자연독점 기업의 경영에 간섭하며 자연독점한 재화와 서비스의 가격이 지나치게 상승하는 것을 막습니다.

사적재화는 전체 경제를 움직이는 원동력으로, 우리가 일반적으로 소비하고 생산하는 대다수의 재화와 서비스가 여기에 해당합니다. 사적재화와 서비스는 돈을 주고 구매하지 않으면 사용할 수 없고(배제성), 내가 사용하면 다른 사람은 쓸 수 없습니다(경합성). 이를 바탕으로 사적재화는 이익을 창출할 수 있습니다. 반면 공공재는 돈을 지불하지 않은 사람을 못 쓰게 할 수도 없고, 누구나 쓸 수 있기에 값을 비싸게 받을 수도 없습니다. 민간 사업자가 공공재를 제공했다가는 쫄딱 망하기 쉽죠. 바로 이 점 때문에 정부가 필요한 것입니다. 돈은 안 되지만 국민 대다수에게 필요한 공공재를 제공하기 위해서요.

정부가 세금을 거두는 이유 ② 행복할 권리, 복지

복지(福祉)는 말 그대로 '행복한 삶'을 뜻합니다. 공공재와 더불어 복지에도 정부는 많은 지출을 하죠. 나라 곳곳에는 질병, 재해, 실업, 노쇠, 저소득 등의 이유로 최소한의 인간다운 생활조차 누리지 못하는 국민들이 있습니다. 전 세계 대부분의 국가는 이들을 위해 다양한 사회보장 제도를 두고 있습니다.

사회보장 제도는 1935년 미국 정부가 뉴딜정책(New Deal)*의 일환으로 사회보장법을 채택하면서 처음 등장하는데, 핵심은 국민이 인간다운 삶을 누리도록 최소한의 소득을 보장하는 것이었습니다. 이후 제도가 점점 다양해져 교육, 의료, 주거 등 여러 분야의 보장정책을 통해 국민 행복을 추구하고 있습니다. 우리나라에서는 1947년 과도정부 당시 미성년자 노동보호법이 처음 등장해서 오늘날 사회보장 제도의 효시가 되었습니다.

각 나라는 복지 제도의 필요성에 대해 똑같이 공감하지만, 복지 혜택의 범위에 관해서는 의견이 서로 다릅니다. 이른바 '복지 천국'이라고 일컬어지는 덴마크, 스웨덴, 핀란드 등 북유럽 국가의 경제학자 일부는 스칸디나비아 모델**의 복지 제도가 지속 가능한 것이 아니라고 주

---

* 미국 제32대 대통령 프랭클린 루스벨트의 지도 아래 대공황을 극복하기 위해 추진했던 경제정책으로, 공업·농업·상업·금융 등 경제 전 분야에 걸쳐 추진되었다.

** 직업의 유무나 가정환경과 상관없이 상황에 맞는 사람이면 누구든지 복지 혜택을 받을 수 있는 방식.

장합니다. '기업가 정신과 정책 개혁을 위한 유러피언 센터' 소장인 니마 사난다지는 시사잡지 〈신동아〉와의 인터뷰에서 "퍼주기식 복지 제도와 정부의 과도한 경제 개입, 고율의 세금 제도가 북유럽 특유의 근면 성실함으로 쌓은 경제적 성공을 무너뜨렸다"라고 비판합니다.[7]

또 미국에서는 의료보험 제도의 개혁을 놓고 몇 년째 진통을 겪고 있죠. 버락 오바마 전 미국 대통령이 '오바마 케어'를 내놓으며 미국 국민이 모두 의료보험의 혜택을 받도록 했지만, 현재 도널드 트럼프 대통령은 오바마 케어로 혜택을 받는 국민의 범위를 계속 줄여나가고 있습니다. 미국 의료보험은 일하는 사람에게 유리한 제도인데요, 일부 미국인은 일을 해야만 혜택을 받을 수 있는 미국 의료보험 제도가 최상의 의료서비스를 유지하기에 가장 좋은 시스템이라고 주장합니다.[8]

이렇게 공공서비스 및 복지 제도는 각 나라의 사회보장 제도 내용에 따라 그 규모가 천차만별이고, 국민이 체감하는 복지 수준도 제각각입니다. 이는 나라의 사회 구성원이 원하는 정부의 크기가 달라서입니다. 북유럽 국가의 국민들은 큰 정부가 국민의 삶을 세심하게 챙기기를 바라는 반면, 미국 국민들은 작은 정부가 자유로운 시장 질서 내에서 국민이 행복을 스스로 챙길 수 있도록 돕기를 바라죠. 하지만 어떤 규모가 되었든 정부의 역할이 중요하다는 것은 만국 공통일 것입니다. 더불어 정부가 자기 몫을 다 해내려면 조세 정책의 성공이 꼭 뒷받침되어야 하는 것도 사실입니다. 당장 혜택을 받지 못하는 것처럼 느껴져도 내가 낸 세금이 주변 환경을 바꾸고 있다는 점을 잊지 마세요.

정부의 역할 ②:
왜 이렇게 하지 말라는 게 많은 거야?

정부는 국익을 위해 존재합니다. 그리고 국익은 국민에게 무언가를 제공함으로써 실현되죠. 하지만 반대로 국민들의 어떤 행동을 '막음으로써' 이뤄지기도 합니다. 대표적인 것이 각종 규제입니다. 국익을 위해 규제책을 마련하지만 부동산·금융·통신 등 각 업계 관계자는 정부에 '규제 완화'를 끊임없이 요구합니다. 수많은 규제 탓에 투자가 위축된다면서요. 특히 환경 분야의 규제는 부동산 및 제조업 발전을 가로막는 장애물처럼 다뤄지기도 합니다. 기업들의 입장처럼 규제는 정말 필요 없는 걸까요?

규제는 정말 필요할까?

기업인들은 한목소리로 정부 규제가 자유 시장의 효율성을 떨어뜨린다고 주장합니다. 이때 등장하는 말이 최소한의 정부, 작은 정부라는 개념입니다. 경제학자 애덤 스미스는 정부가 국방과 치안, 개인의 사유재산 유지 이외의 역할은 되도록이면 안 하는 게 좋다고 주장합니다.

반대로 큰 정부를 옹호하는 쪽은 시장경제의 문제점을 정부가 직접 끼어들어 해결해야 한다고 주장합니다. 독점기업이 필수 재화의 가격을 무분별하게 올리거나 과잉 생산을 하는 등 시장을 혼란스럽게 하기 전에 말이죠. 미국 루스벨트 정부가 뉴딜정책으로 경제대공황을 이겨

낸 것이 대표적 사례입니다.

작은 정부든 큰 정부든 간에 정부의 역할은 같습니다. 규제를 통해 개인의 사유재산과 기업의 경제활동을 보호함으로써 국익을 실현해야 하는 것이죠.

경제학자들은 '시장 실패' 때문에 정부 규제가 필요하다고 말합니다. 시장 실패란 가격 결정권을 시장에 맡길 경우 자원이 비효율적으로 배분되거나 소득을 균등하게 분배하지 못해 경제 질서가 무너진 상황을 말합니다. 시장의 보이지 않는 손이 오작동했다고 표현하기도 합니다.

시장 실패에는 독과점 같은 불완전경쟁, 외부 효과, 공공재, 정보의 비대칭성 등이 영향을 끼칩니다. 차례로 살펴봅시다. 불완전경쟁이란 소수의 기업이 시장 공급량 및 가격에 영향을 주어 재화가 시장에서 효율적으로 배분되지 못하는 상황을 말합니다. 수많은 기업이 공평하게 경쟁하기 때문에 각 기업의 영향력은 미미한 완전경쟁의 반대 개념이죠.

외부 효과란 한 경제주체의 행위가 다른 경제주체에게 의도치 않게 혜택을 주거나 손해를 입히는 경우입니다. 예를 들어볼까요? 요즘 마을 담벼락에 벽화를 그려 환경을 개선하는 일이 많습니다. 벽화 덕분에 마을의 범죄율이 떨어졌다면 긍정적 외부 효과를 본 것입니다. 반대로 벽화 탓에 수많은 관광객이 마을을 찾아와 소음 공해를 겪는다면 부정적 외부 효과를 본 것이라고 할 수 있습니다.

불완전경쟁과 외부 효과가 자본주의 경제체제의 약점에서 비롯한 문제라면, 공공재와 정보의 비대칭성은 인간의 약점에서 비롯한 문제입니다. 공공재는 수많은 사람이 혜택을 보면서도 비용을 내지 않으려고 하는 특성이 있어서 일반 기업은 공공재를 생산하지 않으려 합니다. 그렇기 때문에 공공재의 공급을 민간기업에 맡기면 국민들에게 꼭 필요한 재화를 원활하게 공급할 수 없게 되죠.

정보의 비대칭성도 마찬가지입니다. 시장이 제대로 돌아가려면 거래 당사자들이 거래 정보를 평등하게 주고받아 당사자 간의 불필요한 위험비용을 줄이는 것이 이상적입니다. 하지만 실제로 정부 규제가 없으면 상대방이 정보가 부족한 점을 이용해 위험비용을 한쪽에 전가하는 도덕적 해이 현상이 일어납니다.

이렇게 여러 이유로 시장 실패에 빠진 자본주의 시장경제를 정부가 개입해 치유하는 것이 각종 규제의 목적입니다. 경제학자들은 자유 시장의 '보이지 않는 손'에 빗대서 정부의 시장 개입을 '보이는 손'이라고 부르기도 합니다.

기업의 성장을 돕는 정부 규제

사실 정부 규제가 항상 기업에 부정적인 영향을 미치는 것만은 아닙니다. 때로는 규제가 기업의 지속 가능한 성장을 돕기도 합니다. 관세, 지식재산권, 품질 기준 등의 규제는 기업의 이윤을 보장해주는 대표적인 보호 장치입니다.

또한 관세는 성장 및 불황을 겪는 각 나라 정부가 자국 기업을 보호하기 위해 활용하죠. 자유무역을 주장하던 미국이 자국의 제조업 경기를 살리기 위해 다시 보호무역으로 돌아서면서 여러 교역국의 관세를 올린 것도 같은 맥락입니다.

특허로 널리 알려진 지식재산권은 정부에서 개발자의 이윤을 보장하는 규제입니다. 정부에서는 문화 콘텐츠, 약품, 공산품 등 개발자의 독점권을 일정 기간 부여함으로써 개발자의 이익을 보장합니다. 개발자의 기술이 사회에 널리 퍼졌을 때 발생할 수 있는 사회적 편익이 크더라도 일정 기간은 개발자의 이윤을 우선으로 여기는 것이죠.

품질 기준의 확립은 시장 질서의 안정화에 기여합니다. 만약 품질 기준이 없어 저품질의 재화가 쏟아지면 소비자는 시장에 나온 재화의 품질을 신뢰하지 않게 되고, 각 기업은 자사의 제품을 홍보하기 위해 막대한 비용을 마케팅에 쏟아야 할 것입니다.

이 밖에 노동 정책도 있습니다. 노동 정책은 대개 노동자의 삶을 개선하는 데 초점이 맞춰져 있지만, 기업 입장에서는 노동자의 생산성과 연결됩니다. 장시간 노동, 열악한 환경, 낮은 임금 등으로 노동자의 생산성이 떨어지면 기업 이윤도 함께 떨어지기 때문이죠.

규제가 자유 시장을 지킨다

정부에서는 바람직한 경제·사회 질서를 위해 기업의 경제활동을 경제적 규제와 사회적 규제로 나누어 관리합니다. 경제적 규제로는 독과점 및 불공정거래 금지, 가격 규제, 진입 규제, 퇴거 규제, 품질 규제 등이 있고, 사회적 규제는 소비자보호 규제, 환경 규제, 직업안전 및 보건 규제 등이 있습니다.

여기서 진입 규제란 의사·한의사 면허, 건축 허가, 사업자등록 등 특정 업무를 하려면 일정한 자격 요건을 갖추도록 강제하는 규제를 말합니다. 그리고 퇴거 규제는 무의촌 약국 폐업 억제 등 특정 지역 및 특정 계층의 보호를 위해 함부로 사업을 그만두지 못하게 강제하는 규제를 말하죠.

결국 정부 규제는 자본주의 경제체제에 일정한 제한을 두어 오히려 시장의 자유를 지키는 역할을 합니다. 자본주의와 민주주의는 같은 말이 아닙니다. 민주주의 이념과 자본주의를 함께 지키려면 정부의 개입, 즉 정부 규제가 필수적입니다.

쉬어가기: 나우루공화국의 비극

흔히 우리나라는 사람이 자원인 나라라고 말합니다. 이는 곧 광물, 원유 등 땅에서 나는 자원이 그만큼 없다는 의미기도 하죠. 우리나라에 천연자원만 좀더 있었어도 더 부유한 나라가 되었을 거라는 기대도 많습니다. 그러나 정부의 역할이 제대로 수행되지 않으면 자원은 오히려 비극이 될 수도 있습니다.

오스트레일리아 북동쪽에 있는 남태평양 산호섬, 나우루공화국은 새똥이 로또가 된 나라로 유명합니다. 새똥 하나로 나라 전체가 반세기 동안 대박과 쪽박을 모두 경험했죠. 소박하던 원주민들의 나라가 갑자기 세계 2위의 부자 나라가 됐다가, 또 한순간에 난민 수용소로 먹고사는 최빈국이 된 사연은 이렇습니다.

나우루는 전체 둘레를 차로 한 바퀴 도는 데 약 30분밖에 걸리지 않는, 울릉도의 1/3쯤 되는 작은 섬입니다. 섬의 지층 대부분은 새똥이 쌓여 만들어진 거대한 퇴적암 덩어리죠. 주로 낚시로 먹을 것을 구하던 나우루 사람들에게는 특별할 것이 없는 땅이었습니다.

그런데 1896년 나우루에 발을 디딘 한 아일랜드 선장의 사소한 행동이 나우루섬의 운명을 바꿔놓습니다. 당시 유럽에서 유행이던 코코넛을 사러 나우루에 정박한 헨리 덴슨 선장은 나우루의 돌 하나를 주워 퍼시픽아일랜드컴퍼니 본사에 가져갑니다. 본사에서 돌을 분석한 결과, 순도 100%에 가까운 인산염이 나오죠. 인산염은 고품질 비료에 꼭 필요한 성분입니다.

그 후 나우루는 자원의 보고로 거듭납니다. 1907년부터 제국주의 국가들이 주도해 인산염 채굴을 시작했고, 채굴은 1968년 독립을 쟁취한 나우루공화국까지 이어집니다. 1970~1980년대 나우루공화국은 인산염 개발을 통해 1인당 국내총생산 2만 달러(약 2,200만 원)의 위업을 달성합니다. 당시 1인당 국민소득이 세계에서 제일 높은 나라는 쿠웨이트였으며, 그다음이 바로 나우루공화국이었죠.

나우루 사람들의 생활은 인산염 채굴로 얻은 부로 인해 완전히 달라집니다. 정부는 복지·교육·전기를 공짜로 제공했고, 세금을 전혀 받지 않았으며, 결혼하면 집까지 장만해줬습니다. 게다가 나우루 사람들의 직장까지 정부에서 책임졌습니다. 나우루 국민 1만 명 중 2천 명이 공무

원으로 일했던 것이죠. 이는 대부분의 가정에서 구성원 중 최소 1명이 공무원으로 정부에 고용되었다는 걸 의미합니다.

빛이 밝을수록 그림자가 짙어진다는 말이 있죠. 느긋하고 낙천적 성향의 나우루 사람들은 막대한 부를 감당할 역량이 부족했습니다. 낙천적 성향이 자본주의 시스템을 만나 최악의 결과를 낸 것이죠. 나우루 사람들은 먹고 즐기며 돈을 흥청망청 썼습니다. 필요도 없는 자동차를 여러 대 구매하고, 비싼 맞춤 양복을 해 입었으며, 집안일은 모두 외국인 가사도우미에게 맡긴 채 외국 여행을 다녔습니다. 무절제한 생활은 국민의 90%를 비만에 빠뜨렸고, 나우루공화국은 당뇨병 사망률 세계 1위인 국가가 되었습니다. 여기에 뚱뚱한 사람을 미인으로 여기는 문화까지 가세해 건강 상황은 갈수록 나빠지기만 했죠.

막대한 부는 나우루 사람들의 건강뿐 아니라 미래까지 빼앗아갑니다. 국가의 재정을 관리해야 할 정부는 부정부패로 찌들어 있었고, 정부의 부정부패를 감시하고 고쳐야 할 국민들은 방관했습니다. 앞에서 말한 대로 각 가정의 구성원 중 1명은 공무원이었거든요.

어쩌면 부패보다 무능이 더 문제였는지 모릅니다. 나우루 정부는 인산염 채굴량이 갈수록 줄어드는 것을 깨닫고 투자에 나섭니다. 문제는 경제학을 공부한 적조차 없는 경제부 장관이 투자를 결정했다는 사실입니다. 무능한 정부의 투자 내용을 보면 미국 하와이의 '나우루 타워', 괌의 '퍼시픽스타 호텔', 사이판의 '나우루 빌딩', 오스트레일리아의 '메르퀴르 호텔' 등 주로 외국에 집중될 뿐 인산염 고갈 이후의 미래를 위해 집행되지 않았습니다.

끝없이 나올 것 같던 인산염은 1990년대부터 채굴량이 줄어들다가 2000년에 바닥을 드러냅니다. 나우루공화국은 줄어든 채굴량을 채우려고 도로와 주거 지역을 제외한 국토의 80%를 파 내려갑니다. 경작지까지 밀어냈지만 인산염 수출량은 전성기 시절의 1/10로 줄어듭니다.

나우루공화국은 인산염 고갈 위기를 제대로 헤쳐 나가지 못합니다. 국외 투자는 연이어 실패하고 국내 소비는 줄어들지 않았죠. 오히려 국외 부동산을 팔아 국내 소비를 감당하는 지경에 이르렀습니다.

인산염 수출로 축적한 부는 신기루처럼 사라져, 나우루공화국의 재정은 곧 바닥납니다. 정부는 검은돈을 세탁하는 합법적 거래처가 되거나 여권을 판매하는 등 온갖 불법을 저지르는 상황까지 내몰립니다. 나우루 사람들도 국가 위기에 어떻게 해야 할지 몰라 우왕자왕합니다. 수십 년간 일하지 않은 대가를 뒤늦게 치른 셈이죠.

현재 나우루공화국은 2000년 이후 되살아난 자원 수요에 발맞춰 인산염을 다시 채굴하며 재기를 노리고 있습니다. 젊은 세대는 지난 세대의 실수를 되풀이하지 않으려고 정부를 개혁하고 교육에 투자하고 있답니다. 몇 년 후 나우루 사람들의 이야기가 자원의 비극을 상징하는 사례로 남을지, 비극을 극복한 사례로 끝날지 함께 지켜보도록 하죠.

CHAPTER 2

사회를 움직이는 경제

금리: 왜 돈을 맡기면 이자를 줄까?

창고에 물건을 보관하면 보관비를 내야 하지만, 은행에 돈을 보관하면 '이자'라는 돈을 더 줍니다. 요즘은 이자 받는 일을 당연하게 여기는데, 옛날에는 돈을 보관할 때 오히려 보관료를 내야 했습니다. 특히 금, 은 등의 귀금속화폐를 사용한 시대에는 귀금속을 강도로부터 지키거나 도난·분실의 위험을 막는 대가로 보관료를 받는 일이 더 흔했죠. 자본주의 시장이 발달하면서부터 은행은 고객들에게 돈을 돌려주기 시작했습니다. 이것이 바로 금리의 탄생입니다.

금리는 어떻게 만들어질까?

은행이 돈을 맡긴 사람에게 금리라는 수익을 돌려줄 수 있었던 것은 맡은 돈을 그대로 두지 않고 다른 곳에 빌려준 뒤 수익을 냈기 때문입니다. 돈이 돈을 벌면서 마치 상품처럼 거래되자, 돈에도 수요와 공급이 생기고, 일종의 가격이라고 할 수 있는 금리가 형성됩니다. 금리는 자본가가 은행에 돈을 투자하고 은행이 그 투자금으로 창출한 수익을 자본가에게 되돌려줄 때 적용하는, 투자 원금 대비 기간당 이자의 비율을 말합니다. 즉 자본 투자자 입장에서는 금리가 높을수록 은행에서 이자 수익을 많이 받을 수 있는 것이죠.

금리도 상품처럼 수요와 공급에 따라 결정됩니다. 이때 돈의 수요는 경기 상황에 좌우되죠. 경기가 좋으면 기업들은 시설을 확충하고 고용을 확대하기 위해 많은 자금을 빌리려고 하는데요, 이렇게 돈의 수요가 증가하면 금리가 올라갑니다. 반대로 불경기에는 기업들이 투자를 꺼려 돈의 수요가 감소하면서 금리가 떨어집니다.

반면 돈의 공급은 주로 중앙은행*에서 결정합니다. 중앙은행은 금리를 일정하게 유지하기 위해 때에 따라 적절한 통화 정책을 써서 돈의 공급을 늘리거나 줄입니다. 금리가 높다고 판단되면 중앙은행은 금융시장에서 국채를 매입해 본원통화의 공급을 늘리죠. 본원통화란 중앙은행이 공급하는 현금통화를 말하며, 국채를 매입한다는 것은 시장이 가지고 있던 채권을 국가가 거둬들이고 채권의 값만큼의 화폐를 시장에 되돌려준다는 의미입니다.

시장에 본원통화가 증가하면 개인이 보유한 현금이 늘어날 뿐만 아니라 각 은행이 예금자의 인출 요구를 대비해 중앙은행에 의무적으로 예금액의 일정 비율 이상을 예치해두는 지급준비금도 늘어나 시장의

* 한 나라 금융 제도의 중심이 되는 은행. 화폐 발행과 통화신용정책의 수립 및 집행, 금융시스템의 안정, 은행의 은행, 정부의 은행, 지급결제제도의 운영·관리, 외화자산의 보유·운용, 은행 경영분석 및 검사, 경제조사 및 통계작성 등의 기능을 수행하는 은행을 말한다.

통화량이 증가합니다. 이렇게 돈이 많아지면 돈의 값을 의미하는 금리는 어떻게 될까요? 일반 상품과 마찬가지입니다. 돈의 공급이 증가하면 금리는 떨어지죠.

이와 같이 중앙은행이 통화 정책으로 달성하려는 목표가 되는 금리를 기준금리라고 부릅니다. 기준금리는 우리나라의 중앙은행인 한국은행이 다른 금융기관과 환매조건부채권 매매, 대기성 여수신 등을 거래할 때 혹은 일반 금융기관끼리 거래할 때 기준이 되며 한국은행 내 금융통화위원회에서 매달 결정합니다.

중앙은행의 영향이 큰 시중금리

그렇다면 일반 은행들, 시장의 금리는 어떻게 결정될까요? 물론 자금의 수요와 공급에 따라 결정되지만 기본적으로 중앙은행의 정책에 많은 영향을 받습니다. 한국은행이 채권 매매나 금융기관의 지급준비율 또는 재할인율** 등을 조절하면 통화량이나 물가, 시장금리(시중금리)에 큰 영향을 줍니다. 시중은행(상업은행)들은 한국은행이 발표한 기준금리를 토대로 각각 금리를 정하게 되고요. 한국은행이 기준금리를 올리면 시중금리도 올라가고, 한국은행이 기준금리를 낮추면 시중금리도 떨어지게 됩니다.

** 중앙은행이 시중은행에 대출해줄 경우에 적용되는 금리. 중앙은행은 시중은행에 빌려주는 자금의 금리를 조절해 시중의 통화량을 조절하기도 한다.

물론 실제 시장에서 시중금리가 결정될 때는 기준금리 외에도 다양한 요인들이 작용합니다. 대표적인 것이 개인의 신용도입니다. 같은 돈을 빌려도 신용이 좋은 사람은 낮은 이자를 내고, 신용이 안 좋은 사람은 높은 이자를 내야 합니다. 신용뿐만 아니라 빌린 기간의 길고 짧음에 따라서도 이자율은 달라집니다.

기간에 따라 달라지는 이자는 개인보다는 금융기관 사이에서 거래되는 자금에 적용되는 일이 많습니다. 대표적으로 단기금리는 거래 금액이 많고 신용도가 좋은 개인 및 금융회사가 1년 미만의 자금을 빌릴 때 적용되는 이자율로, 금융회사 간의 거래에 적용되는 콜금리,* 판매자가 되사는 것을 조건으로 거래하는 환매조건부채권(RP, Repurchasing Agreement)의 수익률, 무기명 예금증서인 양도성예금증서(CD, Certificate of Deposit) 수익률의 기준이 됩니다. 장기금리는 국채, 회사채, 금융채 등 1년 이상의 채권 수익률이 기준이 되며, 대개 장기금리가 단기금리보다 이자율이 높습니다.

우리 생활 속 금리의 영향

정부와 각 금융기관들이 나서서 정하는 금리는 우리 삶에도 큰 영향을 미칩니다. 최근엔 미국의 금리 인상 여부가 뉴스에 연일 오르내리는데

---

* 금융기관 간 영업 과정에서 필요한 자금을 30일 이내 단기로 빌려주고 받는 것을 '콜'이라 하며, 이때 은행·보험·증권업자 간에 이뤄지는 초단기 대차(貸借)에 적용되는 금리를 '콜 금리'라고 한다.

요, 미국이 금리를 인상하면 부동산 시장에 찬바람이 불고 우리나라의 가계 부채에 큰 짐이 된다고 합니다. 먼 나라 미국의 금리 인상 소식이 왜 우리 생활에 영향을 끼칠까요?

각 나라 안에서 정해지는 금리의 변동은 국가 간 자본의 흐름에도 큰 영향을 줍니다. 외국인 투자자는 여러 국가의 금리를 비교해 조금이라도 금리가 높은 쪽으로 자본을 이동시키려고 합니다. 그런데 미국의 금리가 오르면 상대적으로 우리나라의 금리가 낮아지고, 외국 자본은 이자를 더 많이 주는 미국으로 빠져나갈 위험이 커집니다. 대규모 외국 자본이 국내시장에서 단기간에 빠져나가면 우리나라 화폐와 주식의 가치가 폭락해 금융기관이 위험에 빠지게 되죠.

이런 사태를 막기 위해 우리나라 중앙은행인 한국은행은 미국이 금리를 올리면 그에 맞춰 기준금리를 올리곤 합니다. 그런데 금리가 오르면 기업은 은행에서 돈을 빌리지 않으려 합니다. 돈이 비싸졌으니까요. 그 결과 자본이 부족해지면서 기업의 투자 의지가 위축되고 그로 인해 고용이 줄어들거나 더 나아가 구조조정으로 인력을 축소할 수도 있습니다.

한편 금리 변동은 가계 소비에도 영향을 줍니다. 금리가 상승하면 사람들은 돈을 쓰기보다는 저축해두려고 합니다. 반대로 금리가 하락하면 저축을 줄이고 소비를 늘리죠. 특히 오랫동안 쓸 수 있는 내구재인 주택, 자동차 등을 구매하기 위해서는 은행에서 돈을 빌려야 하므로 금리 변동이 소비지출에 꽤 큰 영향력을 미칩니다.

이렇게 금리는 사회 전반에 미치는 영향력이 큽니다. 중앙은행을 통해 금리 변동을 주의 깊게 관찰하며 금리가 지나치게 변동하지 않도록 조절하려고 노력하는 이유입니다.

인플레이션: 물가는 왜 오르는 거야?

통계청은 매달 소비자물가지수를 발표하는데요, 소비자물가지수는 대개 전년 동월 대비 몇 퍼센트 상승하는 것이 일반적입니다. 즉 매년 물가는 내려갈 때보다 올라갈 때가 많은 셈이죠.

물가, 즉 물건의 가격이 오르는 것은 우리와 같은 일반 소비자에겐 그다지 좋은 뉴스가 아닙니다. 그런데 뉴스에서는 물가가 올랐다고 전하면서 경기회복을 예측하죠. 왜 물가가 오르면 경기가 회복될 것이라 전망할까요? 물가와 경기는 도대체 어떤 관계가 있을까요?

인플레이션은 무엇일까?

물가는 특정 범위의 상품 가격을 종합해 평균을 낸 것입니다. 그 특정 범위에 소비재가 들어가면 소비재 물가로, 생산재가 들어가면 생산재 물가로, 소비재 및 생산재 등 모든 상품을 모두 종합하면 일반 물가로 분류합니다.

물가는 돈의 가치와 반비례하므로 물가가 오르면 돈의 가치는 떨어집니다. 예를 들어 청바지 한 벌 가격이 지난해 5만 원에서 올해 6만 원으로 올랐다면, 1년 사이에 돈의 가치가 1만 원이 떨어진 것이죠. 이렇게 물가가 오르고 돈의 가치가 떨어지는 현상을 인플레이션(inflation)이라고 부릅니다.

경제학자들은 인플레이션이 발생하는 원인을 2가지로 요약합니다. 첫째, 수요가 늘어난 만큼 공급량이 따라주지 않을 때 수요견인 인플레이션(demand-pull inflation)이 생깁니다. 구매자는 쓸 돈이 충분한데 물건이 없는 셈이죠.

둘째, 제품의 생산 비용이 올라서 제품 가격이 오를 때 비용상승 인플레이션(cost-push inflation)이 생깁니다. 가뭄 때문에 옥수수 생산량이 절반으로 줄어들어 가격이 폭등하면, 옥수수 사료를 먹고 자라는 가축의 고기와 유제품 가격도 덩달아 폭등하는 이유입니다.

이 밖에도 수요 증가 및 공공요금 인상, 저생산 제품의 공급 부족 등 다양한 요인이 인플레이션에 영향을 줍니다.

선이냐 악이냐, 인플레이션의 두 얼굴

인플레이션은 국민 경제에 큰 영향을 끼칩니다. 물가만 오르는 것이 아니라 통화량이 확대되고 화폐가치도 덩달아 떨어지기 때문이죠. 그래서 일부에서는 인플레이션을 '경제의 암'이라고 부르며 부정적으로 여기지만, 인플레이션으로 인한 긍정적 측면도 분명히 존재합니다.

먼저 인플레이션의 부정적인 면부터 살펴보겠습니다. 인플레이션이 발생하면 월급 생활자는 손해를 봅니다. 만약 물가가 임금보다 더 오르면 근로자는 물가 상승분만큼 줄어든 임금을 받게 되고, 반대로 기업은 물가 상승분만큼 임금을 적게 주는 꼴이죠. 즉 물가가 오른 만큼 임금을 올려야 하는데, 근로계약은 보통 연간 단위로 하므로, 계약 갱신 이전까지 기업이 추가 이득을 보는 셈입니다. 인플레이션 현상은 사회적 약자인 근로자에게 불리합니다. 인플레이션이 계속되면 소득 격차가 더 벌어져 빈익빈 부익부 현상이 심해지고, 그로 인해 사회가 불안정한 상태에 빠지기 쉽습니다.

두 번째로 인플레이션은 국제수지*를 악화시키고 경제성장을 가로막습니다. 물가 상승은 곧 국내에서 생산한 물건의 가격이 상승한다는 말입니다. 국내 상품의 가격이 오르니 수출 경쟁력은 떨어지고 반대로 비싸진 국내 상품을 대체할 수 있는 수입 상품을 구매하는 사람은 늘어나 무역수지 적자를 볼 수 있습니다.

세 번째로 인플레이션 상황에서는 화폐가치가 떨어지므로 저축할수록 손해를 보게 됩니다. 결국 사람들은 저축하지 않고 소비에 치중하게 되고, 저축이 줄면서 자금이 부족해진 은행은 대출을 줄이며, 줄어든 대출 규모는 경제성장을 위축시킵니다.

지금까지 인플레이션의 부정적 측면만 설명했지만, 부의 재분배 측면에서는 인플레이션이 긍정적으로 작용합니다. 인플레이션은 채무자의 빚을 줄여주는 효과가 있습니다. 빌린 돈의 가치가 떨어지니까 채

---

* 일정 기간 동안 한 나라와 다른 나라 사이에서 이뤄진 경제적 거래를 체계적으로 집계한 것으로 크게 경상수지와 자본수지로 나뉜다.

무자에게는 유리하게, 채권자에게는 불리하게 작용하는 셈이죠.

또 인플레이션은 기업 투자를 활성화합니다. 인플레이션 현상이 지속되면 화폐가치가 계속 떨어집니다. 즉 은행에 예금을 하는 등 현금을 보유하는 것만으로 자산이 줄어드는 상황이 벌어지죠. 사람들은 화폐 가치가 떨어져 입는 손해를 만회하려고 주식·채권 등을 통해 기업 투자에 적극적으로 나서려고 합니다. 기업에서도 회사에 쌓아둔 현금인 사내유보금을 공장 설비 증설에 투자하거나 주식·채권에 투자합니다.

이처럼 적절한 인플레이션은 투자를 활성화해 경기를 살리는 데 보탬이 되기도 합니다.

인플레이션은 어떻게 막을까?

인플레이션은 무조건 나쁘다고 할 수도 없고 좋다고 할 수도 없습니다. 각 주체에 따라 입장이 달라지기 때문이죠. 정부는 대체적으로 경기가 급격히 상승하는 것보다는 안정적이기를 추구합니다. 이를 위해 급격한 인플레이션 조짐이 있으면 사전에 막기 위해 노력하죠. 그런데 인플레이션은 어떻게 막을 수 있을까요? 그 방법은 인플레이션 발생 원인에 따라 달라집니다.

첫째, 정부가 사회에 돈이 많아서 인플레이션이 발생했다고 판단하면 금리를 높여서 인플레이션을 진정시킵니다. 금리를 높여 저축을 장려하는 동시에 통화 공급을 줄이죠. 즉 화폐의 수요와 공급을 조절해 물가를 안정시키려고 합니다. 둘째, 인플레이션이 독과점 상품 때문에 발생하면 정부는 독과점 기업을 규제해 기업 간의 자유경쟁을 이끌어 내고 공정거래를 유도합니다.

셋째, 인플레이션이 임금 상승 때문에 발생한 경우에는 정부가 물가와 임금 상승의 한계치를 정해 임금이 지나치게 오르지 못하게 막습니다. 이렇게 임금을 비공식적으로 통제하는 소득 정책은 1960년대에 등장한 정책으로 오늘날 미국·영국·프랑스 등 서구의 많은 나라에서 채택하고 있습니다.

넷째, 특정 산업의 생산성이 낮아 인플레이션이 발생한 경우에는 정부 주도로 특정 분야의 생산성을 높이거나 유통 구조를 개선해 그 분야의 공급량이 늘어날 수 있도록 합니다.

쉬어가기: 디플레이션과 스태그플레이션

인플레이션의 반대 현상은 무엇이라고 할까요? 많은 분들이 아시다시피 디플레이션이라고 합니다. 디플레이션(deflation)은 상품과 서비스의 가격이 지속적으로 떨어지는 현상을 말합니다. 물건 값이 떨어지니까 소비자는 디플레이션 현상을 반깁니다. 돈의 가치가 올라갔기 때문에 소비자는 디플레이션 이전보다 적은 돈으로 더 많은 양의 상품과 서비스를 구매할 수 있죠. 기업에서도 디플레이션 현상으로 원자재 비용이 떨어져 생산 비용을 낮출 수 있습니다. 또 돈의 가치가 올라가 물건 값이 싸져도 기업 이윤이 감소하는 것도 아닙니다.

그러나 경제학자들은 인플레이션보다 디플레이션을 더 걱정합니다. 디플레이션으로 돈의 가치가 올라가면 사람들은 소비를 줄이고 투자를 꺼립니다. 물건 값이 날마다 떨어지기 때문에 물건을 일찍 살수록 손해입니다. 기업도 마찬가지입니다. 공장 부지나 설비 기계의 가격이 갈수록 떨어지므로 기업은 가격 하락이 멈출 때까지 투자를 미룹니다.

소비와 투자가 감소하면 기업의 생산 활동이 위축되죠. 기업은 근로자 임금을 깎거나 구조조정을 합니다. 이렇게 근로자의 구매력이 감소하고 실업자가 늘어나면 상품과 서비스 수요가 줄어 또다시 상품과 서비스의 가격을 떨어뜨립니다. 디플레이션이 또 다른 디플레이션을 일으키는 셈이죠.

더욱이 돈의 가치가 계속 올라가므로 덩달아 빚도 늘어납니다. 채무자는 빚이 더 늘어나기 전에 최대한 빨리 빌린 돈을 갚기 위해 부동산을 팔고 투자한 돈을 회수합니다. 기업은 재고를 줄이고자 물건 값을 더 낮춥니다. 결국 채무자의 자산은 계속 가격이 떨어지고 떨어진 자산의 가격만큼 돈의 가치가 더 올라, 채무자는 빚을 갚으려고 할수록 빚이 더 늘어나는 모순에 빠집니다. 이 같은 현상이 사회 전반에 일어나면 기업이 파산하고 은행이 도산하며 공황으로 이어질 수 있습니다.

인플레이션과 디플레이션에 이어 알아볼 마지막 물가 변동 현상은 스태그플레이션입니다. 스태그플레이션(stagflation)은 경기침체를 뜻하는 스태그네이션(stagnation)과 물가 상승을 뜻하는 인플레이션(inflation)을 합친 말로, 경기침체에도 물가가 꾸준히 상승하는 현상을 말합니다.

스태그플레이션은 1970년대의 원유 및 원자재 가격 상승에서 시작되었습니다. 원유 및 원자재 가격이 오르면 제품 생산비가 덩달아 오릅니다. 생산비가 오르면 제품 가격이 함께 오르죠. 가격 상승은 매출 감소로 이어지고, 기업은 이익을 보지 못하는 상황에서 매출까지 줄어들어 근로자의 임금을 물가 상승에 맞춰 올려줄 수 없게 됩니다. 이로 인해 실질소득이 줄어든 가계에서는 소비를 줄이고, 소비 축소는 다시 기업의 매출 감소로 이어지다가 결국 경영을 축소하거나 도산해 실업자가 늘어나죠.

이렇게 물가는 오르면서 소득은 늘어나지 않는 악순환의 고리를 정부가 끊어야 하지만, 아직까지 명쾌한 해결책이 없습니다. 이제까지 정부는 경기가 좋아 물가가 오를 때는 금리를 올리거나 정부의 재정 지출을 줄였고, 반대로 경기가 좋지 않을 때는 금리를 내리거나 정부의 재정 지출을 늘려 물가를 조정했습니다. 그런데 스태그플레이션 상황에서는 정부가 경기침체를 해결하려고 금리를 내리거나 재정 지출을 늘리면 물가가 더 상승하는 역효과가 나타나기 때문입니다.

그래도 아주 길이 없는 것은 아닙니다. 1970년대 이후 발생한 스태그플레이션에서 벗어날 수 있었던 이유는 1990년대 후반 미국에서 '신경제(new economy)'라 불리던 기술혁신이었습니다. 기술혁신으로 생산성을 높이자 원가가 감소했고, 덕분에 상품 가격도 내려갔죠. 가격이 하락하면 수요가 늘어나고 상품의 재고가 줄어들죠. 그렇게 공장이 다시 활발하게 돌아가면서 일자리가 늘어나고 경기가 회복된 것입니다.

환율: 외국 돈은 얼마에 사야 할까?

환율은 우리 생활에서 상당히 중요한 개념입니다. 수출 기업은 원자재를 수입하고 완성품을 수출할 때 외국 돈을 주고받아야 합니다. 일반인도 마찬가지죠. 환율에 따라 리터당 주유비가 오르내리고, 외국산 생필품의 가격이 바뀝니다. 외국 여행이라도 가려면 여행지의 돈이 필요하고요. 최근에는 인터넷으로 외국 상품을 직접 구매하기도 합니다.

이렇게 외국 돈을 다루는 일이 늘었지만, 환율의 개념을 뚜렷하게 알고 있는 사람은 드문 것 같습니다. 환율의 개념이나 표기 방식이 생각보다 혼란스럽기 때문입니다.

환율 = 화폐의 가격

환율을 쉽게 이해하는 하나의 방법은 외화, 즉 외국 돈을 하나의 상품으로 보는 것입니다. 경제학자들은 환율을 "국가 간의 통화를 교환하는 비율"이라고 설명합니다. 그들의 말대로 환율은 교환 비율로 설명하는 것이 가장 정확하지만, 환율을 쉽게 이해하려면 외국 돈을 상품으로 보는 것이 좋습니다. 우리가 볼펜 한 자루를 1천 원에 구매하는 것은 볼펜 한 자루를 1천 원이라는 화폐 상품과 맞바꾸는 꼴이죠. 같은 맥락에서 외국 돈을 우리 돈으로 구매하는 일이 환전이며, 외국 돈의 구매 가격을 나타낸 것이 환율이 되는 셈입니다.

그런데 환율에서는 판매자와 구매자가 계속 바뀝니다. 미국인에게는 한국이 외국이고, 한국인에게는 미국이 외국이니까요. 그래서 판매자의 통화를 기본 통화로, 구매자의 통화를 가격 통화로 표기합니다. 상품 1개는 변치 않지만 가격은 날마다 바뀌죠. 환율도 마찬가지로 기준이 되는 기본 통화는 바뀌지 않지만 가격 통화는 날마다 바뀝니다.

상품 가격이 수요와 공급에 따라 변하듯이 환율도 외국 돈의 수요와 공급에 따라 변합니다. 특정 국가 화폐의 환율이 상승하는 것은 외국 돈의 수요가 증가하거나 외국 돈의 공급이 감소한 것을 의미합니다.

쉬운 예로 국내 수입이 늘어나거나 외국 여행이 증가할 때 외국 돈의 수요가 증가합니다. 공급 측면에서 한 국가의 금리가 다른 나라보다 상승하면 금리가 낮은 국가의 금융 시장에 투자한 외국인 투자자는 금리가 높은 국가의 금융 시장으로 자본을 옮기게 되고, 그 결과 금리가 낮은 국가의 외환 시장에는 외국 돈의 공급이 감소해 환율이 상승합니다. 환율 상승은 우리 돈의 가치가 떨어진 것이므로 '원화 평가절하', '원화가치 하락', '원화 약세'라고도 표현합니다.

반대로 외국인 투자, 외국인 관광객 수, 수출이 늘어나면 외국 돈의 공급이 증가해 환율이 떨어지고 우리 돈의 가치는 올라갑니다. 이런 상황을 '원화 평가절상', '원화가치 상승', '원화 강세'라고 부르고요.

환율 변동이 가져오는 변화

환율이 상승하면 우리 돈의 가치는 떨어지는데요, 원화 약세인 상황에서는 우리 기업의 수출 상품도 가격이 내려가 국제 시장에서 가격 경쟁

환율 표시법, 제대로 알자

기본 통화는 분모에, 가격 통화는 분자에 표시합니다. 미국 돈 1달러를 우리 돈 1,100원과 교환한다면 1,100/$로 표시하며 '달러당 1,100원'으로 읽습니다. 이렇게 외국 통화를 사들이는 구매국의 통화 단위로 환율을 정의하는 방식을 직접표시환율, 또는 유럽식 표시라고 부릅니다. 반대로 판매국의 통화 단위로 환율을 정의하는 방식을 간접표시환율, 또는 미국식 표시라고 합니다. 1,100/$를 미국식 표시로 나타내면 $0.011/₩이며 '원당 0.011달러'로 읽습니다.

우리나라 신문기사를 보면 '원달러 환율'이라는 표현이 많이 나오는데요, 사실 이는 틀린 표현입니다. 외환 시장에서는 '달러원 환율'이라고 표현합니다. 분모 분자를 나타내는 '/(빗금)' 기호 없이 말이나 글로만 환율을 표현할 때는 반드시 기본 통화를 먼저 말한 후 가격 통화를 말해야 하기 때문입니다. 예를 들어 1달러가 우리 돈으로 얼마인지 말하고 싶다면 기본 통화인 달러를 앞에 두고 '달러-원'이라고 표현해야 하죠. 환율을 통화코드로 표기할 때도 'USD-KRW'로 순서로 표기해야 합니다. 다시 말해 분자 분모를 나타내는 '/' 기호를 넣어 환율을 표시한 '원/달러' 표기를 '/' 기호 없이 쓰려면 '달러-원'으로 바꿔야 한다는 것을 헷갈리지 말아야 합니다.

그런데 왜 우리나라에서는 '원달러 환율'이라는 틀린 표현을 사용하고 있을까요? 우리나라 입장에서 달러는 무조건 기본 통화이므로 분자 분모 기호 없이 표현하려면, 앞서 설명한 대로 '달러-원' 환율이라고 부르는 것이 맞습니다. 일부 매체에서는 '한일 관계', '한미 관계'의 사례처럼 민족 정서(?)가 반영된 것이라고 해석하는데요,[1] 개인적으로는 아마도 외환 시장의 방식대로 '달러원 환율'을 번역하는 과정에서 벌어진 실수라고 생각합니다. 영어와 한국어는 어순이 반대이니까 영어 어순 '달러원 환율'을 한국어 어순 '원달러 환율'로 바꿨어야 했는데 이 부분이 미처 반영되지 않았던 것 아닐까요?

력이 높아집니다. 반대로 수입 상품 가격은 상승하므로 수입이 줄어 국제수지 개선에 도움을 주죠. 그래서 환율 상승은 경제성장이나 경기회복에 도움을 준다고 볼 수 있습니다. 단, 환율 상승으로 외국에서 들여오는 원자재 가격이 비싸지면 물가도 덩달아 올라 인플레이션이 발생할 수도 있습니다.

환율의 개념은 사실 한 번에 이해하기는 쉽지 않습니다. 환율 하락 혹은 환율 상승이 미치는 영향도 경제주체에 따라 달라지기 때문에 'A=B'라고 단언하기 어렵죠. 그러나 '기준점'을 어디에 두는지를 알아두면 앞으로 뉴스나 신문에서 환율 이야기를 할 때 이해하기가 조금은 더 수월할 것입니다.

무역: 다른 나라의 물건을 사고팔다

도널드 트럼프 미국 대통령은 취임 100일을 맞은 2017년 4월 29일, 미국이 체결한 무역협정을 모두 재검토하라는 행정명령을 내렸습니다. 여기에는 한미 자유무역협정(FTA, Free Trade Agreement)도 포함됩니다. 2018년 현재 FTA가 정한 두 나라의 관세율은 0%에 가까운데요, 트럼프 대통령은 한미FTA가 미국의 무역 적자를 초래한다면서 'FTA 폐기'라는 무리수를 두면서까지 재협상을 강력하게 요구하고 있습니다.

트럼프 대통령의 막무가내 외교 정책은 우리나라뿐 아니라 국제적으로 반발을 사고 있습니다. 사실 이런 태도는 무역의 어쩔 수 없는 속성이기도 합니다. 무역은 한 나라 경제의 운명을 가를 만큼 중요해서 서로 유리한 위치를 차지하려고 애쓰는 것이 당연한 것이죠.

왜 무역을 해야 할까?

무역은 지방과 지방, 나라와 나라 사이에 서로 물건을 사고팔거나 교환하는 일을 뜻하며, 오늘날에는 물건뿐만 아니라 기술과 용역, 자본의 이동까지 포함하는 개념이 되었습니다. 특히 국제무역은 시장의 크기를 국내에서 국외로 넓히는 역할을 합니다. 지질학적 자원이 거의 없는 나라에서는 외국과 무역을 해야 국내시장의 한계를 벗어날 수 있죠.

영국의 경제학자 애덤 스미스는 『국부론』에서 "경제 발전은 시장의 크기에 제한을 받는다"고 말했는데요, 인류의 역사는 시장의 크기를 계속 키우며 발전해왔습니다. 나일 강 유역의 이집트 문명, 티그리스·유프라테스 강 유역의 메소포타미아 문명, 인더스·갠지스 강 유역의 인도 문명, 황허 강 유역의 중국 문명 등 세계 문명은 큰 강을 중심으로 모두 발생했죠. 이들 문명은 대부분 기껏해야 강 인근 바다까지 진출하는 정도에서 시장의 크기를 한정합니다. 그런데 서양 문명은 유달리 바다 너머에 큰 관심을 보였죠. 지중해를 중심으로 국가와 국가 간의 무역이 활발했고, 15세기 이후에는 그리스, 포르투갈, 스페인, 영국 등 유럽과 미국이 해상무역을 통해 세계경제의 주도권을 행사합니다. 물론 일본도 비슷한 시기에 사면이 바다라는 이점을 살려 해상무역에 적극적으로 뛰어들어 선진국 대열에 올라서죠.

무역은 단순히 물건만 오가는 것에서 그치지 않습니다. 물건을 주고받으며 자연스럽게 문화 교류도 이뤄집니다. 중국의 한류 열풍은 무역이 활발한 문화 교류로 이어진 대표적 사례입니다. 1992년 8월 24일 한중 수교 후 지금껏 한중 양국은 무역 규모를 꾸준히 확장했습니다. 덩달아 문화 교류의 폭도 넓어졌고, 그 깊이도 깊어졌죠. 한중콘텐츠연구소는 2013~2015년 중국에 수출한 국내 예능 프로그램이 25편, 한중 합작 프로그램이 10여 편에 이른다고 밝혔습니다.[2]

한류 열풍으로 출발한 문화 교류는 이제 중국의 문화 콘텐츠를 우리나라가 주도적으로 재해석하는 단계까지 발전했습니다. SBS에서 방영되었던 드라마 〈달의 연인: 보보경심 려〉는 중국 소설이자 중국에서 먼저 드라마로 제작된 〈보보경심〉을 우리나라에서 재해석한 드라마입니다. 문화 콘텐츠는 중국에서 가져오고, 투자와 제작은 미국의 투자배급사 NBC유니버설과 YG엔터테인먼트가 공동으로 참여해 한국을 비롯한 중국, 일본, 태국, 홍콩, 대만 등지에 동시 방송되었습니다.

절대우위와 비교우위로 결정되는 국제무역

나라와 나라가 필요한 물건을 사고파는 일이 무역입니다. 그렇다면 각 나라는 무엇을 사고팔아야 유리할까요? 이는 절대우위와 비교우위에 따라서 결정됩니다.

절대우위는 한 나라가 다른 나라보다 특정 재화 및 서비스의 생산 비용이 낮은 상황을 말합니다. 대표적으로 중동 국가의 대다수가 풍부한 석유 자원에 대한 절대우위가 있죠. 절대우위 국가는 대개 석유, 광물, 농산물 등 천연자원이 풍부한 곳입니다. 비교우위는 한 나라가 다른 나라보다 특정 재화 및 서비스를 상대적으로 저렴하게 생산할 수 있는 상황을 말합니다. 예를 들어 반도체 강국인 우리나라는 다른 나라보다 고품질의 반도체를 저렴하게 공급하기에 반도체의 비교우위에 있는 나라라고 할 수 있습니다.

대다수 국제무역은 각 나라의 절대우위와 비교우위를 고려해 조금이라도 자국에 이익이 되는 품목을 선택하며, 협상을 통해 서로 이익을 나누어 가질 수 있도록 조정합니다. 이때 각 나라는 관세를 통해 수입품에 세금을 매겨 외국 상품의 수입량을 조정합니다. 관세는 국내 산업을 보호하는 역할을 하지만, 관세율이 너무 높으면 반대로 해외에서 국내 산업의 경쟁력을 떨어뜨려 발전을 가로막을 수도 있습니다.

생존하거나 경계하거나, 자유무역의 두 얼굴

관세는 무역 장벽 노릇을 하지만 현재는 관세가 없거나 매우 낮은 자유무역을 하는 나라가 많습니다. 각 국가의 정부는 기업과 개인이 각자의 필요에 따라 물건을 자유롭게 사고팔 수 있도록 관세를 낮추거나 무관세 정책을 펼칩니다. 관세 장벽이 사라지면 기업은 보다 많은 수출과 수입을 통해 큰 이익을 얻고, 소비자는 전 세계 여러 나라의 다양한 상품을 저렴하게 구할 수 있죠.

그러나 자유무역에도 단점이 있습니다. 절대우위 또는 비교우위 품목이 되지 못한 품목의 생산자는 경쟁에서 뒤처져 더는 생산을 이어갈 수 없습니다. 경쟁력이 없어서 생산을 하지 못하는 것은 무역에서는 당연한 섭리입니다. 그런데 문제는 외국 제품에 비해 가격 경쟁력이 떨어져도 국익을 위해서 생산을 멈춰선 안 되는 품목들이 있다는 것이죠. 예를 들어 우리나라 농산물은 중국보다 비싸게 생산할 수밖에 없지만 식량 주권*을 잃지 않기 위해 생산을 이어가야 합니다. 일부 농업 전문가는 식량 안보를 위해 정부가 직접 나서서 경쟁력이 뒤처지는 농업을 살려야 한다고 주장하죠.

실제로 커피 원두를 재배하는 아프리카는 자국의 토지를 모두 커피나무 재배지로 바꿔 원두를 수출해 번 돈으로 식량을 수입해 먹고 살았습니다. 그런데 원두 가격이 폭락하자 하루아침에 온 국민이 굶주림을 겪었죠. 최근 베네수엘라가 극심한 경제난을 겪고 있는 상황도 비슷합니다. 석유 매장량 세계 1위인 베네수엘라는 그동안 석유 수출에만 의존한 나머지 다른 국내 산업을 육성하지 못했고, 그러던 중 국제 유가가 하락하자 국내 경제가 직격탄을 맞고 주저앉은 것입니다.

이렇듯 무역은 생존을 위해 필요하기도 하지만 때론 생존을 위해 경계해야 하기도 합니다. 또한 현재의 국익을 높이면서 동시에 미래의 국익을 해치지 않도록 주의해야 하죠. 가장 중요한 것은 자국의 이익만을 주장하다 전 세계의 균형을 깨뜨리지 않는 것입니다. 이는 오른

* 인류의 삶에 필수적인 식량을 스스로 생산하고 소비할 수 있는 권리. 식량을 자체적으로 생산하지 못하고 무역에 의존하게 되면 다른 나라에서 식량 가격을 무기로 국가의 주권을 위협할 수 있다.

쪽을 보면서 동시에 왼쪽도 보는 것만큼 어려운 일이지만 인류 평화를 위해 모든 국가가 끝까지 포기해서는 안 되는 영원한 숙제입니다.

독과점: 한 기업이 시장을 지배한다면

대한민국 제19대 문재인 대통령은 취임사에서 인상 깊은 세 문장을 남겼습니다. "기회는 평등할 것입니다. 과정은 공정할 것입니다. 결과는 정의로울 것입니다." 공정하고 정의로운 나라를 위해 문재인 정부는 경제 민주화와 재벌 개혁에 전보다 많은 관심을 두고 취임 초부터 공정거래위원회의 위상과 권한을 강화했습니다.[3]

'경제 검찰'로 통하는 공정거래위원회는 독점 및 불공정거래에 관한 사항을 심의하고 의결하는 준사법기관입니다. 말 그대로 독과점 구조를 개선하고 불공정거래 행위를 막는 업무를 담당하고 있죠. 그렇다면 독과점은 왜 막아야 하는 것일까요? 한 기업이 시장을 지배하면 무슨 일이 일어날까요?

독과점 또는 독점이란?

독과점 또는 독점은 공급자의 수가 적어서 공급자가 마음대로 공급량을 조절해 시장가격을 정하거나, 반대로 수요자의 수가 적어서 수요량에 따라 시장가격이 좌우되는 시장 형태를 말합니다. 반면 완전경쟁은 공급자와 수요자가 모두 다수인 상태를 말합니다.

독과점은 이론상으로는 수요가 적을 때도 발생할 수 있지만 현실에서는 공급 독점으로 이뤄지는 것이 대부분입니다. 공급을 독점하는 독점기업은 이윤을 극대화하기 위해 구매자의 사정을 고려하지 않고 가격을 높게 책정하기에 사회적으로 문제가 됩니다.

경제학의 역사적·사회적 측면을 강조하는 마르크스 경제학*에서는 자본주의 사회가 자유경쟁을 기반으로 하는 한 독점자본주의로 흐를 수밖에 없다고 주장합니다. 한마디로 자유경쟁 속에서는 "독과점이 자연스러운 현상"이라는 것이죠. 각 기업이 이윤을 극대화하기 위해서는 끊임없이 생산 규모와 자본을 확대할 것이고, 이로 인해 생산력과 자본은 점점 한곳으로 모이기 때문입니다. 그렇게 커진 거대 기업은 경쟁 기업을 인수 합병하며 몸집을 불려 결국 혼자 살아남습니다. 그러나 오늘날 정부는 공정거래법 및 독점방지법 등 법적 조치를 취해 거대 기업의 출현을 막고 있습니다.

규제해도 독점기업은 생긴다

정부의 규제에도 불구하고 독점기업은 여전히 생겨납니다. 전문가들은 각 시장의 진입 장벽이 독점기업을 만든다고 지적합니다. 신규 사업자

---

* 마르크스와 엥겔스가 확립한 경제학 체계로, 맑시즘이라고도 불리는 마르크스주의를 기반으로 한 경제학이다.

가 특정 시장에 자유롭게 진입하는 것을 막는 요인을 말하는 진입 장벽은 생산기술, 원자재, 경제적 이점 등 때문에 생깁니다.

생산기술의 경우 마이크로소프트(MS)의 윈도우 운영체제를 생각하면 쉽게 이해할 수 있습니다. 마이크로소프트는 운영체제의 생산기술을 독점하고 있으므로, 다른 사업자가 쉽게 시장에 진입할 수 없는 덕분에 윈도우의 가격을 스스로 정할 수 있죠. 원자재의 경우 석유가 대표적입니다. 이란, 쿠웨이트, 사우디아라비아 등 총 12개국은 석유수출국기구(OPEC, Organization of the Petroleum Exporting Countries)를 창설한 후 석유 공급량을 조절해 안정적 수익을 꾀하고 있습니다.

경제적 이점은 공익과도 연결됩니다. 정부가 대량 생산할수록 단위당 투입되는 생산 비용이 낮아지는 규모의 경제를 통해 단 하나의 기업에만 특정 상품을 생산하도록 허용하는 것이 일반적 사례입니다. 국민의 경제적 혜택을 위해서죠. 예를 들어 전기, 가스, 수도 등의 국민 모두에게 필요한 재화를 가정과 산업체에 공급하려면 막대한 초기 투자금이 필요합니다. 만약 여러 기업이 이 분야에서 자유경쟁을 펼치면 기업은 초기 비용을 회수하기 위해 가격은 가격대로 올릴 것이고, 유지 비용을 낮추기 위해 서비스 질은 떨어뜨릴 가능성이 높습니다.

왜 독과점을 막을까?

사람들은 독과점 및 독점을 부정적으로 봅니다. 독점기업이 소비자의 선택을 제한하고 더 나은 상품의 등장을 가로막는다는 것이죠. 특히 IT

기업의 경우 독점기업은 자의 반 타의 반으로 경쟁자의 시장 진입을 방해합니다. 국내 인터넷포털 중 점유율이 약 80%에 달하는 네이버는 사실상 독점기업이지만, 자의로 독점했다기보다는 소비자가 네이버를 선택했다는 타의로 독점이 이뤄졌습니다.

IT 기업에서 이런 일이 많은 이유는 소비자들이 이메일, 클라우드 같은 IT 플랫폼을 초기에 선택한 후 쉽게 바꾸지 않기 때문입니다. 또 IT 기업은 그들을 대표하는 소프트웨어가 생산기술이자 상품이기에 독점기업이 스타트업을 인수 합병하는 일이 다른 제조회사보다 한결 수월합니다. 그렇기 때문에 꽤 많은 기업이 경쟁자의 시장 진입을 막기 위한 전략으로 인수 합병을 택하고 있습니다. 한마디로 뛰어난 IT 기술의 싹을 인수 합병으로 구매한 후 수익성에 도움이 되지 않는다는 이유로 묻어버리는 것이죠.

결국 경쟁자를 모두 없앤 독점기업은 소비자에게 완전경쟁 시장보다 질 낮은 기술 및 서비스를 제공하면서도 높은 가격을 요구할 수 있게 됩니다. 이렇게 획득한 독점기업의 초과이윤은 소비자의 손실이기도 하죠. 사회 전체의 관점에서도 독점기업은 기술 혁신의 속도를 늦추는 걸림돌이 될 수 있습니다.

이와 같은 독점기업의 횡포를 막는 역할을 담당하기 때문에 공정거래위원회의 역할이 중요한 것인데요, 시장의 공정성을 중시하겠다고 밝힌 문재인 정권의 기조 아래에서 새롭게 출발한 공정거래위원회가 전보다 더 올바른 시장 경쟁 체제를 구축할 수 있기를 바랍니다.

주식: 자본주의 사회의 자본을 만들다

〈한국경제신문〉에서 주식 투자자 1천 명을 대상으로 '주식 투자' 하면 떠오르는 단어를 조사한 적이 있는데요, 67.1%가 '재테크'를 떠올렸습니다. 당연한 결과죠. 문제는 그다음입니다. 무려 43.1%를 차지한 두 번째 연상 단어가 '쪽박(깡통)'인 것입니다. 또 자식에게 주식 투자를 권하겠느냐는 물음에 '권하지 않겠다(23.6%)'는 답변이 '권하겠다(12.5%)'보다 2배가량 많았습니다.

이런 결과가 나온 것은 "주식으로 돈을 벌기 힘들고(56.8%)", "주식 투자가 투기심을 자극한다(45.3%)"는 부정적 인식이 크기 때문입니다.[4] 그렇지만 고정관념에 사로잡혀 주식 투자를 외면하기에는 자본주의 사회에서 주식이 발휘하는 영향력이 매우 큽니다.

주식회사 없는 자본주의?

요즘 같은 저금리 상황에서 적은 금액으로 투자할 수 있고, 투자 대비 수익도 높은 편인 주식을 무조건 외면할 수는 없습니다. 그래서 이제 주식을 이해하는 것은 선택보단 필수에 가까운 일이 되었는데요, 주식이란 도대체 무엇일까요?

우리가 접하는 회사의 대부분은 주식회사입니다. 주식회사가 아닌 회사를 찾기가 어려울 정도죠. 자본주의 경제가 발전할수록 기업들은 치열한 경쟁에서 살아남기 위해 자본을 최대한 끌어모으고 회사의 규모를 키웁니다. 기업은 자본을 조달하기 위해 주식을 발행해 자본을 투자받고, 주식을 사서 자본을 투자한 개별 주주에게 회사의 의사 결정에 관여할 수 있는 권리를 나눠줍니다.

주식은 개인이 회사에 자본을 투자하고 획득한 회사에 대한 권리 및 의무의 단위입니다. 주식과 주권의 뜻을 헷갈리는 분이 많은데요, 주권은 주식의 권리를 표시한 유가증권입니다. 또한 주식을 줄여서 '주'라고 표현하기도 하며 주식의 주인을 '주주'라고 합니다.

주주의 권리는 자신에게 이익이 되는 '자익권'과 회사 전체에 이익이 되는 '공익권'으로 나뉩니다. 자익권에는 회사의 이익을 분배받을 권리인 이익배당청구권, 회사 청산 과정에서 부채를 제외한 재산을 보유 주식의 지분만큼 받을 수 있게 하는 잔여재산 분배청구권, 회사가 발행하는 신주(新株, 새로 발행하는 주식)를 우선해 인수할 수 있는 신주인수권 등이 있습니다.

공익권에는 이사 선임 등 주주총회의 주요 안건에 참여할 수 있는 의결권, 회사의 주요 정보를 열람할 수 있는 회계장부 열람청구권, 이사 해임을 요구할 수 있는 이사해임요구권, 임시 주주총회 소집을 요구할 수 있는 주주총회 소집요구권 등이 있습니다.

권리가 있으면 의무 및 책임이 따르는데요, 주주는 주식의 인수가액(자본금)만큼 책임을 집니다. 주주가 자신의 권리를 제대로 행사하지 못해 일어난 경영상의 위험을 책임지는 것이죠. 단, 보유 주식 이상의 책임은 지지 않습니다. 이렇게 책임의 경계를 나눈 것이 주주 유한책임의 원칙입니다.

주식은 어디에서 발행되고 유통될까?

기업이 성장하면 필요한 자본의 규모가 커집니다. 채권 발행 및 은행 대출 등으로 자본을 모으는 것이 한계에 부딪히죠. 채권이든 대출이든 간에 모두 원금과 이자 상환의 부담에서 벗어날 수 없기 때문입니다. 결국 기업은 필요한 자금을 마련하기 위해 회사 내부 관계자들만 보유하거나 거래할 수 있던 주식을 외부에 공개하게 됩니다. 주식회사의 주식을 대중에게 공개해 모두가 거래할 수 있게 하는 것을 '기업공개'라고 합니다.

최초 기업공개 이후에는 유상증자*를 통해 직접 발행하는 것이 일반적입니다. 유상증자는 각 기업의 상황에 따라 모집 대상이 달라집니다. 대기업이 선호하는 '일반배정'은 일반인을 대상으로 주식 투자자를 공개 모집하는 방식입니다. 중소기업이 선호하는 '주주할당'은 기존 주주에게 신주인수권을 배정하는 방식입니다. 코스닥 기업이 선호하는 '제3자 할당'은 보통 전략적 투자자를 영입하기 위해 거래업체 등 특정인에게 신주인수권을 주는 방식입니다.

이렇게 발행한 주식은 흔히 코스피로 불리는 유가증권 시장,** 그리

---

* 기업이 자본금을 늘린다는 의미의 증자는 쉽게 말해 주식 추가로 발행하는 것을 뜻한다. 주식을 발행할 때 대가를 받는 유상증자와 주주들에게 주식을 공짜로 주는 무상증자로 나뉘는데, 십중팔구는 유상증자로 이뤄진다.

** 코스피는 국내 종합주가지수로 유가증권 시장본부(증권거래소)에 상장된 종목들의 주식 가격을 종합적으로 표시한 수치다. 유가증권 시장은 유가증권의 발행 및 유통에 관한 기구로 좁은 의미로는

기업공개(IPO, Initial Public Offering)

기업공개란 일정 규모의 기업이 상장 절차를 밟기 위해 행하는 외부 투자자들에 대한 첫 주식공매를 말합니다. 법률적인 의미로 상장을 목적으로 50인 이상을 대상으로 주식을 파는 행위입니다. 대주주 개인이나 가족들이 가지고 있던 주식을 일반인에게 팔아 분산시키고 기업경영을 공개하는 것이죠. 즉 증권거래법과 기타 법규에 의거해 주식회사가 발행한 주식을 일반투자자에게 균일한 조건으로 공모하거나, 이미 발행되어 대주주가 소유하고 있는 주식의 일부를 매출해 주식을 분산시키고 재무 내용을 공시함으로써 주식회사의 체제를 갖추는 것입니다. 최초 기업공개 때 기업은 전문성과 판매망을 갖춘 중개기관을 거쳐 주식을 발행하는 간접발행 방식을 주로 사용합니다.

중소·벤처기업들이 상장되는 코스닥, 마지막으로 스타트업 등의 소규모 회사 주식이 거래되는 코넥스 등의 주식 유통시장에서 거래됩니다. 한국거래소(KRX)가 개설 및 운영하는 유가증권 시장은 상장 요건이 까다로워 특정 기업의 유가증권 시장 상장 소식이 뉴스가 될 정도입니다. 실제로 2017년에 카카오가 코스닥에서 유가증권 시장으로 이전 상장한 것이 크게 이슈가 된 바 있습니다.

코스닥 시장은 원래 유가증권 시장 밖에서 사고파는 장외거래 주식

유가증권의 매매거래를 위해 한국증권거래소가 개설하는 시장을 말한다. 흔히 코스피 시장으로 불리기도 한다.

을 코스닥(KOSDAQ, Korea Securities Dealers Automated Quotation)이라는 전자거래시스템으로 매매하는 것에서 시작했습니다. 2005년 1월 한국증권거래소(현 한국거래소)와 코스닥 시장과 선물 거래소가 통합되면서 장내 시장의 하나로 자리매김했죠. 또한 코스닥은 미국의 대표적인 벤처기업 거래 시장인 '나스닥(NASDAQ)'을 본떠 만든 만큼 유가증권 시장보다 상장기준이 낮아 중소기업 및 벤처기업의 수가 많습니다.

코스닥 전 단계의 주식 시장인 코넥스(KONEX, Korea New Exchange)는 코스닥보다 상장기준을 낮추고 공시 의무를 완화해 창업 초기의 중소기업에게 자금 조달의 문을 활짝 열었습니다. 대신 투자 자격을 까다롭게 해 증권사, 펀드, 정책금융기관, 은행, 보험, 각종 연기금* 등 자본시장법상의 전문 투자자만 참여할 수 있습니다. 일반인 투자자는 펀드 등 간접투자를 통해서만 접근할 수 있죠.

주식 시장에서는 주가지수를 통해 전체 주가의 가격 흐름을 한눈에 파악할 수 있는데요, 유가증권 시장에는 코스피 지수가 있고, 코스닥 시장에는 코스닥 지수가 있습니다. 코스피 지수와 코스닥 지수는 모두 시가총액 가중 평가 방식으로 지수를 계산합니다. 시가총액 가중 평가 방식이란 시가총액(주가×발행주식 수)에 따라 가중치를 두고 평균값을 계산하는 방식입니다.

이때 가중치를 시가총액에 두기 때문에 시가총액이 큰 종목일수록

---

* 연금(pension)과 기금(fund)을 합친 말이다. 연금을 지급하는 원천이 되는 기금, 곧 연금제도로 모인 자금을 뜻한다.

보통주와 우선주

주식 시장에서는 투자할 기업을 '종목'이라고 표현하는데, 가운데 기업 이름 끝에 글자 '우'를 붙인 종목이 종종 보입니다. 이는 특정 기업의 우선주를 표기하는 것입니다. 이를테면 '삼성전자'는 보통주인데, '삼성전자우'는 우선주인 것이죠. 그렇다면 우선주는 보통주와 무엇이 다를까요? 우선주는 이익배당 및 잔여재산 분배에서 보통주보다 앞서는 권리를 가집니다. 즉 우선주는 이익배당 때 보통주보다 먼저 배당을 받고, 회사 청산 때 부채를 제외한 잔여재산을 보통주보다 먼저 분배받죠. 단, 우선주에는 보통주에는 있는 의결권이 없습니다.

우선주는 의결권이 없어서 보통주보다 낮은 가격에 거래되곤 합니다. 배당성향이 강한 주식의 경우에는 우선주 가격이 보통주 못지않게 높게 형성되기도 합니다. 국내 대다수의 우선주는 보통주보다 배당을 1% 정도 더 받는 것으로 알려져 있습니다. 의결권 행사에 뜻이 없는 일반인에게는 보통주보다 우선주가 더 매력적으로 비칠 수 있지만, 우선주는 발행주식 수가 적기 때문에 주가의 등락 폭이 보통주보다 커서 손실 위험도 크다는 점을 주의해야 합니다.

지수에 큰 영향을 줍니다. 코스피 지수와 코스닥 지수 이외에도 유가증권 시장을 대표하는 종목 200개를 묶은 코스피200 지수와 코스닥 시장을 대표하는 종목 30개를 묶은 스타지수가 있습니다. 또 기업 규모에 따라 대형주·중형주·소형주 지수가 있고, 업종에 따라 음식료업, 섬유·의복, 화학 등 업종별 지수가 있습니다.

주식은 이처럼 자본주의 사회에서 '자본'을 만드는 가장 대표적인 방식입니다. 파트 3에서 이러한 주식에 투자한다는 것이 어떤 의미와 책임을 갖는지 더 자세히 알아보겠습니다.

펀드: 내 투자를 대신해줘!

나이가 들수록 남의 경험을 사서 시간을 아끼라고 합니다. 자신의 분야에 필요한 능력만 계발하기에도 바쁜 상황에서 다른 분야까지 신경 쓸 시간이 없으니까요. 특히 재테크 분야는 직접 역량을 키우기보다 전문가에게 맡기는 편이 더 낫습니다. 시시각각 변하는 경제 전반의 흐름을 잡아내 제때 투자 결정을 내려야 하기 때문입니다.

이렇게 자산 운용을 전문가에게 맡기는 투자법이 바로 간접투자입니다. 반대로 주식과 부동산처럼 투자자가 스스로 투자하는 것을 직접투자라고 하죠. 여기서는 간접투자인 펀드에 대해서 알아보겠습니다.

왜 펀드를 해야 할까?

대표적 간접투자 상품에는 신탁과 펀드가 있습니다. 신탁과 펀드의 원리는 전문가에게 자산의 운용을 맡기는 점에서 동일합니다. 다만 신탁은 수탁(다른 사람의 의뢰나 부탁을 받음) 대상이 되는 자산이 금전뿐 아니라 부동산 등 일반 재산까지 다양한 반면, 펀드는 원칙적으로 금전에만 국한됩니다. 그런데 신탁이 아닌 펀드를 할 필요가 있을까요?

“투자는 분산해야 한다”는 말은 이제 투자에서 필수적인 덕목이 되었습니다. 그런데 개인 투자자는 분산투자를 하고 싶어도 하기가 어렵습니다. 자산의 규모가 작기 때문이죠. 그래서 개인 투자자들은 부동산 시장이 활황이 되어도, 삼성전자가 연일 최고가를 경신해도, 경제성장의 열매를 제때 거두기 어렵습니다. 그렇다면 개인 투자자는 손해를 볼 수밖에 없는 걸까요?

전문가들은 펀드를 추천합니다. 자산 규모가 작아도 분산투자의 이점을 최대한 살릴 수 있기 때문이죠. 펀드에 참여한 개인의 자산은 소액이지만, 소액의 자산이 많이 모인 펀드는 대규모 자산이 됩니다. 결국 개인 투자자는 펀드를 통해 분산투자의 이점을 충분히 누릴 수 있는 거죠.

대규모 자산의 이점은 분산투자뿐만이 아닙니다. 규모의 경제 효과(생산 규모가 커질수록 단위 생산비가 감소하는 효과)도 누릴 수 있습니다. 펀드는 대규모 자산을 운용하므로 거래 비용 및 정보 취득 비용을 줄일 수 있습니다. 이렇게 눈에 보이는 비용 외에도 개인 투자자가 직접 거래하고 정보를 취득하면서 잃게 되는 시간 등의 보이지 않는 기회비용까지 줄이는 것입니다.

또 펀드는 전문가가 관리하므로 개인 투자자보다 한결 나은 정보 분석을 기대할 수 있습니다. 현실적으로 개인 투자자는 경제 흐름을 미리 읽고 시장에서 재빨리 대응하기 어렵죠.

내게 맞는 펀드의 종류는?

펀드는 주로 투자 대상 및 운용방법에 따라 구분됩니다. 증권 펀드, 단기금융 펀드(MMF), 부동산 펀드, 특별 자산 펀드, 혼합 자산 펀드 등 5가지로 나누는 것이 일반적입니다.

증권 펀드는 다시 주식형 펀드, 채권형 펀드, 주식·채권 혼합형 펀드, 재간접 펀드로 세분화됩니다. 주식형 펀드는 이름 그대로 주식에 주로 투자하는 펀드로, 증권 펀드 중에서는 수익률이 가장 높습니다. 물론 투자 위험도 높은 편입니다. 즉 높은 위험을 감수하고 높은 수익을 얻는 '고위험 고수익(High Risk High Return)' 방식이죠. 주식형 펀드는 주식 시장의 등락에 영향을 크게 받으므로 펀드 상품 간에도 수익률의 편차가 큽니다.

채권형 펀드는 주식 대신 채권에 투자해 채권의 이자 수익과 매매 차익을 추구하는 펀드입니다. 요즘처럼 저금리 시대에 정기예금 금리보다 높은 수익을 바라면서 동시에 안정성을 추구하는 투자자가 많이 찾는 상품입니다. 채권형 펀드는 금리 변동이나 투자 기간에 따라 수익률의 편차가 발생합니다. 대개 단기형, 중기형, 장기형 순서로 금리 변동의 폭이 커집니다.

주식·채권 혼합형 펀드는 주식과 채권 모두에 투자하는 펀드로, 주식형 펀드의 수익성과 채권형 펀드의 안정성을 동시에 추구하는 것이 특징입니다.

재간접 펀드(FOFs, Fund of Funds)는 다른 펀드에 투자하는 펀드를 말하는데, 투자자는 하나의 재간접 펀드에 가입하는 것으로 여러 자산 운용사의 다양한 투자 전략을 한꺼번에 누릴 수 있습니다. 다만 펀드를 이중으로 가입하는 꼴이므로 펀드 수수료도 이중으로 지급해야 하며, 펀드가 투자한 펀드의 운용 내용을 파악하기가 쉽지 않아 투자의 투명성이 떨어지는 것이 단점입니다.

단기금융 펀드는 펀드 자산을 기업어음(CP), 양도성예금증서(CD) 등 단기금융 상품*에 주로 투자하는 펀드입니다. 하루만 맡겨도 투자 수익이 나와 초단기 자금을 운용하거나 수시 입출금이 필요한 투자자가 주로 찾습니다.

부동산 펀드는 투자 자금을 부동산에 투자하는 펀드입니다. 부동산 개발과 임대 사업, 자금 대여 등 펀드의 운용 전략은 생각보다 다양하지만, 다른 펀드보다 투자금 회수 기간이 길어 장기적 관점에서 접근하는 것이 좋습니다.

이 밖에도 지식재산권, 유전, 금 등 특별 자산에 투자하는 특별 자산 펀드, 투자 대상의 제한 없이 경제 흐름에 맞추어 부동산·증권·특별 자산 등 투자 대상을 적절히 바꾸는 혼합 자산 펀드가 있습니다.

---

* 단기금융 상품은 단기적 자금 운용을 목적으로 소유하거나 1년 이하 만기 금융 상품으로, 기업어음(CP), 양도성예금증서(CD), 어음관리계좌(CMA) 등이 있다. 기업어음은 기업이 자금을 급하게 조달하기 위해 발행하는 어음 형식의 단기 채권이다. 이때 어음은 일정한 금액을 일정한 날짜에 치르기를 약속하는 유가증권이다. 양도성예금증서는 제3자에게 양도가 가능해 자유로운 매매가 가능한 예금증서다.

펀드에도 투자 전략이 필요하다

펀드는 실적 배당 상품입니다. 실적이 좋으면 수익률이 높아지고, 실적이 나쁘면 수익률이 낮아집니다. 심지어 원금조차 보장받지 못하는 펀드도 있습니다. 이렇게 투자 실적에 따라 수익이 변동되므로 투자 시점에는 미래 수익을 확정할 수 없습니다. 따라서 펀드에서는 미래 수익을 '기대 수익'으로, 투자 실적의 변동을 '투자 위험'으로 정의하고 따로 평가합니다.

투자 위험과 기대 수익은 비례합니다. 투자 위험이 높을수록 기대 수익도 높은 셈이죠. 일반적으로 단기금융 펀드가 투자 위험이 낮고 이어서 채권형 펀드, 주식·채권 혼합형 펀드 순서로 투자 위험이 커집니다. 주식형 펀드와 부동산 펀드, 특별 자산 펀드와 혼합 자산 펀드는 투자 위험이 높은 만큼 기대 수익도 높습니다.

펀드 투자는 직접투자 못지않게 그 종류에 따라 투자 위험과 기대 수익이 천차만별입니다. 그렇기 때문에 펀드 상품을 선택할 때는 상황에 맞는 전략적 접근이 필요합니다. 무엇보다 중요한 것은 투자자 자신의 성향입니다. 안정성을 중시하는 성격의 투자자가 높은 기대 수익만 보고 투자 위험이 높은 주식형 펀드에 투자해서는 안 됩니다. 하루가 멀다하고 변하는 주식시세에 매번 마음 졸여야 할 테니까요.

보험: 혹시 모를 위험을 대비하다

2016년 9월 12일 경상북도 경주시 남남서쪽 8km에서 규모 5.8의 지진이 발생했습니다. 이는 1987년 충청북도 속리산에서 발생한 규모 5.2의 지진 이후로 한반도에서 관측된 역대 최대 규모의 지진이었죠.

그날 저녁을 먹고 쉬던 저도 지진을 겪었습니다. 집과 몸이 동시에 흔들리자 생각할 틈도 없이 현관문을 열고 맨발로 마당까지 뛰쳐나갔고, 동네 주민 대다수가 골목으로 쏟아져 나왔죠. 여진이 끝난 후에도 좀처럼 현관문을 닫지 못했습니다. 그러면서 가장 먼저 찾은 것이 바로 '보험'입니다.

보험회사는 어떻게 돈을 벌까?

경주와 포항을 필두로 최근 한국에도 큰 지진이 여러 차례 발생했습니다. 많은 사람들이 보험을 찾기 시작했죠. 저 역시 난생 처음으로 지진 보험을 알아봤습니다. 인터넷으로 검색해보니 지진 보험은 따로 없고 지진까지 보장하는 풍수해 보험이 있더군요. 풍수해 보험은 태풍·홍수·호우·강풍·풍랑·해일·대설·지진 등 자연재해로 입은 주택과 온실의 피해를 보상하는 보험으로, 정부에서 경주 지진을 계기로 보험료 일부를 지원해주고 있습니다. 정부 지원 덕분에 2017년 2월까지 풍수해 보험 가입자가 10만 명을 돌파했죠. 보험을 알아보다 문득 궁금해졌습니다. 보험회사는 막대한 피해 비용을 보전하면서 어떻게 수익을 낼 수 있을까요? 저렇게 많은 사람에게 보험 혜택을 주면서 말이죠.

보험은 보험약관에 적힌 재해 또는 위험이 발생하면 보험 가입자에게 경제적 손실을 보상하는 계약입니다. 보험회사는 미래의 불확실한 위험이 발생할 확률을 계산해 보험료를 산정합니다. 보험료에는 보험회사의 수익도 포함되어 있죠. 보험 가입자는 자신에게 혹시 생길지도 모르는 위험의 손실 비용에 더해 보험회사의 수익까지 지불하는 셈입니다.

앞서 말한 풍수해 보험을 가입한다면 매년 보험을 갱신해야 합니다. 그런데 살면서 자연재해를 몇 번이나 당할까요? 평생을 통틀어 손에 꼽을 정도일 겁니다. 이렇게 되돌려 받을 가능성이 적은 보험료를 매년 내야 하죠. 만약 한반도에 지진이 다시 발생하지 않으면 풍수해 보험을 설계한 보험회사는 보험료 전액을 수익으로 돌릴 수 있습니다. 결국 보험회사의 경쟁력은 이 모든 불확실한 미래의 확률을 얼마나 정확히 계산하느냐에 달렸습니다.

미래 확률은 2가지 변수에 의해 결정됩니다. 하나는 손실이 얼마나 자주 일어나는지를 나타내는 손실의 빈도입니다. 또 하나는 손실의 금액입니다. 보험회사는 손실의 빈도와 금액을 계산해 전체 손실의 총합을 구한 후 보험료를 산정합니다. 그런데 이렇게 계산한 확률이 얼마나 정확하기에 보험회사는 위험을 감수하는 것일까요?

보험회사의 확률은 수학의 대수법칙에 의지합니다. 대수법칙이란 표본이 클수록 결과가 점점 예측한 확률에 가까워진다는 것을 나타낸 수학 법칙입니다. 이를테면 동전을 2번 던져서 앞면과 뒷면이 나올 확률은 일정치 않지만, 수천 번씩 수만 번씩 던지는 횟수가 많아질수록 앞면과 뒷면이 나올 확률이 일정해진다는 이야기입니다.

사회를 안정시키는 보험

보험회사의 수익 이야기를 먼저 하고 보니 보험 제도가 마치 보험회사의 배만 불리는 제도로 보이는군요. 그러나 보험 제도는 사회에 물질적·정신적 안정을 제공하는 꼭 필요한 장치입니다.

보험은 개인과 기업이 예측할 수 없는 재해의 불안에서 벗어나 경제활동에만 전념할 수 있게 돕습니다. 재해로 인한 경제적 손실을 보상해주는 덕분이죠. 또 보험은 가입자의 신용도를 높여 경제활동의 폭을 넓히기도 합니다. 회사에서 직원에게 요구하는 신원보증보험이 대표적이죠.

신원보증보험은 직원이 회사에 입힌 손해를 보증하는 계약입니다. 신원보증보험이 일반적이지 않았을 때는 가족과 친인척, 친구의 부탁으로 신원보증을 섰다가 경제적 손실과 함께 인간관계까지 무너지는 일이 많았습니다. 오늘날에는 신원보증보험 덕분에 가까운 사람을 신원보증인으로 세워야 하는 부담이 줄었고, 그만큼 개인의 경제활동 폭이 넓어졌습니다.

또한 보험회사의 투자활동은 사회 경제 전체에도 긍정적인 영향을 미칩니다. 보험회사는 가입자가 낸 보험료를 모아 유가증권이나 부동산에 투자해 수익을 창출합니다. 대규모 자본의 이점을 십분 활용하는 것이죠. 심지어 대출도 해줍니다. 보험약관 대출이라고 해서 보험회사가 가입자의 보험료를 담보로 대출 업무를 제공합니다. 대출 규모는 해약 환급금의 80~90% 내외인 데다 대출이자도 적지 않은 수준이지만, 대출 심사가 간편하고 신용등급 제한 및 대출 수수료, 중도상환 수수료가 없는 것이 장점이죠.

가입자의 도덕적 해이를 막으려면?

보험을 들면 마음이 안정되죠. 이제 사건·사고가 터져도 안심입니다. 보험이 다 알아서 해줄 테니까요. 그런데 편한 나머지 조심성까지 사라질 때가 있습니다. 자동차 보험에 들었으니 함부로 운전하거나, 화재보험에 들었으니 불 단속을 게을리합니다. 아무리 보험료를 냈다고 해도 재난 발생을 방조하는 건 도덕적으로 옳지 못하죠.

보험회사는 가입자의 도덕적 해이를 막으려고 보험금 공제 제도와 보험금 상한선 제도를 운영합니다. 보험금 공제 제도는 손실액 가운데 일부를 가입자가 내는 제도입니다. 즉 자동차 사고가 났을 때 전액을 보상하지 않고 본인 부담금을 부가해 보험 가입자가 안전 운전을 하도록 유도하는 것이죠.

보험금 상한선 제도는 가입자에게 지급하는 손실액의 상한선을 정하는 제도입니다. 보험 지급금의 상한선이 낮으면 보험료가 내려가고, 반대로 상한선이 높으면 보험료가 올라갑니다. 이렇게 보험금의 상한선이 올라갈수록 보험료도 덩달아 올라가지만, 상승폭이 가파른 것은 아닙니다. 예를 들어 자동차 보험에서 대물 보상* 1억 원과 2억 원 간의 보험료 차이는 크지 않습니다. 사고 피해액이 1억 원 정도 발생했을 때 거기에 더해 2억 원까지 추가 손실이 날 확률이 그다지 높지 않기 때문입니다.

최근 지진 발생이 더욱 빈번해지면서 보험을 가입하려는 사람들이 늘고 있는데요, 꼭 필요한 보험과 그렇지 않은 보험을 잘 구분해서 미래의 위험에 합리적으로 대응할 수 있기를 바랍니다.

채권: 국가가 내 돈을 빌린다고?

창립 40년의 역사를 자랑하는 대한민국 대표 해상운송회사 한진해운이 2017년 2월 17일 파산했습니다. 국내 1위 해운사라는 이름값만큼 후폭풍이 거셌죠. 파산 당시 한진해운의 자산은 2조 7,231억 원이었고 채권액은 3조 4천억 원에 달했습니다. 즉 한진해운은 1조 1,891억 원(2016년 6월 기준)에 달하는 돈을 갚지 못하게 된 것입니다.

이 중 953억 원은 개인 투자자의 공모 사채였습니다. 쉽게 말해 수많은 개인 투자자들이 한진해운 채권에 투자하고 돈을 날린 것이죠. 채권은 주식보다 안전하다고 하는데 어떻게 된 것일까요?

---

* 사람이 다친 부분에 대한 배상을 대인 배상이라 하고, 차량이나 도로·물건 등에 대한 보상을 대물 보상이라 한다.

채권은 차용증서다

채권은 정부, 공공기관, 특수법인, 주식회사 등에서 대규모 자금을 조달하려고 발행한 일종의 차용증서를 말합니다. 설명이 어렵나요? 이렇게 한 번 생각해봅시다.

누가 돈을 빌려달라고 합니다. 사람들은 어떻게 할까요? 먼저 상대방의 재정 상태를 확인할 것입니다. 만약 재정 상태가 좋지 않으면 빌려주지 않으려고 하겠죠. 그러면 상대방은 "이자를 더 주겠다", "최대한 빨리 갚겠다"고 제안할 것입니다. 이 제안을 받아들여 돈을 빌려주기로 하고, 차용증서를 작성합니다. 차용증서에는 원금과 이자, 그리고 돈을 갚아야 하는 만기일을 적습니다. 이로써 채권·채무 관계가 성립하게 됩니다. 여기서 돈을 빌려준 사람이 채권자고, 돈을 빌린 사람이 채무자입니다. 그리고 이런 권리관계를 기록한 차용증서가 바로 채권입니다. 이때 채권을 거래한 상대방이 국가라면 국채가 되고, 일반기업이라면 회사채가 됩니다.

그런데 채권자에게 사정이 생겨서 채무자에게 빌려준 만큼의 돈이 갑자기 필요해졌습니다. 아직 차용증서의 만기일은 멀었고요. 다행히 채무자의 재정 상태가 좋아졌고 시중의 예금 금리가 낮아졌기 때문에 차용증서를 다른 사람에게 좀더 비싼 값에 팔 수 있게 되었습니다. 이렇게 되면 여러분은 매달 이자소득을 올리는 것에 더해서 차용증서를 좀더 비싸게 판 만큼 차익까지 챙길 수 있죠. 채권 투자가 바로 이런 방식과 비슷하게 이뤄진다고 할 수 있습니다.

수익성·안전성·유동성을 모두 갖춘 팔방미인, 채권

채권은 수익성과 안전성과 유동성 모두를 동시에 만족시키는 금융 상품입니다. 투자자는 채권을 보유해 이자소득과 자본소득을 올립니다. 이자소득이란 채권을 발행할 때 정한 이율에 따라 받은 이자 수익을 말하며, 자본소득이란 채권의 유통 가격이 변동되어 생긴 시세 차익을 말합니다.

채권의 안전성은 정부, 공공단체, 주식회사 등 발행 기관의 신뢰도에서 나옵니다. 채권 발행 기관의 신용등급 정보는 공개되므로 누구나 쉽게 확인할 수 있죠.

유동성은 자산을 현금으로 전환할 수 있는 능력을 말하는데요, 채권의 유동성은 주식보다 더 좋은 편입니다. 채권 유통시장은 거래가 활발해 언제든지 채권을 현금으로 바꿀 수 있습니다. 예를 들어 주식은 주식을 매도한 후 일정 기간이 지나야 현금을 찾을 수 있지만, 채권은 매도 당일 현금을 찾을 수 있습니다.

신용등급과 만기일이 중요하다

채권 투자 수익은 신용등급과 만기일이 결정합니다. 우선 신용등급은 투자한 원리금(원금+이자)을 나중에 손실 없이 돌려받을 수 있는지를 수치화한 것입니다. 신용등급은 채권 이자율을 결정할 때 큰 영향을 주기 때문에 반드시 확인해야 합니다.

채권 가격은 시중금리와 반대로 움직인다

채권에 투자하려면 채권 가격과 금리의 관계를 알아야 합니다. 채권은 비교적 안전한 투자 상품이기 때문에 예금과 경쟁 관계를 이루고 있습니다. 예를 들어 시중금리(금융 시장의 표준금리)가 4%인데, 발행 기관이 만기 1년에 표면금리(채권 표면에 표시된 각 채권 이자 지급률)가 5%인 채권을 발행하면 누구나 이 채권을 사려고 할 것입니다. 은행보다 채권이 이자 수익을 더 많이 주기 때문이죠. 그렇게 채권의 공급은 한정되어 있는데 수요가 늘어나면 채권 가격은 올라갑니다.

반대로 시중금리가 6%까지 올라가면 표면금리가 5%인 채권은 잘 팔리지 않을 것입니다. 은행이 더 이자 수익을 많이 주니까요. 그러면 채권 발행 기관은 자금 조달을 위해 채권의 액면가보다 낮은 가격에 채권을 내놓을 것입니다. 즉 시중금리가 오르면 채권 가격은 내려가고, 시중금리가 내려가면 채권 가격은 올라갑니다.

신용평가사들은 신용등급을 발행 기관의 재무제표, 사업보고서 등 과거의 기업 상태로 판단합니다. 다시 말해 현재의 신용등급은 과거의 신용등급일 뿐이지 미래의 신용까지 보장하지는 않습니다. 결국 신용등급은 중요한 참고 지표가 될 수 있지만 맹신해서는 안 됩니다.

만기일도 이자율에 영향을 줍니다. 만기가 길면 이자율이 높아져 투자자가 받는 이자 수익이 늘어난다는 장점이 있습니다. 하지만 그와 동시에 만기일 이전에 채권 발행 기관이 부도나거나 원리금 상환이 불가능해지는 위험까지 더 오래 부담하게 되죠.

한진해운 사태가 대표적입니다. 한진해운이 3년 연속 적자를 기록한

전환사채와 신주인수권부사채

채권의 기본 개념을 알아보았으니, 이제 특별한 계약 조건을 가진 채권 2가지를 소개하겠습니다. 먼저 전환사채(CB, Convertible Bond)는 약정 기간 이후 투자자가 발행된 채권을 주식으로 바꿀 수 있는 채권입니다. 투자자는 발행 회사의 주가가 상승하면 보유 채권을 주식으로 바꿔 시세 차익을 볼 수 있고, 반대로 주가가 하락하면 채권을 그대로 보유해 채권 수익을 볼 수 있습니다.

전환사채의 조건이 기업에 불리해 보이는데, 왜 기업은 전환사채를 발행할까요? 투자 유치에 어려움을 겪는 기업은 투자자에게 주식전환권리를 주되, 이자 수준을 일반 채권보다 낮춰 이자 비용을 줄일 수 있습니다. 또 투자자가 주식전환권리를 행사해 채권이 주식으로 바뀌면 줄어든 채권만큼 기업의 부채가 줄어드는 효과까지 볼 수 있죠.

또 신주인수권부사채라는 채권도 있습니다. 신주인수권부사채(BW, Bond with Warrant)는 약정 기간 이후 투자자에게 발행 회사의 신주를 인수할 수 있는 권리, 즉 신주인수권을 부여한 채권입니다. 다만 전환사채와 달리 신주인수권부사채는 기본적으로 주식으로 '전환'이 불가능합니다. 채권을 발행했던 기업에서 나중에 새로운 주식을 발행할 경우 일정 가격으로 주식을 인수할 수 있는 권리만 주는 것이죠.

전환사채와 비슷한 부분은 투자자가 신주인수권을 행사해도 채권을 그대로 보유할 수 있다는 것입니다. 신주인수권부사채는 발행 조건에 투자자가 인수할 수 있는 신주의 가격과 수를 미리 정해놓고 발행합니다. 투자자는 신주의 약정 가격보다 주식 가격이 상승하면 신주를 인수해 시세 차익을 볼 수 있는 구조죠. 단, 신주인수권부사채도 전환사채처럼 이자 수준이 낮습니다.

2013년 이후 파산선고까지 4년 남짓밖에 흐르지 않았습니다. 이 4년의 시간은 채권 시장에서 그리 길지 않습니다. 시장에서 주로 통용되는 채권은 주로 만기가 3년 정도입니다. 여기서 겨우 1년 더 긴 4년 만에 한 회사가 파산해버린 것이죠.

참고로 채권은 상환 기간에 따라서 단기채, 중기채, 장기채로 분류됩니다. 1년 이하의 채권을 단기채, 1년 초과 5년 이하의 채권을 중기채, 5년 초과의 채권을 장기채라고 합니다. 국채가 주로 5년 또는 10년 단위로 발행되고 있습니다.

부동산: 움직이지 않는 자산

우리는 구글의 '알파고'가 이세돌 9단을 이기고, IBM의 인공지능 솔루션 '왓슨'이 암 환자 진료를 돕고, 구글·바이두·네이버랩스(네이버의 기술연구 전문 자회사) 등의 자율 주행차가 고속도로에서 시험 주행을 하는 시대에 살고 있습니다. 흔히 말하는 4차 산업의 모습이죠. 조금 있으면 전체 직업군의 절반이 기계로 대체될 것이라고도 합니다.[5]

이런 변화는 금융시스템으로까지 확장되는 추세입니다. 2017년 제1금융권*에 인터넷 전문 은행 K뱅크와 카카오뱅크가 생겼습니다. 또

* 우리나라의 금융기관 중 예금은행을 지칭하는 용어. 제1금융권이란 은행을 말하며, 제2금융권은 증권회사, 보험회사, 투자신탁회사, 종합금융회사, 상호저축은행 등을 총칭한다. 최근 제3금융권도

한편에선 암호화폐의 가치가 광적으로 폭등하기도 했습니다. 과연 예전부터 존재해온 재화 중에 현재의 가치를 잃지 않는 것이 있기나 할까요?

부동산은 움직이지 않는 물건이다

부동산은 물건일까요? 네, 법에서는 물건으로 다룹니다. 민법에서 물건은 "유체물* 및 전기 기타 관리할 수 있는 자연력"을 말합니다. 관리할 수 있는 자연력이란 인간이 이용할 수 있는 자연력을 뜻하죠. 반면 아직 사람의 손길이 닿지 않은 심해나 태풍의 에너지는 '관리할 수 없는 자연력'입니다. 이렇게 우리가 이용할 수 있는 물건 중에서 부동산은 토지 및 그 정착물을 가리킵니다. 토지란 움직이지 않는 땅 자체를, 정착물은 땅 위에 계속 붙어 있는 물건(건물·나무 등)을 말하죠.

원래 부동산은 서양의 개념입니다. 부동산의 어원을 따지면 더 확실히 알 수 있습니다. 부동산의 영어 표현은 'real estate'인데요, real은 '진정한', '객관적인', '실질적인'이라는 뜻이며, estate는 '소유자', '재산', '지위', '신분' 등을 뜻하죠. 그래서 real estate를 직역하면 '진짜 재산', '진짜 지위' 정도가 됩니다. 이 단어가 부동산을 의미하게 된 유

등장했는데, 파이낸스사 등 신규 금융기관을 일컫는다.

* 고체·액체·기체 등과 같이 사람의 오관으로 인식할 수 있는 공간적·물리적인 의미에서의 존재인 물질을 유체물이라 한다.

래에 관해서는 2가지 설이 있습니다.[6]

하나는 real이 스페인의 옛 화폐단위인 'Real'에서 유래했다는 것입니다. 옛 스페인어로 'real'은 '국왕의 것'을 뜻하는데요, 대항해시대에 스페인이 미국 캘리포니아 땅을 점령한 후 '국왕의 재산'이라고 부른 것이 오늘날에 이르렀다고 합니다. 다른 하나는 '신분'을 나타내는 수단에서 유래했다는 설입니다. 신분제 사회의 옛 유럽에서는 귀족처럼 일정 이상의 신분을 가진 자만 땅을 소유할 수 있었다고 합니다. 그래서 real estate는 직역 그대로 '진짜 신분'을 뜻하고 좀더 풀이하자면 '땅을 소유할 수 있는 진짜 신분' 정도가 되는 것이죠.

그런데 좀 이상하지 않나요? 우리가 사용하는 부동산이란 말은 대개 '건물'을 가리키는데, 어원을 살펴보면 온통 '땅'만 다루고 있으니까요. 서양의 부동산 개념은 우리와 다릅니다. 토지와 건물을 한데 묶어 하나의 재산으로 분류할 뿐이지 우리나라처럼 토지와 건물로 나누지 않습니다. 즉 서양에서는 땅 주인과 건물 주인이 따로 없고 건물이 토지의 일부인 셈이죠.[7] 그렇게 토지와 건물을 모두 가리키던 옛말이 발전해서 지금의 real estate, 부동산이란 개념이 되었습니다.

부동산의 이름표 '등기'

토지는 끝없이 이어져 있으므로 땅 위에 임의의 선을 그어 경계로 삼은 후 토지대장 또는 임야대장에 토지의 소유권을 기록합니다. 이렇게 등록한 각 구역은 독립적으로 존재하며 지번으로 표시되고, 그 개수는

일물일권주의

1개의 물건 위에는 동일한 내용의 1개의 물권만이 성립한다는 것입니다. 예컨대 1개의 물건 위에 2개의 소유권이 중복해서 성립할 수 없죠. 공동소유의 경우에도 1개의 소유권을 여럿이 나누어 가지는 것이며, 여러 개의 소유권이 성립하는 것은 아닙니다. 동일한 내용이 아닌 물권들, 예컨대 소유권·지상권·전세권·저당권 등이 1개의 물건 위에 성립하는 것은 일물일권주의에 배치되는 것이 아닙니다.

'필'이라는 단위로 셉니다. 토지 1필에는 오로지 물건의 권리(이하 물권), 즉 특정한 물건을 직접 지배해 배타적 이익을 얻는 권리가 하나만 인정됩니다. 이것을 법적으로 일물일권주의(一物一權主義)라고 합니다.

부동산 개념의 유래를 이야기할 때는 토지와 건물이 묶여 있는 것에서 시작했다고 하지만, 오늘날 건물은 토지와 완전히 별개의 부동산입니다. 토지 소유권을 가진 사람이 자신의 토지에 건물을 가지고 있으면, 그는 토지 소유권과 건물 소유권을 모두 가지고 있는 것이 됩니다. 토지 소유권을 토지대장에 기록하듯이 건물 소유권은 건축물대장에 기록합니다. 또 건물에도 토지처럼 일물일권주의가 적용되어 건물 한 채는 물권 하나만 인정됩니다.

토지와 건물은 움직일 수 없어서 아무도 훔쳐갈 수 없지만, 오히려 움직일 수 없기에 부동산의 주인을 확정하기가 어렵습니다. 동산(움직일 수 있는 물건)은 지금 동산을 가지고 있는 사람이 주인입니다. 동산의 주인 찾기는 상당히 명확합니다. 그래서 물건을 사고팔 때도 동산을 건네주고 돈을 받으면 거래가 성립합니다.

그러나 부동산은 동산처럼 간단하지 않습니다. 토지 주인이 아닌데도 주인 행세를 할 수 있고, 같은 건물을 두 사람에게 팔 수도 있죠. 또 토지의 경계선이 뚜렷하지 않아 남의 땅에 건물을 지어놓고 내 땅에 내 건물을 지었다고 주장할 수 있습니다. 이 같은 혼란을 보완하려고 사람들은 부동산 주인이 누구인지 널리 알리는 공시 제도를 만듭니다. 부동산을 사고팔 때마다 누가 주인인지 권리관계를 기록한 후(등기) 누구나 권리관계를 확인할 수 있게 했죠.

부동산은 공시해야 내 것이 된다

우리나라에서는 물건을 사고팔 때 반드시 공시해야 합니다. 부동산은 등기해야 하고, 동산은 직접 건네줘야(인도) 합니다. 등기와 인도라는 공시 방법을 사용해야 비로소 물건의 권리가 이전되는 것을 성립요건주의(형식주의)라고 부릅니다. 반대로 두 사람이 물건을 사고팔기로 합의하면 합의한 그때 물건이 팔린 것으로 인정하는 것을 대항요건주의(의사주의)라고 합니다. 참고로 의사주의가 합의만으로 물권의 변동을 인정하긴 하지만, 제3자에게 이 물건이 내 것이라고 주장(대항)하려면 합의 후 공시까지 해야 합니다.

특히 부동산 등기는 등기 신청을 하더라도 꼭 다시 확인하는 것이 좋습니다. 우리나라가 성립요건주의, 즉 형식주의를 채택하기 때문입니다. 만약 등기 신청을 제대로 했는데 등기관이 실수로 등기하지 않았다면 어떻게 될까요? 형식적으로 부동산 등기는 절차를 마치지 못해 등기의 효력이 없습니다. 즉 공시의 목적이 널리 알리는 것인데 널리 알리지 못했으니 등기를 인정할 수 없다는 것이죠.

이와 같은 부동산 취급 개념만 제대로 알고 있어도 부동산 사기를 대부분 막을 수 있습니다. 의식주에서 가장 중요한 부분을 차지하는 '주거'를 위한 기초 상식, 꼭 알아두시기 바랍니다.

CHAPTER 3

세계를 바꾸는 경제

조약과 국제기구:
우리나라가 다른 나라를 만났을 때

미국 트럼프 대통령은 대선에서 미국에 부담이 되는 국제조약을 파기하거나 재검토한다는 공약을 내세웠는데요, 임기 첫해에 정말로 파리기후변화협약에서 탈퇴를 선언했습니다.

파리기후변화협약 탈퇴 선언 후 트럼프 대통령은 국내외의 거센 비판에 시달렸습니다. 특히 협약 탈퇴를 반길 것으로 예상했던 정유회사, 석유화학회사, 발전회사 등에서 오히려 반대 의사를 밝혔습니다. 이미 기후변화는 한 나라만의, 한 기업만의 손익이 아닌 전 세계가 해결해야 하는 공동 목표이기 때문입니다. 여기에서는 세계인의 이익을 위해 맺은 약속, 그래서 더 굳게 지켜야 할 국제조약을 알아보겠습니다.

국가 간의 약속인 조약

조약은 국가 간에 서면 형식으로 체결되는 국제 합의이며, 국제법에 따라 보장됩니다. 국가 간 조약이 지켜야 할 세부 사항은 국가 간에 체결

명칭은 다르지만 효력은 같은 조약

조약	협약
	헤이그평화회의 전쟁 법규(1899·1907) → 국제연합(UN)의 다자간 일반조약(2017)
	규약(국제연맹) → 헌장(국제연합)
	기초조약
	협정
	정부·부처·민간단체·국제기구 간 합의

된 조약만을 취급하는 '조약법에 관한 빈 협약'에 자세히 나옵니다. 이 협약에 따르면 원칙적으로 조약 체결의 당사자는 국가여야 하지만, 교전단체 및 국제기구도 한정된 범위 내에서 당사자가 될 수 있습니다. 체결 형식은 반드시 명시적 합의를 적은 서면으로 해야 하며, 묵시적 합의인 관습에 따르거나 구두 합의로는 할 수 없습니다.

세부 사항을 보면 굉장히 한정적으로 쓰일 것 같지만, 한편으로 조약이라는 용어는 국제법 주체 간의 명시적 합의를 모두 아우르는 넓은 의미로 활용되기도 합니다. 다만 똑같이 조약이라고 불러도 세밀하게 따지고 들면 국제관행에 따라 정식 명칭이 달라집니다. 물론 명칭만 다를 뿐 효력은 같습니다. 예를 들어 협약(協約, convention)은 1899년과 1907년의 헤이그평화회의에서 채택한 전쟁 법규를 나타냈으나 지금은 국제연합(UN)이 주최하는 조약 채택 회의의 다자간 일반조약으

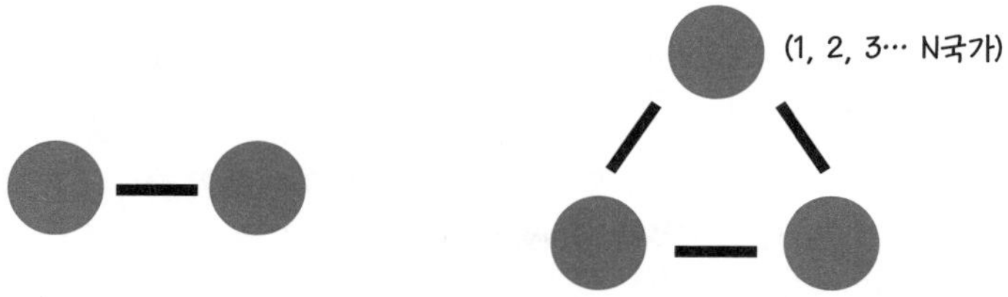

로 널리 쓰입니다. 협정(協定, agreement)은 정부 또는 부처 간 국제 합의에 이용되거나 민간단체와 국제기구 간의 합의에 자주 쓰입니다. 국제연맹(UN의 전신)의 기초 조약에는 규약(規約, covenant)이 쓰였고, 국제연합의 기본조약에는 헌장(憲章, charter)이 쓰이고 있죠. 특정 조약을 수정·보완한 때는 의정서(議定書, protocol)라는 용어를 이용합니다.

한편 조약은 당사국의 수에 따라 양자조약과 다자조약으로 나뉩니다. 양자조약(兩者條約)은 두 국가 간의 조약이며, 다자조약(多者條約)은 두 국가 이상의 국가 간의 조약입니다. 제3국의 가입을 허용하느냐에 따라 폐쇄조약·개방조약·반개방조약으로 나뉘며, 내용에 따라 정치적 조약·기술적 조약, 성질에 따라 계약조약·입법조약으로 구분되기도 합니다. 여기서 입법조약은 국제법에 새 조항을 만드는 조약이고, 계약조약은 당사자 간의 이해를 조정하는 조약입니다.

조약의 체결 절차는 조약 체결권자(대통령 등)의 위임장을 받은 대표자가 협상 내용을 조약문으로 작성한 후 서명하고, 이 조약문을 조약 체결권자가 심사해 위임권의 범위 내에서 작성된 경우에 비준(批准) 또는 국회 동의를 거쳐 조약을 확정하고, 이후 조약을 비준했다는 취지의 비준서를 당사국끼리 주고받거나 합의된 국제기관에 비준서를 맡기는 것으로 조약의 효력이 발생합니다.

참고로 국제연합은 비밀조약을 방지하기 위해 가맹국이 체결한 조약을 사무국에 등록하도록 합니다. 조약의 효력은 당사국 간의 합의(약속)에서 나오므로, 제3국에 조약을 주장할 수 없습니다. 만약 합의에 중대한 잘못이 있으면 조약은 무효가 될 수도 있으며 새로 합의하거나 조약 자체를 종료할 수도 있습니다. 현재 우리나라 헌법은 조약과 국내법이 같은 효력을 가진다고 정의합니다.

국제적 쟁점이 있는 곳은 어디든, 국제기구

기후변화, 미세먼지, 경제협력 등 최근 세계의 주요 쟁점은 한 국가의 힘만으로 해결할 수 없는 것이 대다수입니다. 아무리 강대국이라도 주변국의 협력이 필요하죠. 물론 조약을 통해서도 국가 간의 이익을 조정할 수 있지만, 여러 국가의 이익을 조정하기에는 국제기구가 더 안성맞춤입니다. 예를 들어 몇 개국의 국경을 관통하는 하천은 어떻게 이용해야 할까(국제하천위원회), 국가 간의 전쟁을 방지하고 세계 평화를 유지하려면 어떻게 해야 할까(국제연합), 각 나라는 무역 확대와 경제성장을 위해 어떻게 정책을 조정하고 협력해야 할까(경제협력개발기구) 등 국제적인 쟁점이 있는 곳에 국제기구가 있습니다.

국제기구는 구성원에 따라 세계 여러 나라를 포함하는 일반 국제기구와 특정 지역에 한정된 지역 국제기구로 나뉩니다. 일반 국제기구에는 국제연합(UN), 국제연합 교육과학문화기구(UNESCO), 국제노동기구(ILO) 등이 있으며, 지역 국제기구에는 북대서양조약기구(NATO), 미주기구(OAS), 유럽연합(EU), 아시아개발은행(ADB) 등이 있습니다. 대개 일반 국제기구에는 총회·이사회·사무국 등 별도의 기관을 두는데, 지역 국제기구에는 이사회 성격의 기관이 없는 것이 보통입니다.

오늘날에는 대다수 국제기구가 구성원 및 전문 분야에 한정하지 않고 국제기구 간의 협력을 강화하고 있습니다. 국제연합의 경우 평화 유지를 위해서는 지역의 국제기구와 함께하고, 또 국제 협력을 위해서는 전문 분야의 국제기구와 관계를 맺는 것이 특징입니다.

이상으로 국제 관계에서 아주 중요한 국제조약과 국제기구에 대해 알아보았습니다. 제2차 세계대전이 끝나고 70년이 넘는 세월이 흘렀습니다. 국가 간 크고 작은 전쟁과 분쟁은 있었지만 제3차 세계대전이라고 불릴 만한 전쟁은 일어나지 않았는데요, 이렇게 오랜 시간 평화를 유지하는 데는 국제조약과 국제기구들의 역할이 컸습니다. 전쟁은 언제든 다시 일어날 수 있습니다. 앞으로도 이들의 영향력이 더 강화되어 평화가 계속 이어지기를 소망합니다.

기축통화의 왕, 미국 달러

암호화폐 투자 광풍을 기억하시나요? 암호화폐의 대표 주자인 비트코인은 2016년 말 1천 달러(약 110만 원)에 못 미치는 가격대를 형성했지만, 2017년 3월 처음으로 금값에 버금가는 약 1,200달러(약 135만 원)를 넘어선 후, 곧 8,900달러(약 900만 원)를 호가할 정도로 폭등했습니다. 그러나 2018년 초 암호화폐의 거품이 꺼지고 비트코인 등의 가격이 폭락했죠. 그럼에도 일부 전문가는 비트코인이 2030년쯤 세계 6대 기축통화*가 될 거라고도 말하는데요, 정말 가까운 미래에 암호화폐는 세계 화폐가 될까요?

국제 거래의 결제 수단인 기축통화

경제 전문가들은 암호화폐가 기축통화가 되기엔 아직 갈 길이 멀다고 합니다. 기축통화가 되려면 시장의 신뢰를 얻어야 하는데, 시장의 신뢰는 기축통화를 발행하는 국가에서 나오기 때문입니다. 즉 발행 주체가 없는 비트코인은 미래의 투자 대상은 될 수 있겠지만, 기축통화의 지위까지 넘볼 순 없다는 것이죠.

그러나 기축통화는 생각보다 빨리 변합니다. 오늘날 기축통화의 왕인 미국 달러가 기축통화로 정착한 지 이제 100년 남짓의 세월이 지났을 뿐입니다. 19세기부터 제1차 세계대전까지는 세계 통화로 영국 파운드화가 통용됐고, 19세기 이전에는 금본위제도를 채택해 국제거래 결제 수단으로 금을 이용했죠.

* 국제통화기금(IMF)이 선정한 세계 5대 기축통화는 미국 달러, 영국 파운드화, 일본 엔화, 유럽연합 유로화, 그리고 작년에 편입한 중국 위안화다.

기축통화란 국가 간 결제 및 금융거래의 기본이 되는 통화를 말합니다. 기축통화가 되려면 세계 각국의 통화와 적절한 교환 비율로 바꿀 수 있어야 하고, 자연재해·전쟁 등 어떤 상황에서도 통화 고유의 가치를 저장할 수 있어야 하며, 상품 가격을 매길 수 있어야 합니다.

이런 기축통화의 지위를 가장 오래 가지고 있었던 것이 바로 금입니다. 금은 각국의 통화를 중간에서 연결하는 교환 매개로 적합했고, 혼란한 상황에서도 귀금속 특유의 가치를 잃지 않으며, 무게를 통해 상품 가격을 정확히 매길 수 있었죠. 이렇게 금을 기준으로 각 통화의 가치를 매긴 제도를 금본위제도(金本位制度, gold standard)라고 합니다.

하지만 19세기부터 금융 산업이 발달하고 그 중심지로 영국이 떠오르면서 파운드화가 금과 함께 기축통화 역할을 합니다. 그러다 2번의 세계대전 이후 상황이 바뀝니다. 제1차 세계대전으로 영국과 유럽 경제가 피폐해진 반면, 미국 경제는 전쟁 특수로 급성장했죠. 이에 제2차 세계대전 이후부턴 파운드화 대신 달러가 기축통화 자리를 차지합니다. 또한 특정 통화와 금의 교환을 보증하는 금환본위제도(金換本位制度, gold exchange standard)를 바탕으로 미국이 세계은행 자리에 앉게 되죠.

미국 달러화가 금과 함께 국제 결제 수단으로 이용되자 공교롭게도 미국의 국제수지에 따라 달러화가 부침을 겪습니다. 제2차 세계대전 이후 1949년까지 미국이 국제수지 흑자를 기록한 기간에는 미국 이외의 국가에서 달러가 부족한 현상을 겪었고, 반대로 1958년 이후 미국이 국제수지 적자를 기록한 기간에는 미국의 보유금이 줄어 기축통화국으로서의 신용이 흔들립니다.

1971년 8월 미국 닉슨 정부는 달러와 금의 교환을 금지하고 달러의 평가절하를 단행해 다른 나라로 달러가 유출되는 것을 막으려 했습니다. 그러다 달러의 가치가 지나치게 하락하자, 1978년 미국 정부는 금리 인상을 발표하며 달러 가치를 다시 끌어올리려고 했죠. 그러나 지금까지도 달러는 약세에서 벗어나지 못하고 있습니다.

최근의 달러 약세는 중국과 인도 등지의 시장이 커지면서 세계 총생산액에서 미국이 차지하는 비중이 줄어든 영향이 큽니다. 미국이 달러의 기축통화 지위를 유지하려면 미국 내 저축률과 투자율을 지금보다 더 끌어올리고 생산성을 높여야 한다고 합니다. 트럼프 대통령이 각국의 제조사에 미국 우선주의를 내세워 투자를 압박하는 것도 비슷한 맥락이죠. 이렇게 달러가 기축통화의 역할을 완벽히 해내는 것은 아니기에 기축통화는 그동안 꾸준히 변화할 수밖에 없었습니다.

중국 위안화, 기축통화를 꿈꾸다

한편 달러의 기축통화 지위를 넘보는 화폐도 있습니다. 바로 중국의 위안화입니다. 중국은 2015년부터 위안화의 국제화를 국정 과제로 삼으면서, 제도를 개선하고 시장 개방에 적극적으로 나섰습니다. 위안화의 국제 거래량을 늘리기 위해 위안화 환율 시스템을 새로 도입하고, 위안화 예금 금리 상한선을 전면 폐지해 금리가 시장 원리에 따라 자유롭게 변동되는 것도 허용했죠. 그 덕분에 중국 위안화는 2016년 국제통화기금(IMF, International Monetary Fund) 특별인출권(SDR, Special Drawing

Rights)*에 편입되며 국제통화의 지위를 인정받기에 이릅니다.

위안화의 국제적 지위는 점점 그 범위를 넓히고 있습니다. 중국의 수출 규모는 세계 1위이며, 세계 국내총생산(GDP)에서도 중국이 차지하는 비율은 15%까지 성장해 어느덧 유럽연합과 비슷한 수준이 되었습니다. 이제 중국은 수출입 거래에서 달러화 대신 위안화로도 거래할 수 있게 된 것이죠. 또 중국은 위안화를 기축통화로 전환하기 위해 지난 몇 년간 금 보유량을 꾸준히 늘려왔습니다. 금은 통화의 기초자산이므로 위안화를 국제화하려면 대량의 금이 필요하기 때문이죠.

그렇지만 일부에서는 중국 위안화가 달러의 기축통화 지위를 흔들만큼 위력적이지 않다고 주장합니다. 중국 위안화가 국제 결제통화로서 위상이 높아지긴 했지만, 중국의 국가 신용등급과 자본시장 개방 정도, 위안화의 국제화 수준을 모두 고려하면 아직 위안화를 안전한 자산으로 분류할 수 없다고 지적하죠.

암호화폐로 시작해서 달러와 위안화까지 시대에 따라 달라진 기축통화에 대해 알아보았는데요, 문득 '우리나라 원화는 기축통화 반열에 낄 수 없는 걸까?' 하는 생각이 듭니다. 비록 화폐의 위력은 약하더라도 다른 분야에서 세계적인 영향력을 갖출 수 있기를 꿈꿔봅니다.

---

* 1970년 발동된 국제준비통화의 한 종류로, IMF의 운영축인 금과 달러를 보완하기 위한 제3의 세계화폐로 간주된다. SDR은 실제 통화가 아니지만 회원국이 IMF에서 가지는 일종의 권리다. SDR 보유국은 필요할 때 SDR를 다른 기축통화와 정해진 환율에 따라 교환할 수 있다.

언제 어디서나 통하는 화폐, 금

2017년 6월 2일 트럼프 대통령이 파리기후변화협정을 탈퇴하면서 미국 기업은 철강 등 제품의 생산 비용을 다른 나라의 기업보다 낮출 수 있게 되었습니다. 당장 미국 기업에 이득일지는 모르지만 향후 정세는 불투명합니다. 무역 전문가들은 미국 기업이 다른 국가에서 탄소세** 등 징벌적 무역 조치에 시달리거나, 더 나아가 세계 무역 전쟁에 휘말릴 것이라고 전망합니다.

한편에선 미국이 국제사회의 약속을 파기한 것이 더 큰일이라고 지적합니다. 트럼프 정부의 '묻지마 행보'로 세계경제의 불확실성이 커졌다는 것이죠. 이럴 때마다 투자 심리는 안전자산에 관심이 집중됩니다. 그럼 이제 대표적인 안전자산인 금에 대해서 이야기해봅시다.

왜 금을 화폐로 썼을까?

금은 불타 없어지지 않는 안전함 덕분에 인류 역사 내내 높은 가치를 유지해왔습니다. 한때 금을 영원한 생명을 지닌 신의 물건으로 여기기도 했고, 예나 지금이나 권력과 권세의 상징이기도 하죠.

먼 옛날에는 조개껍데기, 쌀, 가축, 면포 등 주변에서 구할 수 있는

** 탄소세란 지구 온난화를 막기 위해 이산화탄소를 배출하는 석유·석탄 등 각종 화석에너지 사용량에 따라 부과하는 세금을 말한다.

물건을 화폐로 이용했습니다. 경제 규모가 커진 후에는 금·은 등 귀금속이 화폐로 널리 이용되었죠. 심지어 금은 종이화폐가 표준이 된 지금도 여전히 매력적 투자 대상으로 사랑받고 있으며, 종이화폐와 금융자산의 신뢰가 떨어질수록 금값은 오르고 있습니다.

금은 인간이 구리(청동) 다음으로 사용한 금속으로 알려져 있습니다. 기원전 3000년경 메소포타미아인의 투구를 만드는 데 사용되었고, 구약성서의 『창세기』에도 순금을 구분하는 대목이 나옵니다. 이렇게 오래전부터 금이 안전자산으로 귀히 여겨진 이유는 금의 물리적·화학적 특성 때문입니다.

금은 공기나 물에 닿아도 변질되지 않고 빛깔의 변화도 없으며 산과 염기에도 녹지 않습니다. 단, 진한 염산과 질산이 혼합된 강한 산화제(왕수)에는 녹아서 염화금산이 되죠. 보통 금속은 자연 상태에서 전자를 빼앗겨 쉽게 녹슬지만, 안정된 원자구조를 가진 금은 많은 에너지가 있어야 전자를 빼앗기므로 자연 상태에서 변화가 없는 것이죠. 이 말은 곧 금이 웬만해서는 부식되지 않고 본연의 모습을 지킨다는 뜻입니다.

또 금은 연성(ductility)과 전성(malleability)이 으뜸가는 금속입니다. 연성은 물체가 가늘고 길게 늘어나는 성질을 말하며, 전성은 두드리거나 압착하면 얇게 펴지는 성질을 말합니다. 금 1g을 실처럼 길게 만들면 3천m까지는 충분히 늘일 수 있고, 두드려 펴서 넓고 얇은 호일처럼 만들면 $1m^2$ 이상 펼 수 있죠.

변하지 않는 속성만큼 중요한 것이 금의 녹는점입니다. 금은

1,064℃에서 녹습니다. 금보다 먼저 쓰인 청동의 녹는점 1,050℃에 비하면 녹는점이 높아 청동보다 다루기 까다로웠지만, 그래도 인류는 청동기 시대부터 금을 가공할 수 있었습니다.

다시 말해 금은 각 부분의 품질이 동일하고 나누거나 합치는 일이 쉬워 가치의 양을 표현하는 데 매우 적합한 금속이었습니다. 만약 금이 다이아몬드처럼 단단했다면 상품 가격에 따라 금의 무게를 달리하는 일이 무척 어려웠을 것입니다.

빛나는 금의 시대가 다시 올까?

과거에 금이 화폐로 쓰이기 시작했을 때, 금 보유량이 부의 척도가 되자 서구 열강들은 금을 찾아 온갖 탐험을 감행합니다. 값싼 금속을 금으로 바꾸려고 연금술을 익혔고, 다른 지역의 금을 얻고자 항해에 나섰죠. 마르코 폴로와 콜럼버스가 금을 구하려고 여행을 떠난 대표적인 인물들입니다. 또한 19세기 미국에서는 금광이 발견된 지역으로 사람들이 몰려가는 골드러시가 일어나기도 했습니다.

초기의 금 화폐는 규격이 따로 없어서 저울로 순도와 중량을 재고 그 교환가치를 헤아려 쓰던 칭량화폐 방식으로 유통되었습니다. 칭량화폐는 유통이 불편했기에 각 나라는 일정한 규격의 금화를 주조해 화폐제도의 기초가 되는 표준화폐 또는 본위화폐로 통용케 합니다. 근세에는 금과 은이 모두 본위화폐로 이용되었지만, 1816년 이탈리아에서 금화만을 본위화폐로 하는 금본위제도를 채용하면서 다른 나라에도 금화만이 본위화폐의 자리에 오르죠.

그 후 국제 거래가 증가하면서 금의 공급이 결제에 사용되는 금의 수요를 따라가지 못하게 됩니다. 금의 생산량은 한정되어 있는데, 금은 금화뿐 아니라 공업용과 장식용으로도 사용되었기 때문이죠. 결국 화폐용 금이 부족해지면서 종이 화폐인 파운드와 달러, 특히 달러가 화폐 기능을 보완하게 됩니다. 그런데 미국이 세계경제의 중심이 되면서, 금과 달러를 주된 국제통화로 이용하는 바람에 미국의 금 보유고가 바닥이 납니다. 미국은 달러를 가져오면 금으로 바꿔줘야 했는데, 바꿔줄 금이 부족했던 것이죠.

결국 1976년 1월 국제통화기금(IMF)은 금·달러 체제 대신 특별인출권(SDR)을 국제통화체제의 기본으로 결정하면서 금이 가지고 있던 화폐의 기능을 대신하게 만듭니다. 이후에도 금값은 오늘날까지 꾸준히 물가상승률을 웃도는 가격 상승을 이루며 대표적 안전자산으로 자리매김하죠. 불안에 값을 매긴 금값이 앞으로 오를지 내릴지 자못 궁금합니다.

검은 황금, 석유를 말하다

석유는 현대 경제를 살아 숨 쉬게 하는 새로운 혈액이 된 지 무척 오래되었습니다. 중공업부터 섬유화학 등의 경공업까지 안 쓰이는 곳이 없어 버릴 게 없다고 하죠. 이렇게 활용도가 높기 때문에 석유가 거래되는 가격, 즉 유가의 변동이 전 세계의 경제에 큰 영향을 미칩니다.

엄청난 영향력을 자랑하는 석유는 그만큼 소비 속도도 아주 빠릅니다. 10년 전부터 석유 고갈을 걱정하고 있는 이유죠. 석유가 사라진 이후 인류의 삶을 상상한 다큐멘터리를 통해 미래를 한 번 살펴볼까요?

석유가 사라진 미래

그들이 상상한 미래에서 공항과 철도는 통제되고 자동차는 도로에서 자취를 감춥니다. 정전은 일상이 되고 식량 수입은 꿈도 꾸지 못하죠. 또한 국제무역이 중단되고, 대양을 누비던 대형 선박은 해체되어 건축 자재로 재활용됩니다. 대형 마트가 철거된 자리엔 농작물이 자라고 있습니다. 멀리 가서 먹을거리를 구할 수 없어서죠. 이런 미래가 우리에게 다가오는 걸까요?

그런데 현재, 석유업계는 석유 고갈보다 저탄소 사회를 더 걱정하고 있습니다. 재생에너지가 값싼 가격에 공급되고 전기차가 대중화되면서 석유가 고갈되기 전에 석유 수요가 둔화한다고 예측한 것이죠. 저탄소 사회란 화석연료 의존도를 낮추고 청정에너지를 널리 사용해 온실가스를 적정 수준 이하로 줄인 사회를 말합니다.

미국의 다국적 석유화학기업 엑슨모빌은 유가 하락을 대비해 유전 탐사를 줄이는 대신 셰일오일 시추에 투자를 집중한다고 발표했습니다. 이에 엑슨모빌의 투자자들은 셰일오일 시추조차 위험하므로 저탄소 사회를 위해 원유 이외의 포트폴리오를 구성해야 한다고 요구하고

셰일오일

전통적 원유와 달리 원유가 생성되는 근원암인 셰일층(유기물을 함유한 암석)에서 뽑아내는 원유를 말합니다. 전통적 원유는 지표면 부근까지 이동해 한 곳에 모여 있기 때문에 비교적 쉽게 채굴하는 반면 셰일오일은 원유가 생성된 뒤 지표면 부근으로 이동하지 못하고 셰일층에 갇혀 있어 채굴이 어렵습니다. 셰일오일을 시추하려면 수직 및 수평시추, 수압파쇄 등 고도의 기술이 필요하기 때문에 생산단가가 전통적 원유보다 높습니다. 과거에는 기술 부족과 높은 비용으로 활용하지 못했지만, 1990년대 이후 기술 발달로 생산비가 낮아지면서 새로운 에너지원으로 각광받게 되었습니다. 2011년 기준으로 전 세계적으로 2조 5,700억 배럴의 셰일오일 및 셰일가스가 부존된 것으로 알려져 있습니다.

나섰죠. 최대 산유국인 사우디아라비아도 국영 석유기업 아람코 지분을 일부 매각해 태양광 사업에 투자하는 방안을 검토 중입니다.

이렇게 석유의 위상이 예전만 못하지만, 아직 석유는 우리 생활에 없어서는 안 될 소중한 자원입니다. 에너지 업계 전문가들은 2030년까지 석유 수요가 크게 줄지 않을 것으로 전망합니다. 만약 전기차가 자동차 시장의 1/3을 차지해도 원유 수요는 15% 감소하는 데 그친다는 설명입니다.[1] 특히 전기차 시장의 확대가 가능할지는 전기 생산량에 달렸다는 분석도 있습니다. 전기 생산이 원활하지 않을 경우 전기차 업체들이 시장을 확대하기 어려울 수 있다는 것이죠.

석유는 어떻게 사용하게 되었을까?

석유는 탄소(84~87%)·수소(11~14%)로 이뤄진 탄화수소 화합물입니다. 석유를 증류하면 가스, 가솔린, 등유, 경유, 중유, 피치가 순서대로 추출되죠. 이렇게 추출한 가스는 액화석유가스로, 가솔린은 가솔린엔진 연료로, 등유는 가정용 연료로, 경유는 디젤엔진 연료로, 중유는 산업용 연료로, 피치는 아스팔트 원료로 쓰입니다. 정말 버릴 것이 하나도 없죠.

천연 상태의 석유는 오래전부터 지표면에 종종 스며 나와 사람들이 어렵지 않게 발견했습니다. 석유(石油)를 뜻하는 영어 단어 페트롤리엄(petroleum)은 돌을 뜻하는 페트라(petra)와 기름을 뜻하는 올리엄(oleum)을 합한 말입니다. 말 그대로 '돌에서 나는 기름'인 셈이죠.

석유는 기원전 2000년 전부터 인류 역사에 등장합니다. 고대 이집트인은 석유를 윤활유 또는 설사약으로 썼고, 5세기 남북조시대의 중국인은 석유를 이 빠진 노인의 이를 다시 나게 해주는 약으로 이용하죠. 당시 사람들은 석유를 연료로 사용하지 않았습니다. 정제하지 않은 원유는 독한 냄새와 검은 연기를 뿜어 연료로 사용하기에 조잡했습니다. 17세기까지 석유는 고래기름이나 땔감이 떨어졌을 때 할 수 없이 사용하는 대체재였습니다.

이렇게 인기가 없던 석유는 19세기 후반 가솔린엔진이 등장하면서 빛을 봅니다. 당시 석유는 등불을 밝히는 기름인 등유로 이용되다가 1879년 토머스 에디슨이 전구를 발명하면서 불황에 빠진 상황이었습니다. 그러나 1886년 독일에서 벤츠가 세계 최초로 가솔린 자동차를 개발하고 상업화를 시작하면서 석유는 다시 주목을 받습니다. 1893년에는 경유나 등유를 연료로 쓰는 디젤엔진까지 등장하면서, 석유의 인기는 날로 높아졌죠. 제2차 세계대전 이후 중동 지역에서 대규모 유전이 개발되자 인류는 석유를 대량으로 소비하는 시대로 접어듭니다.

석유 가격 전쟁

현재의 유가, 즉 석유의 가격은 석유수출국기구(OPEC)의 결정에 따라 오르내립니다. 석유수출국기구는 1960년 9월 이라크, 이란, 쿠웨이트, 사우디아라비아, 베네수엘라가 이라크의 수도 바그다드에서 창설한 국제기구로, 회원국은 석유수출국기구에서 석유 정책을 결정하는 데 참여해 이익을 확보하고 동시에 국제 석유 시장의 안정을 꾀합니다. 석유수출국기구 소속 국가들이 보유한 석유는 세계 석유 매장량의 약 80%, 세계 생산량의 약 45%, 국제 수출 거래량의 약 24%를 차지할 정도로 비중이 큽니다. 한마디로 전 세계 석유를 독과점하고 있는 집단이라고 할 수 있죠.

이렇게 중동 지역의 석유 장악력이 큰 탓에 중동 지역의 정세가 급변할 때마다 전 세계는 석유파동을 겪습니다. 이란-이라크 전쟁, 이라크의 쿠웨이트 침공, 미국-이라크 전쟁 등 제2차 세계대전 이후에 일어난 전쟁은 모두 석유를 둘러싼 분쟁이었습니다.

최근에는 석유의 가격 전쟁이 더 빈번해지고 있습니다. 2011년에서

2013년까지 유가가 배럴(1배럴 = 42갤런, 159L) 100달러(약 11만 원) 선에서 오르내렸는데, 2014년에 50달러(약 5만 원) 선까지 떨어졌죠. 그 후 유가는 꾸준히 저유가 기조를 유지합니다. 새로운 경쟁자인 미국 셰일오일을 시장에서 몰아내기 위해 석유수출국기구가 취한 전략이었죠. 그동안 셰일오일은 채산성(손익을 따져 이익이 나는 정도)이 나빠 채굴을 하지 않았는데, 2003년 이후 고유가가 계속되고 채굴 기술이 발전하면서 에너지 시장에 쏟아져 나왔습니다.

사우디아라비아를 비롯한 석유수출국기구는 저유가 전략으로 미국 셰일오일 산업을 궁지에 몰아넣고 있습니다. 미국 셰일오일 전문가들은 채산성이 향상되어 50달러 정도의 저유가에도 셰일오일의 경쟁력이 충분하다고 자신하지만, 장래는 밝지 않은 편입니다. 중동 산유국의 생산 비용은 미국 셰일오일의 생산 비용보다 적게는 절반, 많게는 1/10 수준밖에 들지 않기 때문이죠.

한때는 설사약으로 쓰였다가 지금은 열강의 세력 다툼의 주무기가 된 석유. 현재 중동과 미국이 벌이는 유가 전쟁이 지난 이후 석유는 인류에게 또 어떤 존재가 되어 있을까요?

석유를 둘러싼 분쟁, 1970년대 오일쇼크

전 세계 산업의 가장 중요한 에너지원인 석유, 석유는 중동 지역과 아프리카, 그리고 아메리카 대륙에 있는 일부 국가에서만 얻을 수 있기 때문에 석유를 보유한 국가들은 이를 무기로 여러 경제적 횡포를 부리기도 합니다.

그래서 석유를 둘러싼 분쟁은 예전부터 지금까지 끊임없이 벌어지고 있는데요, 그중에서도 가장 중요한 이슈는 바로 1970년대 두 차례에 걸쳐 벌어진 오일쇼크일 것입니다. 오일쇼크가 언제, 왜 일어났고, 어떤 영향이 있었는지 살펴보겠습니다.

제1차 오일쇼크

1973년 10월 6일 벌어진 제4차 중동전쟁(아랍-이스라엘 분쟁)은 같은 해 10월 17일 석유 전쟁으로 번지게 됩니다. 이 전쟁은 세계경제를 제2차 세계대전 때보다 더한 불황에 빠뜨리는데요, 그 발단이 된 중동전쟁에 대해서 먼저 알아보겠습니다.

중동전쟁은 제1차 세계대전 때 영국이 뿌린 불행의 씨앗이 싹튼 전쟁입니다. 제1차 세계대전 중 영국은 아랍과 유대 양측의 협력을 받기 위해 양측 모두에게 팔레스타인 땅을 줄 것을 약속하죠. 팔레스타인은 이슬람교와 유대교 두 종교에게 종교적 뿌리라고 할 수 있는 매우 중요한 지역이었기 때문입니다. 전후 영국이 팔레스타인을 위임 통치하면서 유대인들의 팔레스타인 이주를 허용했고, 이때 이주해온 유대인들은 1948년 이스라엘을 건국합니다. 하지만 팔레스타인에는 유대인이 이주하기 전부터 아랍인들이 살고 있었기 때문에 충돌은 뻔한 일이었습니다. 이후 여러 차례 발생하는 중동전쟁의 주요 원인이 되죠.

석유 전쟁 발발 하루 전인 16일, 이집트와 시리아가 1967년 제3차 중동전쟁 때 잃은 시나이 반도를 탈환하고자 공격합니다. 같은 날 페르시아만의 6개 석유수출국은 석유수출국기구회의(OPEC)에서 원유 고시 가격을 17% 인상합니다. 원유 가격이 하루 만에 배럴당 3.2달러에서 3.65달러까지 인상되죠.

다음 날 석유수출국기구는 이스라엘이 아랍 점령 지역에서 철수하고 팔레스타인이 자신의 권리를 되찾을 때까지 매월 원유 생산을 전월 대비 5%씩 감산하겠다고 발표합니다. 석유의 무기화를 선언한 것이죠. 이듬해인 1974년 1월 1일 페르시아만 산유국들은 유가를 배럴당 5.119달러에서 11.651달러로 또 인상합니다.

석유 전쟁이 이렇게 심화되는 데는 원유 시장의 구조 변화가 한몫했습니다. 1973년 세계 1차 에너지* 소비량에서 석유가 차지하는 비율이 47%를 넘을 정도로 석유 의존도가 높아지는데도 새로운 유전의 발견과 개발은 늦어져 공급이 수요를 따라가지 못하는 상황이었죠. 유가 인상의 압력이 꾸준히 응축되다가 제4차 중동전쟁을 계기로 폭발한 셈입니다.

중동에서부터 시작된 제1차 오일쇼크가 우리나라에도 정말 큰 영향이 있었을까요? 해외 의존도가 높은 우리나라는 피해가 불가피했습니다. 유가 상승은 인플레이션, 불황, 실업, 국제수지 악화를 초래했죠.

---

* 1차 에너지는 천연자원 상태에서 공급되는 에너지로 석탄, 석유, 목재, 지열, 태양열, 해열, 풍력 등이 해당한다.

1975년 소비자 물가는 전년 대비 24.7% 상승했고, 국제수지는 18억 9천 달러의 적자를 봅니다. 제1차 오일쇼크 탓에 박정희 정부는 제3차 경제개발 5개년계획을 수행하는 데 어려움을 겪습니다. 정부는 1974년 1월 14일 '국민 생활 안정을 위한 대통령 긴급조치'를 내려 자금 수요를 억제하고, 통화금융정책으로 자금 운용의 효율성을 높이려고 합니다. 동시에 정부는 1973년부터 한계를 보인 경제성장과 수출 신장을 위해 중화학 공업을 본격적으로 육성하죠.

제2차 오일쇼크

1978년 12월 아랍에미리트의 아부다비에서 열린 석유수출국기구회의(OPEC)에서 원유 공식 가격 인상이 결정됩니다. 1976년 정해진 배럴당 12.70달러를 1979년부터 14.55달러로 인상할 것을 결의한 것이죠. 석유수출국기구의 인상 결의에는 경제적 이유가 컸습니다.

석유수출국기구의 회원국들은 제1차 오일쇼크 결과로 그전까지 석유메이저*가 독점하고 있던 원유 가격 결정권을 장악했지만, 실질 원유 가격은 인플레이션과 달러 가치의 하락으로 만족할 만큼 상승하지 못했던 것이죠. 아울러 1978년부터 미국, 러시아, 멕시코 등 비석유수

* 국제석유메이저(International Oil Majors)를 말한다. 거대자본을 배경으로 채유에서 판매에 이르는 각 단계를 세계적인 규모로 완전히 장악해 종합경영을 하는 석유회사를 메이저 또는 국제석유자본이라 하며, 엑슨, 모빌, 텍사코, 스탠더드 캘리포니아, 걸프, 브리티시 페트롤리엄(BP), 로열 더취 셸의 7개사를 7대 메이저(세븐시스터즈)라 부르고 있다.

출기구(Non-OPEC) 산유국의 원유 생산량이 석유수출기구의 산유량을 앞지르면서 석유수출국기구의 시장 지배력이 위축됩니다. 특히 국제 석유 시장에서는 공급 부족 현상으로 시장 불균형이 관측되었죠.

그런데 제2차 오일쇼크의 뇌관을 건드린 사건은 이란의 이슬람 혁명입니다. 제2차 세계대전 후 이란은 미국을 등에 업고 국내 민주주의를 억압하며 왕정을 유지하는 한편 서구화를 무리하게 추진해 종교 지도자의 불만을 사죠. 더구나 석유를 국유화해서 일부 국왕 측근들만 석유 수출의 이득을 누리는 상황이었습니다. 경제 규모만 커지면서 농민은 도시의 건설 노동자로 전락하고, 시장 상인은 대다수가 파산하는 등 빈부 격차가 심해집니다.

당시 이란은 반정부 시위가 갈수록 격해지며 긴장이 고조되는데, 1978년 9월 8일 훗날 '검은 금요일'로 부르는 사건이 터집니다. 정부군이 테헤란광장에 모인 시위대를 향해 발포해 수천 명이 목숨을 잃은 것이죠. 검은 금요일로 분노한 이란 국민들은 이란의 종교 지도자인 호메이니를 앞세워 국왕을 몰아내고 1979년 초 혁명정부를 세웁니다.

제2차 오일쇼크는 이란 혁명이 극에 달한 시기에 발생합니다. 1978년 12월 27일 이란은 대외 석유 금수 조치를 단행합니다. 이란의 수출 금지는 제1차 오일쇼크 이상의 충격이었습니다. 1978년 12월부터 1980년 7월 사이에 유가가 배럴당 12.90달러에서 31.50달러까지 약 2.4배 급등한 것이죠. 세계는 생산 비용의 상승으로 인한 인플레이션과 성장률 둔화, 무역수지 악화, 국제금융과 통화 질서의 교란 등의 문제가 동시에 발생하며 커다란 혼란에 빠집니다.

특히 우리나라는 제1차 오일쇼크 이후 실질적인 경제의 체질 개선을 등한시한 채 중화학 공업 육성에만 몰두했기 때문에 제2차 오일쇼크의 직격탄을 맞습니다. 정부는 1979년 3월 국내 유가 9.5% 인상을 시작으로 1981년 11월까지 일곱 차례에 걸쳐 유가를 총 337% 인상하게 됩니다. 이로 인해 경제성장률은 1979년 6.5%, 1980년 -5.2%를 기록합니다. 경상수지 적자 폭도 1979년 42억 달러에서 이듬해 53억 달러로 증가합니다.

오일쇼크와 다르게 전개되는 저유가 시대

오늘날 석유 산업은 저유가 시대를 맞아 생존 경쟁을 하고 있습니다. 경쟁을 주도한 주인공은 사우디아라비아와 미국입니다. 미국은 셰일 혁명(Shale Revolution)*으로 미국 내 에너지 자급률을 60%까지 끌어올리고, 1975년 제1차 오일쇼크 때 수출을 중단한 미국산 원유 수출을 재개합니다. 이 덕분에 미국은 2015년 세계 1위 원유 생산국 지위까지 차지하죠.

반면에 사우디아라비아는 채산성이 낮은 셰일오일의 시장 진입을 막기 위해 원유 공급량을 확대해 국제 유가를 50달러 선까지 떨어뜨렸

* 2000년대 후반 미국에서 첨단 기술 개발을 통해 땅 속 깊은 퇴적암(셰일)층에 매장되어 있는 석유와 가스를 채굴해낸 것을 말한다. 셰일 혁명으로 미국은 100년간 공급 가능한 셰일 에너지를 갖게 되었으며, 국제 유가의 판도를 뒤바꿨다.

치킨 게임

양쪽 모두 파국에 치달을 수 있는 극단적인 경쟁을 지칭하는 말이 치킨 게임입니다. 양쪽 참가자 차를 타고 좁은 도로 양쪽 끝에서 서로를 향해 마주 달리는 것이 게임의 규칙이며, 자신을 향해 달려오는 차량에 겁을 먹고 먼저 운전대를 꺾는 사람은 겁쟁이로 취급됩니다. 자칫 잘못하면 양쪽 모두 큰 사고를 당할 수 있는 위험한 게임으로, 20세기 후반 미국과 소련의 극단적인 군비경쟁을 비꼬는 표현으로 등장하면서 국제학 용어로 굳어졌습니다.

습니다. 배럴당 60달러 선이 셰일오일의 손익분기점으로 알려졌기 때문에 사우디아라비아에서는 미국의 셰일오일 생산자들이 저유가를 견디지 못할 것으로 예상한 것이죠.

하지만 사우디아라비아의 예상은 셰일오일의 생산 단가가 배럴당 40달러까지 떨어지면서 빗나가게 됩니다. 배럴당 50달러 선의 저유가에도 미국 셰일오일 생산자들은 충분한 시장 경쟁력을 확보해 사우디아라비아의 치킨 게임에도 지치지 않는 체력을 과시하고 있죠.

현재 국제 유가의 향방은 가늠하기 어려운 상황입니다. 지금껏 국제 유가는 중동 지역의 정치·경제 분쟁에 휘말릴 때마다 출렁였지만 최근의 양상은 조금 다릅니다. 40여 년 전 발생했던 석유의 무기화로 상징되는 오일쇼크가 또 일어날지 모를 일입니다.

숫자로 읽는 경제, 경제지표

뉴스에서는 각종 경제지표를 매일 다룹니다. 주가지수와 원화 환율, 금리를 날마다 중요한 이슈 중 하나로 소개하죠. 마치 기상청에서 오늘의 기온·습도, 바람의 세기·방향으로 내일의 날씨를 예측하듯이 오늘의 경제지표로 내일의 경제를 예측하는 것입니다.

물론 경제지표를 통한 시장 예측도 날씨 예보만큼 자주 빗나갑니다. 그렇다고 경제지표가 의미 없는 것일까요? 빗나간 예측은 무용지물이지만 빗나간 예측에 사용한 경제지표는 여전히 유용합니다. 어떻게 분석하느냐에 따라 예측 결과는 달라지기 마련이니까요.

정부가 발표하는 다양한 경제지표들

경제지표는 경제활동을 분야별로 가늠해볼 수 있는 통계를 말합니다. 경제지표의 종류는 매우 다양합니다. 정부에서 집계하고 통계를 내는 경제지표에는 주로 거시경제의 내용을 관측할 수 있는 지표가 많습니다. 기획재정부는 일일 경제지표로 금리, 주가, 환율, 국제금리·주가·가산금리, 유가·곡물·원자재를, 월간 경제지표로 고용, 물가 및 수출입 단가, 국민소득계정, 실물경제, 국외거래, 통화·금리, 경기, 재정, 해외지표를 정리해 발표합니다. 이 중에서 보통 주가지수와 물가지수, 생산활동 지표 등이 중요하게 다뤄지죠.

주가지수는 주식 시장 전체의 주가 움직임을 파악하는 지표로 이용됩니다. '한국종합주가지수(KOSPI, Korea Composite Stock Price Index)는 1980년 1월 4일 기준 상장종목 전체의 시가총액*을 100으로 정한 후, 이와 비교할 시점에 상장종목 전체의 시가총액이 어느 수준에 있는지 보여주는 방식을 채택했습니다. 이 밖에도 시가총액 상위 200종목만 추려 '코스피200(KOSPI200)'이나 배당실적이 우수한 기업만 모은 '한국배당주가지수(KODI, Korea Dividend Stock Price Index)', 기업지배구조를 지수화한 '기업지배구조 주가지수(KOGI, Korea Corporate Governance Stock Price Index)' 등이 증권거래소의 주가지수로 활용됩니다.

물가지수는 물가의 총체적인 움직임을 파악하는 지표입니다. 물가지수의 주된 내용이 무엇인지에 따라 발표 기관이 다른데요, 우선 소비자가 구매하는 재화 및 서비스 가격의 변동을 측정한 소비자물가지수는 통계청에서 제공합니다. 반면 생산자가 생산한 상품 및 서비스의 국내시장 출하 가격 변동을 측정한 생산자물가지수와 수출입 상품의 가격 변동을 측정한 수출입물가지수는 한국은행에서 제공하죠.

물가지수는 경제 동향을 분석하거나 경제정책을 세우는 데 주로 이용되며, 더 나아가 돈의 가치를 측정하고 적정 환율을 결정하는 자료로 활용되기도 합니다. 물가가 오르면 돈의 가치가 떨어집니다. 이렇게 원화 가치가 하락해 미국 달러화보다 낮아지면 미국 달러화에 대한

---

* 한 회사의 시가총액은 주식수×현재가로, 회사의 현재 가치를 나타내지만, 국가 단위의 시가총액은 모든 상장회사의 시가총액의 총합으로 그 나라 주식 시장에 상장된 모든 주식의 총 가치를 나타낸다. 그렇기 때문에 시가총액으로 주식 시장의 규모를 표시하며, 한 나라 경제 크기를 알 수 있는 측정치로 이용할 수 있다.

원화 환율이 상승하죠. 1달러를 사기 위해 더 많은 원화가 필요해지는 것입니다. 이런 이유로 적정 환율을 유지하기 위해서는 물가 변동에도 민감하게 대응해야 합니다.

또 물가지수는 명목 가치에서 실질 가치를 추산하는 데 이용됩니다. 명목 가치란 액면 그대로의 가치를 말하며, 실질 가치란 액면가치(명목 가치)에서 인플레이션을 반영한 값을 말합니다. 예를 들어 물가상승률이 명목소득 인상률보다 높으면 실질소득이 줄어들죠.

생산활동지표는 국내총생산(GDP), 국민총생산(GNP, Gross National Product), 경제성장률 등 한 국가의 경제 상황을 알 수 있는 지표를 말합니다. 국내총생산은 1년간 한 국가에서 생산한 재화·서비스를 가격으로 계산한 것입니다. 즉 땅이 중심입니다. 예를 들어 우리나라 사람이라도 외국에서 번 수입은 계산하지 않는 반면 외국인이라도 그가 우리나라에서 번 수입은 계산에 포함됩니다.

반대로 국민총생산은 국민이 1년간 생산한 재화·서비스를 가격으로 계산한 총액입니다. 국민총생산은 국내외를 가리지 않지만 국적을 가립니다. 즉 사람이 중심입니다. 예를 들어 우리나라 사람이 외국에서 또는 국내에서 일한 것은 모두 계산되지만, 외국인이 국내에서 일한 것은 계산에 포함되지 않죠.

경제성장률은 국민경제가 일정 기간, 보통 1년간 얼마나 증가하고 감소했는지 알 수 있도록 지난해와 올해를 비교한 수치입니다. 보통 국내총생산량(GDP)을 화폐로 환산해 성장률을 나타내며, 이 수치에서 물가상승률을 만큼을 뺀 것이 실질성장률입니다. 즉 경제 개발이 활발해 국내총생산이 늘어나면 경제성장률이 높고, 반대로 물가상승률이 높으면 경제성장률이 낮죠.

수치가 아닌 다양한 경제지표들

지금까지 살펴본 경제지표는 미래 경제를 예측하는 도구로 널리 이용되고 있지만, 일반인에게는 그저 한눈에 파악할 수 없는 숫자의 집합처럼 보일 뿐이죠. 더구나 기존의 경제지표만으로는 미래를 예측하기에 부족하다고 느낄 때도 많고요. 그래서 수치가 아닌 다른 경제지표들도 있습니다.

경제학자 조지 테일러는 여성들의 치마 길이에 주목합니다. 경기 불황이 닥치면 스타킹 살 돈이 부족해 낡은 스타킹을 가리려고 치마를 길게 입고, 경기 호황이 오면 실크 스타킹을 자랑하려고 치마를 짧게 입는다고 보았죠. 이렇게 치마 길이와 경기변동의 상관관계를 나타낸 경제지표가 '헴라인 지수(Hemline Index)'입니다.

이 밖에도 많은 경제학자들이 길거리에 떨어진 담배꽁초의 길이, 유기견의 수, 맥주 판매량, 보험 해약률 등 일상의 변화를 관찰해 경기변동을 예측하려고 시도했고, 일부 시도는 타당성을 인정받아 정부의 공식 통계에 편입하기도 합니다. 예를 들어 광공업 생산지수, 생산자출하지수, 건축허가 및 착공면적, 기계류 수입액 등은 현재 통계청, 관세청, 한국은행에서 주기적으로 집계해 발표하고 있습니다.

경제지표가 참 다양하고 많죠? 결국 중요한 건 지표가 나타내는 실제 경제 상황이 아닐까 합니다. 어떤 경제지표를 적용해도 좋은 결과가 나올 수 있도록 우리 경제가 앞으로 더 튼튼해지면 좋겠습니다.

일본의 버블경제와 잃어버린 20년

2017년 5월 29일 영국 〈파이낸셜타임스〉는 중국에 거품경제가 붕괴하면서 발생하는 장기불황을 예고하는 경고장을 보냅니다. 2017년 기준 세계 2위의 경제 대국인 중국이, 1989년 세계 2위 경제 대국이었던 일본이 빠진 장기불황의 늪에 똑같이 빠질 수 있다고 지적한 것이죠.

이런 지적은 중국 경제의 행보가 일본과 놀라울 정도로 비슷하기 때문에 나온 것으로 보입니다. 먼저 얼마나 닮았는지 살펴보죠. 마치 1989년 일본의 대기업 미쓰비시가 미국 뉴욕의 록펠러 센터를 사고 소니는 콜럼비아픽처스를 인수한 것처럼, 2017년 중국 대형 자본인 CC랜드가 영국 런던 금융가의 초고층 건물 레더홀 빌딩을 사고 국영 중국화공그룹은 스위스 종자 회사 신젠타를 약 48조 원에 인수합니다.

중국의 부동산 투자가 활발한 것은 물론이고 중국의 주식 시장도 상승세를 탄 지 오래죠. 또 중국 부자들이 고가 미술품을 싹쓸이하고, 해외여행을 하는 중국인 역시 늘었습니다. 이런 모든 정황이 30년 전 일본의 버블기를 보는 것 같습니다. 이 말은 즉 버블이 터지고 긴 침체기를 맞이한 일본처럼, 중국도 버블(거품경제)의 꼭대기에서 위태롭게 장기불황으로의 내리막길을 준비하고 있다고 볼 수 있습니다.

일본은 아베 신조 총리가 실시한 경기 부양책 아베노믹스 덕분에 '잃어버린 20년'으로 상징되는 장기불황에서 조금씩 벗어나고 있습니다. 그런데 중국과 우리나라 경제는 반대로 일본의 장기불황을 답습하는 모양새를 보입니다. 일부 전문가는 일본의 장기불황과 우리나라의 장기불황은 상황이 다르다고 주장하지만 분명 닮은 점도 많은데요, 도대체 30년 전 일본에서는 무슨 일이 일어난 것일까요?

엔화 강세로 시작된 일본의 버블경제

1980년대 초 미국 레이건 정부는 개인 소득세를 삭감해 정부에 들어오는 돈은 줄이면서, 재정 지출은 그대로 유지해 대규모 재정 적자에 빠집니다. 더구나 미국의 고금리 기조로 세계 자본이 미국으로 흘러 들어오면서 미국 달러화가 강세를 보이죠. 이런 상황이 이어지자 미국은 재정적자 및 무역적자를 견딜 수 없게 됩니다. 특히 일본과의 무역에서 발생한 적자가 1985년 429억 달러(약 49조 원)까지 늘어나죠. 결국 미국은 다른 나라에 도움을 요청하기에 이릅니다. 1985년 9월 22일 뉴욕 플라자호텔에서 미국, 일본, 영국, 프랑스, 독일의 재무장관이 모여 일본 엔화와 독일 마르크화의 가치를 높여 달러화 강세 현상을 시정하자는 '플라자 합의'를 채택합니다.

플라자 합의 일주일 만에 일본의 엔화 가치는 달러화 대비 8.3% 오르고, 달러 가치는 이후 2년간 30% 이상 떨어집니다. 달러 약세 덕분에 미국 제조업체는 가격 경쟁력을 갖추게 되는 반면 일본은 엔화 강세에 시달립니다.

일본은 엔고 현상 탓에 수출 주도의 경제성장이 난관에 부딪히자 금리를 인하해 국내 소비를 늘리는 내수 진작을 꾀합니다. 그런데 1987년 미국 주가가 갑자기 대폭락합니다. '검은 월요일(Black Monday)'로 불리는 이날, 뉴욕 증권거래소에서는 하루 만에 주가가 22.6%나 빠졌습니다. 이 주가 대폭락의 영향력이 어찌나 컸던지, 이후 검은 월요일은 주기적으로 반복되는 시장의 급락을 표현하는 일반명사로 자리 잡았습니다.

일본 정부는 미국의 주가 대폭락의 영향을 최소화하고자 금리 인하를 추가로 단행합니다. 일본 정부가 연이어 금리를 인하하자 국내의 자금 공급이 확대되더니, 많은 돈이 부동산과 주식 시장에 모입니다. 땅값이 상승하니 너도나도 부동산 담보대출을 받아 다시 부동산에 투자하거나 설비를 증설합니다. 또 주가가 상승한 덕에 개인 소비는 그 어느 때보다 활성화되어 시장의 수요도 계속 확대되었죠. 부동산과 주식 시장이 주거니 받거니 하며 거품을 계속 키우는 모양새였습니다.

버블의 붕괴와 잃어버린 20년

붕괴의 징후는 금융기관에서 먼저 관측됩니다. 부동산 담보대출 자금이 부실채권이 되어 돌아온 것입니다. 부실채권이란 대출금 중 회수가 불확실한 돈을 말합니다. 부동산 담보대출로 부동산 및 설비 투자에 뛰어들었던 수많은 기업은 이익은커녕 손실을 보았습니다.

증가한 부실채권 때문에 은행들의 자기자본비율은 감소합니다. 일부 대형 은행은 국제 업무에 필요한 자기자본비율 8%를 채우지 못해 해외 업무에서 손을 뗐고, 분식회계로 손실을 은폐한 지방은행이 도산하는 일까지 생깁니다. 결국 은행들은 융자를 회수하고 엄격한 기준으로 대출 심사를 하기 시작합니다.

이렇게 은행이 돈줄을 꽉 쥐자 실물경제는 구석에 몰립니다. 경기가 후퇴하는 상황에서 금융기관까지 대출을 꺼리자, 담보대출로 과잉 투자한 기업부터 일반 기업까지 유동성 부족에 시달렸죠. 기업 매출이 떨어지자 근로자 소득도 떨어졌습니다.

'잃어버린 20년'으로 부르는 일본의 장기불황은 1990년대 초 주가와 땅값이 폭락하면서 본격적으로 시작됩니다. 경기는 1993년 10월 바닥을 친 후 1994년 중반 0%에 가까운 저성장을 기록하죠. 거품 붕괴는 개인 소비까지 위축시켜 1998년 GDP 전년 대비 증가율이 -0.6%로 마이너스성장을 보였습니다.

이듬해인 1999년에는 GDP가 1.4%로 회복하는 듯했지만, 여전히 개인 소비는 침체를 벗어나지 못합니다. 오히려 기존의 상품 가치를 밑도는 최저가 상품만 판매되는 디플레이션 현상까지 발생하죠. 결국 일본 기업들은 최저가 상품을 생산하기 위해 생산 공장을 인건비가 싼 중국 등지로 옮깁니다. 기업들이 공장을 이전하자 일본 내에서는 산업공동화*가 진행되어 2000년 실업률이 5%를 넘어서죠.

이후 일본 경제는 2004년 한 차례 반등의 기회를 잡지만, 2008년 미국발 금융공황 때문에 다시 불황의 늪에 빠집니다. 2010년 세계경제에서 일본이 차지하는 비중이 5.8%로 떨어졌고, 세계 2위 경제 대국의 지위도 중국에게 넘겨줍니다. 특히 경기침체를 극복하려고 막대한 재정적자를 감수하며 시장에 돈을 쏟아부었던 일본 정부는 OECD 회원국 중 GDP 대비 국가부채 1위에 오르기도 합니다.

이렇게 20년간 성장이 멈춰 있던 일본이 최근 회복세를 보이고 있습니다. '무제한 금융완화'를 내세우며 시장에 돈을 푼 아베노믹스를 바탕으로 실업률이 완전고용 수준(2.8%)에 이르렀죠. 일본은 우리나라와 경쟁하기도 하지만, 구조적으로 많이 닮아 있기도 한 떼려야 뗄 수 없는 이웃입니다. 이웃 나라 일본의 회복이 이번에는 제대로 이뤄지기를, 그리고 20년의 교훈을 바탕으로 다시는 버블에 빠지지 않기를 기대합니다.

1990년대 몰려온 아시아의 외환위기

우리나라에서 '외환위기'라는 말을 한 번도 안 들어본 사람은 없을 것입니다. 하지만 정작 외환위기가 무엇이냐고 질문하면 쉽게 대답하지 못하죠. 외환위기란 대외 거래에 필요한 외화를 확보하지 못해 국가 경제에 위협이 되는 현상을 말합니다. 쉽게 말해 달러로 대표되는 외화

* 공동(空洞)은 텅 빈 굴이란 뜻으로, 산업공동화는 산업의 해외 직접투자의 증가로 인해서 국내 생산 여건이 저하되는 현상이다.

보유고가 텅텅 비었다는 것입니다.

외환위기는 다른 말로 통화위기(currency crisis)라 하고 포괄적으로는 경제위기라고도 합니다. 외환위기는 곧 전체 경제위기로 이어지니까요. 1990년대의 IMF 사태를 예로 들어 외환위기의 진행 과정을 자세히 살펴보겠습니다.

아시아 전역에서 발생했던 외환위기

외환위기는 외국 화폐가 부족하다는 것입니다. 화폐가 부족하니 당연히 돈을 빌리기가 어려워집니다. 그러면 기업 경영과 금융 부실이 드러나 대외적인 적자도 커지죠. 적자가 커지면서 외환 보유량이 크게 감소하고, 결제할 외환 확보가 어려워지면 결정적으로 국가의 대외 신뢰도가 떨어집니다. 신뢰도가 떨어지면서 그나마 있던 외국 자본이 일시에 빠져나가 화폐가치와 주가가 폭락하고, 이로 인해 금융기관은 파산하며, 예금주들은 일제히 금융기관으로 몰려가 예금을 인출합니다. 이어 기업이 줄줄이 도산하고 실업자가 늘어나 사회적 불안이 가중되죠.

이러한 외환위기를 극복하고 해결하기 위해 대부분 국제통화기금(IMF)의 구제금융을 받습니다. IMF 구제금융 조건은 엄격한 재정긴축과 가혹한 구조개혁을 요구하기 때문에 오히려 금리 상승과 경기 악화, 실업률 상승 등의 악순환으로 이어질 수도 있습니다.

이렇게 다시 한 번 떠올려봐도 엄청난 일이 1997년 우리나라에 벌어진 것입니다. 사실 그때의 외환위기는 비단 우리나라만의 문제가 아니라 전체 아시아 국가가 동시에 겪은 일입니다. 태국, 말레이시아, 인도네시아 등 동남아 국가에서 시작한 1997년 아시아 외환위기는 대만, 홍콩, 한국을 거쳐 러시아까지 급속히 번졌습니다.

당시 경제학자들은 지금껏 관측된 적이 없는 통화위기의 파급력과 전파 속도에 적잖이 놀랐습니다. 메르스, 콜레라 등 의학 용어에 어울릴 법한 '전염 현상'이라는 표현까지 사용해 아시아 외환위기를 설명했죠. 경제학에서 전염 현상이란 한 국가가 통화위기를 겪은 후 그 파장이 주변 국가로 빠르게 전파되는 바람에 주변 국가마저 통화위기권 내에 들어가는 것을 말합니다.

그렇게 무섭게 퍼져나간 아시아 외환위기는 경제학자뿐 아니라 국민 대다수를 충격에 몰아넣었습니다. 외환위기가 터진 그때 우리나라는 한창 급속한 성장에 취해 있었기 때문에 충격이 더욱 클 수밖에 없었죠. 1996년 12월 12일 경제협력개발기구(OECD)에 가입하며 선진국 진입을 자축하는 분위기였고, 재벌들은 한국 경제의 성장을 이끌었다는 자만에 빠져 있었습니다. 그리고 재벌들은 정부에 "시장의 자유를 허용하라"고 요구했습니다. 국내 금리가 너무 높으니 해외 자본을 자유롭게 빌릴 수 있게 규제를 풀라는 것이죠.[2] 그런데 자본시장 자유화는 아시아 외환위기를 부른 주요 요인 중 하나가 되고 맙니다. 정부와 기업이 시시각각 다가오는 위기의 전주곡을 듣지 못한 채 불행의 구렁텅이에 제 발로 들어간 꼴입니다. 도대체 무슨 일이 있었길래 사람들은 위기의 조짐을 눈치채지 못했을까요?

아시아 전체를 강타한 외환위기의 시발점은 태국이었습니다. 태국은 다른 아시아 국가들의 상황을 종합해놓은 것 같은 상태였죠. 그 당시 태국의 상황을 자세히 살펴보면 1990년대 아시아 외환위기를 제대로 이해할 수 있습니다.[3]

외환위기라는 전염병의 발생지, 태국

빛이 밝을수록 그림자는 짙어지죠. 외환위기 직전의 태국의 상황에 어울리는 말입니다. 태국은 군부 쿠데타 이후 정치적 안정을 찾으며 지속적 경제 발전을 위해 해외 자본에 관심을 보입니다. 태국 정부는 자본시장 자유화와 고정환율제*를 추진하죠. 자본시장 자율화는 외채(해외에 진 빚)의 규모를 급속히 끌어올렸고, 고정환율제는 외채의 원활한 유입을 도왔습니다.

그런데 물밀듯 들어온 외채가 말썽을 일으킵니다. 단기외채의 비율이 지나치게 높은 것이 문제였죠. 단기외채란 만기가 1년 미만인 채무를 말합니다. 단기외채라도 경제가 잘 나갈 때는 상환을 쉽게 연장해주어 괜찮지만, 경제위기가 닥칠 때는 시장에서 가장 먼저 빠져나가버립니다. 단기외채 상환 때 중요한 것이 국가 신뢰도입니다. 외국 자본은 국가 신뢰도에 따라 투자금을 떼일 염려가 없는지를 판단하기 때문입니다.

---

* 고정시킨 환율을 유지하기 위해 중앙은행이 외환 시장에 개입하는 제도. 이 제도를 시행하면 환율 변동에 따른 손실 위험이 없기 때문에 무역 거래가 활성화된다.

태국의 단기외채는 1996년까지 총 외채의 41.4%를 차지할 정도로 빠르게 증가합니다. 단기외채의 급증은 태국만의 사정이 아니었죠. 1996년 말 기준으로 한국의 단기외채는 58.25%를 기록했고, 이어서 인도네시아가 24.98%, 말레이시아가 27.83%를 기록했습니다.

이렇게 아시아 전역에서 단기외채가 급증한 것은 경상수지가 악화된 탓입니다. 쉽게 말해 아시아 국가들의 무역 적자 규모가 급격히 커졌습니다. 특히 1993년부터 1996년까지 경상수지 악화 추세가 가팔랐는데, 태국이 -5.07%에서 -8.10%로, 인도네시아가 -1.33%에서 -3.62%로, 말레이시아가 -4.72%에서 -5.77%로, 한국이 0.31%에서 -4.75%로 나빠집니다.

단기외채를 급증하게 만든 자본시장 자유화는 민간 부문의 은행 여신(고객에게 돈을 빌려주는 일) 확대로 이어집니다. 당시 은행들은 자본시장 자유화 때문에 국내 자본은 물론 해외 자본과도 시장점유율을 놓고 경쟁해야 했습니다. 치열한 경쟁은 대출 심사를 느슨하게 만들었고 쉬워진 대출은 금융 부실의 씨앗이 됩니다. 그리고 대출받은 대량의 자본이 부동산과 주식 시장으로 흘러들어가 자산 가격에 거품을 형성했습니다. 만약 단기외채의 상환이 연장되지 않거나 국가 신뢰도에 금이라도 간다면, 거품 자산을 담보로 잡은 금융기관이 무너지는 것은 뻔했습니다.

태국 정부는 뒤늦게 이런 자산 가격의 거품을 걱정해 1994년 부동산에 대한 융자를 규제해 과잉 투자와 경기과열을 잡으려고 했습니다. 그런데 규제가 역효과를 내는 바람에 1995년 중반부터 금리가 상승하고 부동산 가격이 하락하기 시작하죠. 1996년부터는 본격적으로 경기 변동과 부동산 가격의 급락으로 부동산 개발 회사들이 먼저 파산합니다. 뒤이어 부동산 개발 회사에 돈을 빌려준 금융기관이 무너지면서 결국 태국 최대의 금융기관인 파이낸스원이 다뉴은행에 합병됩니다.

합병 소식이 주식 시장에 전해지자 주가는 폭락했고, 그날 태국 증권거래소에서는 사상 최초로 은행, 금융회사, 증권회사의 주식거래가 정지되는 사태까지 벌어집니다. 그 후에도 주가는 계속 폭락해 1997년 3월 5일 하루 동안 총 예금의 9%에 해당하는 100억 바트가 인출되기에 이릅니다.

태국 외환위기의 영향

이를 계기로 국제금융 시장에서는 태국 바트화가 고평가된 것이 아니냐는 인식이 퍼지기 시작했고, 결국 태국 외환 시장은 1996년 12월부터 국제 투기 자본의 투매(손해를 무릅쓰고 팔아버림)에 휘말립니다. 주가 하락이 예상되니 손실을 최소화하기 위한 방안이었죠. 국제 투기 자본은 1997년 2월, 3월, 5월 등 여러 차례에 걸쳐 투기적 공격을 계속합니다. 태국 정부는 싱가포르, 홍콩, 말레이시아 등 주변국의 협조를 받아 바트화를 방어하지만, 투기적 공격에 외환 보유고만 소진하게 됩니다. 결국 태국 정부는 1987년 7월 2일 바트화 지지를 중단하고 고정환율제를 변동환율제로 바꾸죠.

그러나 시장 원리에 맡겨서 문제를 해결하기에는 이미 시기가 늦어

버렸습니다. 외환 시장에서는 바트화가 계속 평가절하(대외 가치 하락)되는 가운데 외화 유입이 중단되고 맙니다. 설상가상으로 민간에서 필요로 하는 외환 실수요는 증가해 바트화 환율의 평가절하를 더욱 부추깁니다. 끝내 1997년 8월 11일 태국 정부는 IMF에 구제금융을 요청하기에 이르죠.

태국의 외환위기는 많은 경제적 교류가 있었던 동남아시아 주변 국가로 번졌습니다. 해외 자본의 투기적 공격은 태국을 벗어나 대만과 홍콩을 차례로 공격해 주가 폭락을 일으킵니다. 동아시아 지역을 대표하는 홍콩 주식 시장과 외환 시장이 불안해지자 해외 자본이 갑자기 아시아 지역에서 급격하게 빠져나갔습니다. 결국 단기외채 비중이 높았던 한국의 금융기관과 기업까지 외환위기에 말려들게 된 것이죠.

이렇게 외국 자본의 영향은 무섭습니다. 국내 시장의 무지함도 마찬가지로 무섭죠. 한국 경제는 외환위기 이후 다시 일어서는 데 성공했지만 여전히 불안 요소는 많습니다. 국가 차원의 경계도 중요하지만 각자가 무분별한 대출로 투기에 동참하지 않는 것도 중요할 것입니다.

2008년 글로벌 금융위기, 서브프라임 모기지

2016년 4월 미국 법무부는 2005~2007년까지 주택담보대출 파생 금융상품을 불완전 판매한 골드만삭스에 벌금 50억 6천만 달러(약 5조 8천억 원)를 부과합니다. 글로벌 금융위기 때 골드만삭스가 판매한 주택담보대출인 비우량 주택담보대출, 즉 서브프라임 모기지론(Subprime Mortgage Loan)[4]이 바로 불완전 판매 상품이라는 것이죠.

불완전 판매란 금융기관이 고객에게 상품의 운영 방법, 위험도, 손실 가능성 등을 제대로 알리지 않고 판매한 것을 말합니다. 이런 부실한 상품을 팔아 2008년 글로벌 금융위기를 초래한 미국 투자은행들이 골드만삭스를 끝으로 거의 10년 만에 그 대가를 치른 셈입니다.

묻지도 따지지도 않고 주택 가격 100%를 대출해준다?

미국 주택담보대출은 프라임(Prime), 알트-A(Alternative A), 서브프라임(Subprime) 등 대출자의 신용도에 따라 총 세 등급으로 구분합니다. 프라임 등급은 신용도가 가장 좋은 대출자를 뜻하고, 알트-A 등급은 중간 정도의 신용을, 서브프라임 등급은 신용도가 일정 수준 이하의 저소득층 대출자를 뜻합니다.

대개 서브프라임 등급은 부실 위험이 있어서 프라임 등급 대비 대출 금리가 2~4% 정도 높습니다. 그래서 대출 시장에서 서브프라임 모기지의 비중은 2002년 기준 3.4%를 차지할 정도로 미미한 수준이었죠. 그런데 2008년 금융위기 직전에 서브프라임 모기지의 비중은 13.7%(2006년 기준)까지 상승합니다. 4년 만에 약 4배가 뛴 것이죠. 도대체 무슨 일이 벌어진 것일까요?

은행에서 당신에게 주택 구매 비용을 100% 대출해준다고 합니다.

이자도 저렴해 보입니다. 첫 2년간은 매우 낮은 수준의 고정금리만 내고 3년 후부터 변동금리가 적용된다고 합니다. 중간에 이자를 내지 못해도 집을 팔면 된다고 장담합니다. 부동산 가격이 연일 상승하니 사기만 하면 시세 차익까지 챙길 수 있다고 덧붙입니다.

결국 수수료 3%까지 포함해서 총 103%를 주택담보대출로 받습니다. 직업도 불안정하고 학자금 대출도 있지만, 당신은 이제 이 집의 소유주가 되었습니다.

이는 글로벌 금융위기 직전인 2006년 미국의 금융기관에서 저소득층에 주택 가격 100%와 수수료 3%를 더해 서브프라임 모기지론, 즉 비우량 주택담보대출을 진행한 이야기입니다. 당시 미국 금융회사는 신용도가 낮은 저소득층에까지 무서류 대출 제도를 적용해서 돈을 빌려줍니다. 약식 또는 무서류 대출 제도는 본래 자영업자, 프리랜서 등 소득 및 고용 증빙이 어려운 사람들에게 대출 심사 편의를 제공하는 제도였죠.

당시 비우량 주택담보대출을 받은 저소득층 다수는 30년 만기 대출의 경우 2년간 낮은 고정금리를 낸 다음 28년간 정상금리로 돌아가고, 6개월마다 금리를 재조정하는 변동금리 구조를 눈여겨보지 않았습니다. 특히 부동산 가격이 폭락해 집을 팔아도 대출금을 갚지 못할 줄은 꿈에도 생각지 못했죠. 이렇게 너도나도 대출해서 집을 구매하는 바람에 부동산 가격이 연일 상승합니다.

똥을 금박지에 포장해 금처럼 팔다

당시 미 연방준비은행(FRB)는 2000년대 초 IT버블* 붕괴 후 경기 둔화를 극복하고자 목표 금리를 2001년 6.5%에서 2003년 1%까지 인하하고, 저금리정책을 장기간 유지합니다. 장기간의 저금리정책은 금융기관이 높은 수익을 위해 큰 위험을 감수하도록 부추겼죠.

엎친 데 덮친 격으로 1999년 금융서비스현대화법(Gramm Leach Bliley Act)이 제정되며 은행업과 증권업의 겸영이 완전히 허용됩니다. 미국 금융 산업은 지난 30년간 규제 완화를 줄기차게 추진했는데, 이 법으로 인해 완전히 고삐 풀린 망아지가 됩니다.

저금리 상황에서 은행은 서브프라임 모기지론을 담보로 주택저당증권(MBS, Mortgage Backed Securities)을 발행해 판매합니다. 주택저당증권이란 말 그대로 주택 대출에서 나올 원리금과 이자의 권리를 상품처럼 파는 것입니다.

주택저당증권을 구매한 금융회사는 다른 주택저당증권도 여러 개 긁어모아 다시 담보를 잡아 부채담보부증권(CDO, Collateralized Debt Obligation)을 발행합니다. 마치 레고블록을 쌓는 것처럼 빚의 권리를 묶어서 다시 빚을 내는 상황이 벌어진 셈이죠.

---

* 인터넷 관련 분야가 성장하면서 산업 국가의 주식 시장이 지분 가격의 급속한 상승을 본 1995년부터 2000년에 걸친 거품 경제 현상이다. 닷컴 버블(dot-com bubble), TMT 버블, 인터넷 버블이라고 불리기도 한다. 흔히 닷컴기업이라 불리는 인터넷 기반 기업이 많이 설립되지만 거의 대부분 실패로 끝나면서 주가가 폭락하기 시작했고, 수많은 벤처기업들 역시 파산하고 만다.

그런데 누가 빚의 빚을 사려고 할까요? 아무리 고위험 고수익이라고 해도 너무 위험합니다. 그래서 금융회사들은 위험회피(hedge, 헤지)의 한 방법으로 주택저당증권 여러 개와 일반 채권을 한데 묶어 판매합니다. 이렇게 복잡한 경로를 거친 탓에 투자자가 부채담보부증권의 위험도를 평가할 수 없게 되자 투자자 대신 신용평가사가 부채담보부증권의 신용등급을 매겼습니다. 문제는 신용평가사의 주 고객이 부채담보부증권을 판매한 금융기관이라는 데 있습니다. 신용평가사는 주 고객의 눈치를 보며 부채담보부증권의 신용등급을 좋게 포장합니다. 심지어 일부 금융회사는 자신들이 발행한 부채담보부증권의 신용등급을 직접 정하는 '등급 쇼핑(rate shopping)'까지 하는 지경에 이릅니다.

비우량 주택담보대출이 주택저당증권이 되고, 주택저당증권이 부채담보부증권이 되자, 각 상품을 구매한 회사는 물론이고 이 금융 상품을 발행한 회사조차 슬슬 채무불이행 사태를 걱정하게 됩니다. 자기들이 봤을 때도 꼬리에 꼬리를 문 파생상품이 얼마나 위험한지 알 수 없어 불안했던 것이죠.

하지만 그런 걱정과 모순되게 미국 금융회사들은 파생상품의 불안마저 또다시 신용부도스와프(CDS, Credit Default Swap)라는 신용파생상품을 만들어 판매합니다. 신용부도스와프는 투자자가 판매자에게 수수료를 지급하되 파생상품이 부도가 나면 약속한 수익금을 받는 방식입니다. 정리하면 판매자는 부도 가능성을 팔아 챙긴 수수료로 부도 위험을 회피하고, 구매자 또는 투자자는 부도가 나는 데 판돈을 건 셈입니다.

주택담보대출이자를 제때 못 냈을 뿐인데

글로벌 금융위기는 주택담보대출의 채무불이행에서 시작됩니다. 변동금리부 구조의 주택담보대출은 부동산 가격 상승세와 저금리 정책을 바탕에 두고 설계한 금융 상품입니다. 그런데 미 연방준비은행에서 2004년 6월부터 기준금리를 2년간 0.25%P씩 17차례나 올립니다.

기준금리가 오르자 당연히 주택담보대출이자율이 올랐고, 이자율이 오르자 대출을 변동금리로 받은 주택 소유주는 이자를 감당하지 못하고 집을 내놓게 됩니다. 수많은 사람이 동시에 집을 내놓자 부동산 가격이 하락했고, 대출자들은 집을 팔고도 빚을 다 갚지 못하는 상황까지 내몰리게 됩니다.

2007년 2월 7일 주택담보대출 업계 2위 업체인 뉴센트리파이낸셜이 지난해 이익을 잘못 계산했다고 공시하면서 뇌관이 터집니다. 뉴센트리파이낸셜의 주가는 즉각 폭락했고 얼마 가지 않아 파산합니다. 주택담보대출을 발행한 금융회사가 파산하자, 뒤이어 주택저당증권과 부채담보부증권에 투자한 금융회사도 줄줄이 파산합니다. 각 파생상품의 판매자도 구매자도 모두 파산하기에 이릅니다. 이 과정에서 미국 5대 투자은행 중 두 곳이나 문을 닫습니다. 100여 년의 역사를 자랑하던 리먼브라더스와 튼튼한 재무구조를 자랑하던 베어스턴스가 그 주인공이었죠.

미국은 전 세계경제의 중심입니다. 미국이 휘청거릴 정도의 위기는 곧 세계경제의 위기로 이어지는데요, 주식·채권·헤지펀드 등의 투자 상품에 대한 불신이 퍼지면서 전 세계 주가가 일제히 급락했고, 자본 흐름이 둔화되었습니다. 기업들은 하나같이 투자와 고용을 줄였고, 유럽과 아시아의 각 정부는 경직된 시장에 공적 자금을 투입하며 바쁘게 해결책을 모색했습니다. 혹자는 이를 두고 1929년의 경제 대공황에 버금가는 세계적 수준의 경제 혼란이 벌어졌다고 말합니다.

어마어마했던 2007~2008년 금융위기 이후 10년 가까이 흘렀습니다. 이때의 위기를 본보기 삼아 세계경제는 전보다 건강한 금융 구조를 건설하며 천천히 회복해왔습니다. 큰 홍역을 앓고 이겨낸 만큼 다시는 신용에 기댄 거품 시장이 형성되어선 안 되겠습니다.

2016년 브렉시트, 영국의 유럽연합 탈퇴

2017년 6월 19일 영국과 유럽연합(EU)이 브렉시트 협상을 본격적으로 시작했습니다. 2016년 6월 23일 영국 국민투표에서 브렉시트를 결정한 지 거의 1년 만입니다. 브렉시트(Brexit)는 영국(Britain)과 탈퇴(Exit)의 합성어로 영국의 유럽연합 탈퇴를 뜻합니다.

앞으로 영국과 유럽연합은 리스본조약 50조에 따라 탈퇴 의사를 공식 통보한 날(2017년 3월 29일)부터 2년 동안 탈퇴 협상을 진행하게 됩니다. 영국은 탈퇴 협상이 순조롭게 진행되지 않아도 반드시 탈퇴해야 하는 상황입니다.

브렉시트가 결정된 이후 영국 내에서는 무역·관세·노동 정책 등 유럽연합과 맺은 관계를 모두 정리하고 탈퇴하는 '하드 브렉시트(Hard Brexit)'와 일정 분담금을 내면서 단일시장 접근권을 유지한 채 탈퇴하는 '소프트 브렉시트(Soft Brexit)' 가운데 무엇을 선택할지에 대한 논의가 있었습니다. 결과적으로 테리사 메이 영국 총리는 2017년 1월 17일 유럽연합 탈퇴 기조연설에서 "유럽을 완전히 떠나겠다"고 말합니다. 즉 하드 브렉시트를 선택한 셈이죠.

사실 영국은 1975년에도 한 차례 유럽연합에서 탈퇴하려고 한 적이 있습니다. 43년 전인 1973년 유럽연합의 전신인 유럽경제공동체(ECC)에 가입한 영국은 ECC에 들어간 지 불과 2년 만에 탈퇴 여부를 국민투표에 부쳤습니다. 당시 투표 결과 67%가 잔류를 원했죠. 하지만 이번에는 달랐습니다. 브렉시트는 왜 일어났을까요?

왜 영국은 유럽연합을 떠났을까?

2015년 11월 10일 데이비드 캐머런 전 영국 총리가 유럽연합 정상회의 상임의장에게 유럽연합 잔류 조건 4가지를 공식 서안으로 제시합니다.

첫째, 이민자 복지 혜택을 제한하겠다.
둘째, 영국 의회의 자주권을 강화하겠다.
셋째, 영국이 유럽연합의 규제를 선택하겠다.
넷째, 비유로존 국가의 유로존 시장 접근을 보장해달라.

이 조건의 핵심은 영국이 유럽연합의 울타리 내에서 유럽연합의 간섭 없이 이주자를 통제하겠다는 것입니다. 통제 방법은 국경통제권 강화와 이주자의 근로 복지 혜택 제한이고요.

왜 영국은 국경과 이민자를 통제하려는 것일까요? 복지 혜택에 드는 재정부담 때문입니다. 영국은 제2차 세계대전 이후 지금껏 "요람에서 무덤까지" 국민을 책임지는 복지 정책을 펼쳤습니다. 이민자라고 해서 예외는 없었죠. 2010년 유럽 재정위기 사태가 터지면서 영국에 취업하려고 이민하는 유럽연합 시민의 수는 더욱 증가합니다. 특히 동유럽 이민자가 급증했죠.[5] 당시 영국인들은 자신의 일자리를 이민자들에게 빼앗겼다고 생각합니다.

2015년 말부터는 시리아 등지에서 난민이 물밀듯 유입되자 영국 내 여론은 유럽연합의 적극적인 이민자 수용 정책에 불만을 품습니다. 더구나 2015년 11월 이슬람 국가(IS)의 파리 테러로 세계가 떠들썩해지자, 영국 국민들의 중동 지역 출신 이민자에 대한 불만이 더 심해졌죠.

안 그래도 영국인들은 유럽연합 내 영국의 위상에 불만이 많았습니다. 영국이 유럽 공동체 운영비로 내는 부담금은 49억 유로(2014년 기준, 약 6조 4,500억 원)입니다. 분담금은 가입국들의 경제 규모에 따라 달라지는데, 영국은 독일과 프랑스에 이어 3번째로 많이 내고 있었죠. 반면에 영국이 유럽연합에서 받는 예산 규모는 회원국 중 12번째로 상당히 적은 편입니다. 참고로 독일과 프랑스가 8번째와 9번째를 차지했죠.[6] 이렇게 차별 대우를 받느니 유럽연합에서 탈퇴해 일자리도 지키고 경제적 이득도 챙기자는 생각이 들 수밖에 없겠죠.

브렉시트는 득일까, 실일까?

브렉시트 투표 직후 영국 주식 시장은 장이 열리자마자 급락했지만 장이 끝나기 전에 다시 반등합니다. 경제 상황을 가늠할 수 있는 시가총액 상위 100개 종목지수인 FTSE100 지수도 8% 이상 급락했다가, 영국의 중앙은행인 영란은행(BOE) 총재의 유동성 공급* 발언으로 하락폭을 4~5% 수준으로 좁혔고, 이후 1년간 꾸준히 상승세를 탔습니다. 쉽게 말해 브렉시트 직후 잠깐 폭락했던 영국 주식 시장이 금방 상승세를 회복했다는 의미입니다.

반면에 외환 시장에서는 파운드화 가치가 10% 가까이 폭락한 후 지금껏 브렉시트 이전 수준을 회복하지 못하고 있고, 영국 경제성장률은 유럽연합 28개 회원국 중 최하위로 떨어졌습니다. 2017년 1분기 영국의 국내총생산(GDP) 성장률은 0.2%로 집계되었는데, 성장률 0.2%는 유럽연합 회원국 중 하위권에 있는 프랑스와 그리스가 기록한 국내총생산 성장률 0.4%보다도 낮은 수치입니다. 결국 영국 경제는 브렉시트 이후 파운드화 가치가 급락하고 동시에 수입품 가격이 오르는 등 인플레이션 현상에 발목을 붙잡힌 상태입니다.

부진한 영국 경제와 달리 유럽연합 경제는 경기 침체를 떨치고 강한 회복세를 보이는 중입니다. 2017년 1분기 유럽연합과 유로존(유로화 사

* 시중에 흐르는 통화량을 늘린다는 의미다. 경기를 끌어올리려는 경기 부양책의 일종이다.

주가지수

주가지수란 특정 시장 내 주가의 변동을 한눈에 보여주는 수치를 말합니다. 우리나라의 코스피(KOSPI)나 미국의 다우존스(Dow Jones) 등이 바로 '주가지수'입니다. 주가지수를 보면 그 나라 시장이 올랐는지 내렸는지, 또 얼마나 오르고 내렸는지를 알 수 있습니다. 몇몇 주가지수는 전 세계 기관 투자자나 펀드 매니저들의 투자 방향을 결정지을 정도로 막강한 영향력을 행사하는데, 이를 '벤치마크 지수'라고 합니다. 벤치마크 지수의 양대 산맥은 바로 미국의 '모건스탠리 캐피털인터내셔널 지수(MSCI Index, Morgan Stanley Capital International Index)'와 영국 '파이낸셜타임스 스톡익스체인지 지수(FTSE Index, Financial Times Stock Exchange Index)'입니다.

용 19개국)의 국내총생산 성장률은 0.6%를 기록합니다. 특히 루마니아(1.7%), 라트비아(1.6%), 슬로베니아(1.5%)가 유럽연합 전체 경제에 활력을 불어넣었습니다.

브렉시트가 한국에 미친 영향

한국 경제에는 브렉시트가 악재입니다. 특히 금융 시장에서의 타격은 불가피해 보입니다. 현재 국내 주식 시장에 들어온 외국인 자금 중 15%가 영국에서 온 것입니다. 아직 영국 자금의 이탈이 뚜렷이 관측되고 있지는 않지만, 자금이 이탈할 가능성은 여전히 남아 있어서 국내 증시에 불안 요소로 작용할 것으로 보입니다.

수출에서도 브렉시트는 우리에게 득보다 실이 클 전망입니다. 우리나라는 영국이 체결한 자유무역협정(FTA) 국가 중 수입 규모가 4번째로 큰 나라입니다. 만약 영국이 유럽연합에서 완전히 탈퇴하면 우리나라가 유럽연합과 맺은 자유무역협정의 무관세 혜택이 사라지게 되죠. 현재 두 나라는 한영 자유무역협정을 체결하는 초기 논의를 시작한 상태입니다. 테리사 메이 영국 총리도 공개 석상에서 한국을 우선 협상 대상이라고 강조한 바 있지만,[7] 협상이 잘 되어야만 브렉시트 이전 수준을 유지할 수 있기에 결과는 좀더 지켜봐야 할 것으로 보입니다.

쉬어가기: 샤워실의 바보들

각종 경제위기에 대처하는 정부의 선택은 옳을까요? 정권이 바뀔 때마다 정책이 뒤집히고, 부동산·교육·정치 등 모든 분야가 5년마다 손질을 당하죠. 특히 통화 정책은 경제위기마다 정부가 손쉽게 꺼내는 카드였는데요, 가까운 사례가 박근혜 정부의 재정관리입니다.

박근혜 정부는 이명박 정부 때 훼손된 재정을 만회하려고 공약가계부* 를 만드는 등 재정 관리에 적극적으로 임했습니다. 그런데 시장에선 정

* 박근혜 정부의 향후 5년간(2013~2017년) 140대 국정과제를 위해 필요한 돈과 마련할 돈을 대차대조표로 정리한 것으로, 부처 업무 계획과 예산안 수립의 기준이 된다. 가계부라는 표현은 불필요한 지출을 줄이고 반드시 필요한 곳에만 쓰겠다는 뜻을 담고 있다.

부 개입으로 인한 경기 위축을 걱정하는 목소리가 터져 나왔습니다. 예상 외의 반응에 놀란 현오석 경제팀은 출범하자마자 추가경정예산을 편성하는 통화 정책을 내놓습니다. 재정을 건전하게 하겠다는 목표가 시장 상황에 휘둘려 힘을 잃어버린 셈이죠.

노벨 경제학상 수상자인 미국의 밀턴 프리드먼은 정부의 부적절한 경제 개입을 비판하며 '샤워실의 바보'라는 우화 한 편을 들려줍니다. 바보가 샤워실에 들어가 수도꼭지를 온수 방향으로 틉니다. 그러자 뜨거운 물이 갑자기 쏟아집니다. 바보는 재빨리 수도꼭지를 냉수로 획 틀어버리죠. 이번에는 얼음장 같은 냉수가 쏟아집니다. 바보는 냉수와 온수를 번갈아 틀며 샤워실 안에서 이리저리 날뜁니다. 결국 바보는 뜨거운 물과 찬물만 맞고 정작 샤워는 제대로 하지 못합니다.

밀턴 프리드먼은 신자유주의자입니다. 신자유주의는 정부의 시장 개입을 비판하고 시장의 기능과 민간의 자유로운 활동을 중시하는 이론입니다. 즉 샤워실의 바보가 수도꼭지를 가만두지 않는 것처럼 정부가 시장에 자꾸 개입할수록 시장 상황이 더 나빠진다는 것이죠.

밀턴 프리드먼은 정부가 통화량과 금리를 조절해 돈을 풀었다 조였다 하면서 시장에 개입하지 말고, 경제 규모에 맞게 돈을 꾸준히 풀어 시장이 알아서 움직이도록 유도해야 한다고 주장합니다. 정부는 지금 시장 경기가 고점인지 저점인지 모를뿐더러, 설령 경기 흐름을 예측해 올바른 정책을 내놓더라도 국회 동의 등 행정절차를 거치면서 제때를 놓치기 쉽습니다. 이런 이유로 정부 정책이 실패해 시장의 경기변동 폭만 키운다는 것이죠.

밀턴 프리드먼의 '샤워실의 바보'는 케인스 경제학과 반대편에 서 있습니다. 케인스 경제학이 추구하는 사회는 완전고용 사회입니다. 만약 실업률이 증가하면 노동자의 구매력이 떨어지며, 떨어진 노동자의 구매력은 사회 전체의 수요 감소로 이어지고, 이는 자본가의 투자 의욕을 꺾어 경기를 악화시킵니다. 이 같은 악순환을 막기 위해서는 정부가 노동자의 구매력을 향상시켜야 합니다. 분배의 불평등을 개선하고 동시에 민간자본가를 대신해 투자 활동을 벌이는 것이죠. 밀턴 프리드먼과 달리 케인스 경제학에서는 정부의 조정이 제 역할을 다할 수 있다고 믿습니다.

일본의 상황을 살펴봅시다. 아베 신조 총리는 2012년 취임 후 금융정책을 통한 양적 완화, 정부의 재정 지출 확대, 공격적인 성장 전략 등 아베노믹스로 불리는 3가지 정책을 동시에 추진합니다. 이듬해 일본 증시는 사상 최고치를 연일 경신하면서 소비 심리가 개선되는 조짐을 보였지만, 엔화 약세로 인한 무역 적자 폭의 확대* 및 재정 건전성의 악화 등 부작용이 조금씩 드러났죠. 이렇게 부작용이 속출하는 데다 수도권 재개발, 농업 개혁, 기업 경쟁력 강화 등 구조개혁은 부진을 면치 못합니

* 엔화 가치가 떨어지면 해외에서 판매되는 일본 제품의 가격이 낮아지기 때문에 수출이 늘어날 수는 있지만, 동시에 일본 기업들이 수입하는 원자재 가격이 상승하므로 이로 인해 무역 적자가 발생할 수 있다. 일본의 경우 생산 공장이 해외에 있는 기업이 많았기 때문에, 엔화 약세로 인한 수출 증가보다 생산비 부담이 더 커서 무역 적자를 초래했다.

다. 일본 사회 내부에서는 아베노믹스 때문에 빈부 격차가 더 심해지고 중간층이 무너졌다는 비판까지 나옵니다.[8]

아베 정부는 이 같은 부작용을 의식해서인지 2016년 아베노믹스 2단계를 새롭게 추진합니다. 아베노믹스 2단계에서는 강한 경제, 육아 지원, 사회 보장 등의 3가지 정책이 새로 제시되었고, 이를 통해 성장과 분배의 선순환을 마련하겠다고 선언합니다.

공교롭게도 현재 일본 고용 시장은 완전고용에 가까운 상황입니다. 기업이 구인난에 시달릴 정도죠. 2017년 4월 28일 일본 〈니혼게이자이신문〉에서는 25세 이상 구직자 1인당 일자리가 1.45개일 정도로 기업들의 채용이 증가했지만, 구직자 수는 감소했다고 발표합니다. 아베노믹스 2단계가 결실을 맺어 취업난이 완전히 해소되었다는 주장입니다.

그러나 아베 신조도 또 다른 샤워실의 바보일 뿐이라고 주장하는 쪽도 있습니다. 취업의 질은 나아지지 않았으며, 고용 시장의 개선은 통화 정책 덕분이 아니라 고령화와 인구 감소 때문이라고 말합니다.

아직 아베노믹스는 끝나지 않았는데요, 앞으로 구조개혁의 성공 여부나 민간 소비의 회복, 재정 건전성의 제고 여하에 따라 성패가 결정될 것으로 보입니다. 아베노믹스가 샤워실의 바보가 될지 신의 한 수가 될지 세계의 관심이 쏠리고 있습니다.

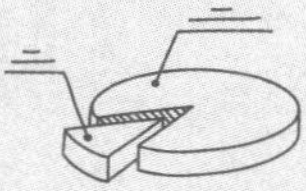

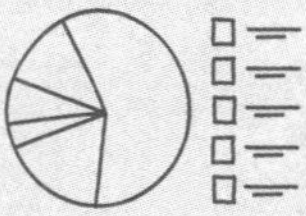

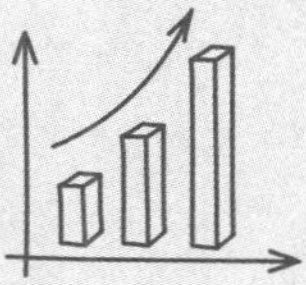

경제는 어제의 우리 삶을 바꾸었고 오늘의 세상을 변화시키고 있으며, 내일은 예측할 수 없는 방향으로 이끌어 갑니다. 과거의 경제활동을 돌아보며 어떤 실수와 잘못이 있었고 어떤 점은 잘했는지를 배울 수 있습니다. 또 현재 세상을 변화시키고 있는 마케팅과 같은 경제활동을 살펴보면 우리가 사는 지금 가장 중요한 가치가 무엇인지 이해할 수 있죠. 끝으로 미래의 경제가 나아갈 방향을 알아보며 지금부터 우리가 어떤 준비를 해야 할지 배울 수 있습니다. 헤지펀드와 폰지사기부터 인공지능과 빅데이터까지, 지금까지 세상을 바꿔왔고 향후 전 세계를 흔들게 될 경제 이야기를 시간 순서대로 살펴보도록 합시다.

PART 2

지식 넓히기

CHAPTER 4

시야를 넓히는 경제

포드와 아디다스:
생산의 혁신으로 시장을 주도하다

19세기 말 사람들은 자동차를 소수를 위한 사치품으로 여겼습니다. 수작업으로 만들어서 가격이 무척 비쌌기 때문이죠. 자동차를 대중화하는 데 큰 공을 세운 사람은 미국의 자동차 회사 '포드(Ford)'의 창립자인 헨리 포드입니다. 포드는 어린 시절부터 기계에 관심이 많았습니다. 15세부터 기계공으로 일하며 자동차 제작에 참여했고, 그러던 중 자동차 개발에 성공하죠. 1903년에 자동차 회사를 설립하지만 창립 3년 만에 위기를 맞습니다. 이를 극복하기 위해 새로운 생산방식을 도입하죠. 이 생산방식이 바로 자동차의 대중화를 이끌어낸 주인공인데요, 그 정체는 무엇일까요?

생산 혁신을 이끈 작업 방식, 포디즘

포디즘(Fordism)이라고 불리는 포드의 생산 체계는 일괄 작업 방식을 바탕으로 효율성을 추구합니다. 포드는 자동차의 수많은 부속품들을 표준화 해 일정하게 통일했고, 공장의 작업을 분류해 각각 정해진 자리에 배치함으로써 직원과 재료의 이동 시간을 최소화했죠. 또한 포디즘의 핵심 요소인 컨베이어 시스템 덕분에 작업물을 빠르고 정확하게 운반할 수 있었습니다. 작업자들은 컨베이어 벨트 앞에 일렬로 배치되어 정해진 업무만 수행하면 됐죠.

포드가 도입한 생산 혁신의 효과는 엄청났습니다. 작업 속도를 컨베이어 벨트의 이동 속도에 맞춰야 했기 때문에 일정한 속도로 작업하게 된 것입니다. 앞서 말한 것처럼 컨베이어 앞에 배치된 작업자들은 정해진 일만 반복적으로 수행하게 함으로써 효율성이 크게 향상되었고 대량생산이 가능해졌습니다. 대량생산으로 생산 효율을 늘리고 가격을 인하하면서 많은 사람들이 자동차를 구입할 수 있게 된 것이죠.

포드의 생산 표준화 3S

Simplification 제품의 단순화

Standardization 부품의 표준화

Specialization 작업의 전문화

포디즘으로 생산된 자동차 'T'는 25만 대의 판매기록을 세우며 대성공을 거뒀습니다. 그러나 다양하게 변화하는 소비자의 취향을 반영하지 못해 훗날 외면받게 됩니다. 또 컨베이어 속도에 맞춰 작업을 강요하는 것이 비인간적이라는 비난의 목소리도 적지 않았습니다. 한때는 최고라고 여겨졌던 생산방식도 시대가 변화하며 다른 평가를 받게 된 것이죠. 어찌 됐든 포드의 '생산 혁신'이 현재의 비즈니스에도 교훈을 주는 것은 분명합니다.

아디다스의 스피드 팩토리

아디다스는 2016년 독일에서 로봇을 이용해 생산한 운동화 '퓨처크래프트'를 처음 선보였습니다. 이 운동화를 생산한 공장의 이름은 스피드 팩토리(Speed Factory)로 임금이 낮은 나라가 아닌 독일 현지에 공장을 두고 직접 운동화를 생산하는데요, 생산방식 역시 다른 운동화 공장들과는 다르다고 합니다.

스피드 팩토리는 부분 자동화 시스템으로 운동화를 생산합니다. 로봇이 대부분의 생산과정에 투입되어 운동화를 만들어내죠. 20세기 말 포드사의 생산방식과 마찬가지로 효율적이며 대량생산이 가능합니다. 당연히 차이점도 있습니다. 소품종 대량생산 방식이었던 포드와 달리 아디다스는 다품종 대량생산으로 소비자의 다양한 취향을 반영합니다. 소비자가 홈페이지에서 원하는 디자인을 선택해 운동화를 주문하면 로봇이 '뚝딱' 만들어내죠. 같은 모양을 찍어내던 과거의 공장과는 확연히 다릅니다.

스피드 팩토리는 연간 50만 켤레의 운동화를 생산할 수 있지만 50만 켤레를 생산하기 위해 필요한 인력은 10명뿐입니다. 게다가 운동화 한 켤레를 만드는 데 걸리는 시간이 고작 5시간이라고 하니, '스피드' 팩토리라고 불릴 만하죠. 자동화 시스템으로 임금이 낮은 해외에 공장을 짓지 않았음에도 가격을 낮출 수 있고, 고객의 취향까지 즉각 반영할 수 있는 아디다스의 스피드 팩토리야말로 개성이 중시되는 현시대에 알맞은 생산방식이 아닐까요?

포드와 아디다스, 그들이 마주한 시대와 취급하는 제품은 다르지만 혁신적인 생산을 위한 노력은 같습니다. 이들을 통해 살펴보았듯 시시때때로 변화하는 시장에 대비하기 위해선 한 가지 생산방식만 고수해서는 안 됩니다. 생산의 혁신을 추구하는 경영 철학은 모든 기업가가 가져야 할 태도입니다.

조지 소로스: 나라를 무너뜨린 헤지펀드의 신화

헤지펀드(hedge fund)를 아시나요? 헤지(hedge)는 울타리라는 뜻인데요, 투자자의 자산을 보호하고 위험을 회피한다는 의미에서 이런 단어가 쓰였죠. 하지만 오늘날의 헤지펀드는 초기 의미와는 달리 고위험 고수익 펀드로 알려져 있습니다. 시장 상황이 좋든 나쁘든 상관없이 다양한 자산에 투자함으로써 큰 이익을 추구하기 때문입니다.

개인이 100명 미만의 투자자들을 모집해 자금을 운용하는 헤지펀드는 일종의 사모펀드라고 할 수 있습니다. 그래서 일반 투자자들보다는 부유한 자산가들이 선호하는 편인데요, 이들은 위험부담이 크더라도 고수익을 추구하는 투기적 특성을 가지고 있습니다.

사모펀드(private equity fund)

100인 이하의 투자자, 증권투자회사법(뮤추얼펀드)에서는 49인 이하의 투자자를 대상으로 모집하는 펀드입니다. 즉 비공개 자본이라는 의미죠. 소규모 투자자들을 비공개로 모집하고 자산 가치가 저평가된 기업에 자본 참여를 해서 기업 가치를 높인 다음 기업 주식을 되파는 전략을 취합니다.

'헤지펀드' 하면 빼놓을 수 없는 인물이 바로 조지 소로스입니다. 1930년 헝가리 부다페스트에서 태어난 조지 소로스는 유대인으로, 나치의 위협 속에서 어린 시절을 보냈습니다. 1947년 영국으로 이민을 떠난 그는 학업과 생업을 병행하며 어려운 시기를 거치고, 1956년 미국으로 또다시 이민을 합니다. 미국에서 월 스트리트 펀드매니저로 일하게 된 소로스는 큰 수익을 창출하며 금융계에 이름을 알렸죠.

1969년 조지 소로스가 짐 로저스와 함께 1만 달러(약 1,140만 원)로 설립한 투자회사 퀀텀펀드는 대표적인 헤지펀드 중 하나로, 큰 자금을 움직이는 막강한 영향력을 가지고 있습니다. 설립 후 10여 년간 4,200%가 넘는 수익률을 기록하며 금융계에서 전무후무한 성장을 보이기도 했습니다. 1949년 처음 발명된 헤지펀드는 소로스가 엄청난 수익을 올린 덕에 대중들에게 널리 알려졌고, 그는 헤지펀드 업계의 전설, 또는 헤지펀드의 대부로 평가받고 있습니다.

조지 소로스의 영향력이 나라를 무너뜨릴 정도다?

조지 소로스의 영향력은 어느 정도일까요? 소로스는 1992년 영국의 중앙은행을 굴복시킨 '검은 수요일' 사건으로 유명세를 타기 시작했습니다. 당시 영국은 환율조절 메커니즘(ERM, Enterprise Relationship Management)에 가입된 상태였는데요, 이 협정에 가입된 국가들은 통화를 ±6%의 변동 폭 이내로 유지해야 했습니다. 현재의 유로화와 같은 단일통화권을 이루기 위해서 통화가치를 일정하게 유지하려는 노력이었죠.

그러나 독일이 통일되며 독일 마르크화의 가치가 고평가되기 시작하자 위기가 찾아왔습니다. 환율조절 메커니즘의 가입국들이 변동 폭을 유지하기 위해 일제히 금리를 올린 것입니다. 영국 역시 금리를 올렸고 이로 인한 실업률 증가 등의 부작용을 피할 수 없었습니다. 결국 영국 파운드화의 가치는 점차 떨어졌습니다.

파운드화의 가치가 떨어지고 있다는 것을 파악한 조지 소로스는 파운드화를 매도하기 시작했습니다. 여기에 다른 헤지펀드까지 가담하게 되어 그 규모는 무려 1,100억 달러(약 125조 3,500억 원)에 달했죠. 영국의 중앙은행은 파운드화의 가치폭락을 방어하려 했지만 소로스와 헤지펀드의 공격에 손을 들 수밖에 없었습니다.

결국 영국은 환율조절 메커니즘에서 탈퇴했고, 소로스는 영국의 중앙은행을 무너뜨린 사나이로 유명해졌습니다. 당시 그는 일주일 만에 10억 달러(약 1조 3천억 원)를 벌어들였다고 합니다. 동시에 '세금을 가

공매도(short stock selling)

말 그대로 '없는 걸 판다'란 뜻으로, 주식이나 채권을 가지고 있지 않은 상태에서 팔아 넘기는 것입니다. 이렇게 없는 주식이나 채권을 판 후 결제일이 돌아오는 3일 안에 주식이나 채권을 구해 매입자에게 돌려주면 됩니다. 공매도는 주로 약세장(주식 혹은 채권 가격이 계속 떨어짐)이 예상되는 경우 시세 차익을 노리는 투자자가 활용하는 방식입니다. 예를 들어 A종목을 갖고 있지 않은 투자자가 이 종목의 주가하락을 예상하고 매도 주문을 냈을 경우 A 종목의 주가가 현재 2만 원이라면 일단 2만 원에 매도합니다. 3일 후 결제일 주가가 1만 6천 원으로 떨어졌다면 투자자는 1만 6천 원에 주식을 사서 결제해주고 주당 4천 원의 시세 차익을 얻을 수 있습니다.

로챈 투기꾼'이라는 영국 국민의 비난도 피하지 못했죠.

조지 소로스는 세계경제에 위기를 몰고 다니는 주범으로 꼽히기도 합니다. 각국의 화폐는 물론이고 각종 자산을 공매도함으로써 세계에 혼란을 야기한다는 평가를 받고 있는데요, 공매도는 헤지펀드가 자주 사용하는 투자기법 중 하나입니다.

특히 그와 헤지펀드들이 1997년 태국 바트화를 공매도했던 사건은 몇몇 아시아 국가들에 금융위기를 닥치게 해서 큰 비난을 받았죠. 그들은 달러를 매입하고 바트화를 시중에 매도하는 전략을 반복적으로 수행해 바트화의 가치를 폭락시켰고, 결국 서민경제에까지 어려움을 주게 되자 공개적인 질타를 피할 수 없었습니다.

악명 높은 투기꾼 vs. 천재 투자자

소로스가 악명 높은 투기꾼이라는 평가만 받는 것은 아닙니다. 몇몇 정치인들은 소로스를 천재 투자자로 여기며 자문을 구할 정도였습니다. 우리나라의 고(故) 김대중 전 대통령은 1998년 소로스를 사저로 초청해 외환위기에 대한 조언을 듣기도 했습니다.

소로스의 투자 방법이 새로운 투자 이론으로서 세계 금융 시장을 크게 발전시켰다는 평가도 적지 않죠. 또한 그는 상상을 초월하는 기부금으로 '기부천사' 이미지를 얻기도 했습니다. 1979년에는 자선단체인 열린사회 재단(Open Society Fund)을 설립하며 본격적으로 기부 활동에 나섰습니다. 소로스는 이렇게 환투기꾼, 천재 투자자, 기부천사 등의 다양한 평가를 받고 있습니다.

소로스를 옹호하는 몇몇 사람들은 소로스를 '악명 높은 투기꾼'이라고 비판하는 것을 부정하며 소로스와 연관된 경제위기들이 모두 그의 손길과 상관없이 '어차피' 닥칠 경제위기였다고 말합니다. 어쨌든 그를 옹호하는 입장과 비판하는 입장 모두 그가 세계 금융계에서 가진 영향력을 인정하고 있죠.

조지 소로스는 단순한 투자자를 넘어서 한 국가의 경제를 무너뜨릴 수 있을 정도로 큰 힘을 가지고 있습니다. 그에 대해 어떠한 평가를 내리든, 한 사람이 이렇게 많은 국가의 경제에 영향을 미칠 수 있다는 것은 무척 흥미로운 사실입니다.

폰지사기:
다단계는 어떻게 돈을 벌까?

"연 30% 고수익 보장, 지금 바로 투자하세요!"

원금 보장은 물론이고 연 20~30%의 이자율로 고수익을 보장한다는 투자 광고, 저금리 시대에 솔깃할 만한 문구입니다. 이렇게 투자회사는 원금의 몇 배를 돌려준다는 달콤한 속삭임으로 투자자들을 끌어모읍니다. 초반에는 투자자들이 바라는 대로 잘 굴러가는 듯합니다. 초기 투자자들은 정말 원금과 몇 배의 이자를 돌려받고 주변 사람들에게 해당 투자 상품을 소개하죠.

그러나 투자자가 어느 정도 모이면 회사는 문을 닫고, 초기 투자자들이 새로운 사람을 계속 끌어오면서 몇 배로 늘어났던 투자자들은 한순간에 목돈을 잃은 사기 피해자가 되고 맙니다. 이런 금융사기를 바로 폰지사기(Ponzi Scheme)라고 합니다.

다단계는 어떻게 돈을 벌까?

폰지사기는 높은 수익률을 미끼로 투자자들을 모집한 다음 신규 투자자의 투자금을 기존 투자자에게 이자와 배당금으로 지급하는 방식의 사기 수법입니다. 실제 수익 없이 새로운 투자자의 돈으로 앞서 투자한 사람에게 수익금을 지급하면서 마치 큰 수익이 있는 것처럼 속이는 것이죠. 투자회사로 위장한 사기단은 특별한 이윤 창출의 수단 없이 투자자들의 투자금으로만 수입을 얻습니다.

이런 내막은 모른 채 약속된 수익을 얻은 기존 투자자들은 투자회사에 신뢰를 가지고 더 큰돈을 투자합니다. 게다가 신규 투자자를 모집하는 데도 적극적으로 가담하죠. 신규 투자자 역시 더 나중에 가입한 투자자의 투자금으로 수익을 얻고, 새로운 투자자를 유치하는 다단계 구조가 반복됩니다. 이러한 다단계 사기는 피라미드 구조로 확장된다고 해서 '피라미드 사기'라고 불리기도 합니다.

이들의 수익 구조가 가진 문제는 피라미드 상부에 있는 일부 초기 투자자만이 수익을 얻을 수 있고, 하부로 내려갈수록 별다른 이익을 얻을 수 없다는 것입니다. 그래서 가장 마지막 단계에 있는 투자자들의 사기 피해 금액이 가장 큽니다.

찰스 폰지의 금융사기극

폰지사기는 1920년대 미국에서 다단계 사기극을 벌였던 찰스 폰지의 이름에서 유래되었습니다. 폰지는 1919년 국제우편 쿠폰이 제1차 세계대전 이전의 환율로 교환된다는 것을 미리 알고, 국제우편 쿠폰을 대량으로 매입한 뒤 이를 되팔아 차익을 얻는 수익 구조를 구상했습니다. 이 수익 구조로 원금의 100%에 이르는 고수익을 보장하며 투자자를 모집했죠. 투자자들은 약속된 수익금이 정말로 지급되자 폰지에게 재투자하며 지인을 소개했습니다.

결국 엄청난 투자자가 모여들어 갑부가 된 폰지는 미국 전역에서 유명해졌죠. 그러나 폰지가 세운 회사의 실체는 신규 투자자의 돈으로 기존 투자자의 수익금을 지급하는 다단계 사기였습니다. 시간이 지나 이를 눈치챈 사람들이 늘어나면서 폰지는 결국 파산했고, 사기 혐의로 구속되었다가 보석으로 풀려났습니다.

폰지의 사기 행각은 여기서 그치지 않았습니다. 폰지는 1925년 플로리다 개발 붐을 이용해 부동산 투자 사업을 벌입니다. 이때도 역시 고수익을 내세워 투자자를 모았고 다단계 사기 방식으로 투자금을 늘려나갔습니다. 그러다가 투자자가 더 이상 모이지 않자 폰지의 사기 행각은 모두 들통났고 다시 체포되었죠. 그 이후로 폰지는 다단계 금융 사기, 피라미드 사기의 대명사로 여겨졌으며, 폰지사기는 다단계 금융 사기를 나타내는 말이 되었습니다.

끊이지 않는 폰지사기의 피해

폰지사기 피해 사례를 보면, 투자회사에서 수많은 투자자들을 현혹할 때 언급했던 사업은 제대로 이뤄지지 않는 경우가 많습니다. 그럼에도 투자자들이 속아 넘어가는 것은 그럴듯한 말로 포장된 고수익의 유혹 때문입니다. 20~30%에 달하는 이자율이 터무니없다는 것을 알면서도 거짓으로 꾸며진 성공 사례 자료와 현란한 말솜씨로 꾸민 설명을 듣다 보면 자연스럽게 허황된 꿈을 꾸게 됩니다. 가족과 지인을 끌어들인다면 피해액은 눈덩이처럼 불어나게 됩니다. 더구나 이런 사기의 경우 사기단을 잡는다 하더라도 돈을 그대로 돌려받기는 쉽지 않습니다.

폰지사기 피해를 예방하기 위해서는 투자처를 알아볼 때부터 조심해야 합니다. 고수익을 보장한다는 말을 경계하고, 비현실적인 이자율을 제시하면 의문부터 가져야 합니다. 그리고 불법 다단계 회사와 합법적인 판매를 통해 수익을 얻는 다단계 회사를 구분할 줄 알아야 합니다. 새로운 투자자를 유치하면 수당을 지급하는 곳, 강제적으로 교육에 참여시키고 투자와 판매를 강요하는 곳은 불법 다단계 회사일 가능성이 높죠. 하지만 폰지사기 피해를 막기 위해서는 무엇보다도 "일확천금의 기적은 쉽게 찾아오지 않는다"는 말을 기억하는 것이 가장 중요합니다.

히든 챔피언: 탄탄한 경제의 보이지 않는 승리자

'세계를 이끄는 기업'이라고 하면 대부분 구글, 애플, 삼성과 같은 대기업을 떠올립니다. 그러나 뛰어난 기술력과 신선한 마케팅, 틈새시장 공략 등으로 세계를 지배하는 작은 기업들도 있는데요, 이런 회사들을 '히든 챔피언(Hidden Champion)'이라고 합니다. 이름 그대로 '보이지 않는 승리자'라는 뜻을 가지고 있습니다.

히든 챔피언은 모두가 알고 있는 대기업처럼 유명하지는 않지만 세계 시장에서 무시할 수 없는 경쟁력을 발휘합니다. 특성화된 경쟁력으로 똘똘 뭉친 히든 챔피언 기업이 최근 국가 경제성장의 새로운 원동력으로 떠오르고 있습니다. 그렇다면 이런 히든 챔피언은 어떻게 만들어질까요?

히든 챔피언의 3가지 조건

히든 챔피언이라는 말은 독일의 경영학자인 헤르만 지몬의 책 『히든 챔피언』에서 유래되었습니다. 헤르만 지몬은 히든 챔피언을 어떻게 규정했을까요? 그는 다음 3가지를 그 조건으로 제시합니다.

첫째, 시장 점유율이 세계 시장에서 1~3위 또는 대륙에서 1위인 기업
둘째, 매출액이 40억 달러(약 4조 5천억 원) 이하인 기업
셋째, 인지도가 낮은, 대중에게 잘 알려져 있지 않은 기업

즉 히든 챔피언은 대중적으로 잘 알려진 기업은 아니지만, 혁신적인 행보로 세계 시장에서 높은 점유율을 차지하는 기업들을 일컫는 말입니다. 위의 3가지 조건 외에도 히든 챔피언 기업들은 몇 가지 공통점을 가지고 있습니다. 우선 기업의 평균 수명은 60년 이상이며, 평균 매출액은 4,300억 원, 평균 성장률은 8.8%, 세계 시장 점유율은 33% 이상이라고 합니다.

히든 챔피언 기업들은 제품 자체에 집중하는 대기업과는 다르게 마케팅과 고객 서비스에 인력을 집중하는 경향이 있습니다. 고객 의견을 아주 적극적으로 반영하는 등 수요 친화적인 면모를 보이는 것이죠.

그렇다고 해서 히든 챔피언 기업들이 제품에 신경을 쓰지 않는 것은 아닙니다. 뛰어난 기술력과 전문화된 공정으로 제품을 생산하며 세계 시장 진출을 위해 노력하죠. 그 덕분에 본사보다 큰 규모의 해외 지사를 두고 있는 경우가 많습니다. 또한 히든 챔피언 기업들은 대개 직원의 역량 개발과 직업훈련에 아낌없이 투자하는 독특한 기업 문화를 가지고 있으며, 단기적으로 성장하기보다는 오랫동안 차근차근 발전해 온 기업들이 주를 이루고 있습니다.

히든 챔피언의 나라, 독일

히든 챔피언의 개념이 탄생한 나라는 독일입니다. 독일은 전 세계 히든 챔피언 기업의 절반이 몰려 있는 히든 챔피언 강국이죠. 독일 전체 수출의 50%가량을 차지하는 것도 바로 히든 챔피언 기업입니다.

독일에서 유독 많은 히든 챔피언이 탄생할 수 있었던 이유는 중소기업에 친화적인 국가 분위기 덕분입니다. 대한무역투자진흥공사(KOTRA)에 따르면 독일 전체 기업에서 중소기업이 차지하는 비율은 무려 99.7%에 이른다고 하는데요, 이 중소기업들은 독일 전체 고용의 60%가량을 책임지고 있기도 합니다. 중소기업이 독일 경제에서 중요한 역할을 수행하고 있으니 정부는 중소기업을 더욱 지원하게 되죠. 따라서 자연스럽게 세계 시장을 주도하는 히든 챔피언 기업들이 많이 탄생할 수 있었던 것입니다.

독일의 히든 챔피언은 대부분 부품이나 생산재를 대기업에 공급하는 역할을 합니다. 따라서 소비자들에게 잘 알려지지는 않았지만 고도로 특화된 기술력을 가지고 있습니다. 한 가지 분야에 전문성을 가지고 꾸준히 노력하는 장인 정신을 중시하는 독일에서는 자녀에게 가업을 물려주는 경우가 많습니다. 그렇기 때문에 비상장 가족 기업이 큰 비중을 차지합니다.

한국형 히든 챔피언이 필요하다

그렇다면 한국의 히든 챔피언은 어떤 모습일까요? 한국수출입은행은 2009년부터 '한국형 히든 챔피언 육성 사업'을 실행하는 등 중소기업의 성장을 지원하기 위한 노력을 이어왔습니다. 세계적인 경제 불황 속에서도 지속적인 성장세를 보인 독일의 히든 챔피언처럼, 중소기업을 통해 국가경쟁력을 확보하겠다는 계획입니다.

한국형 히든 챔피언의 경우 국내 경제 상황에 맞춘 새로운 기준을 가지고 있습니다. 수출이 3억 달러(약 3,400억 원) 이상이고 세계 시장 점유율이 5위 이내인 기업, 또는 매출이 1조 원 이상이고 수출 비중이 50% 이상인 기업이 한국형 히든 챔피언에 해당합니다.

중소기업의 성장과 히든 챔피언 육성 사업은 경제발전의 튼튼한 버팀목이 될 수 있을 뿐만 아니라 고용 창출 효과로 취업난 해소에 기여할 수 있습니다. 실제로 강소기업에 취업을 희망하는 사람들도 크게 늘고 있는 추세인데요, 아직 갈 길이 멀지만 기업생태계를 잘 정비해 대한민국도 히든 챔피언 강국으로 거듭나기를 바랍니다.

가계부채:
언제 터질지 모르는 시한폭탄

가계부채 문제로 대한민국이 시끌시끌합니다. 정부는 대출을 좀더 어렵게 하는 새로운 대출 기준을 내놓고, 정치인들 역시 앞다퉈 가계부채의 해결방안을 제시하고 있습니다. 경제뉴스의 앞면을 화려하게 장식하는 가계부채, 왜 문제가 되는 것일까요?

가계부채란 '일반 가정이 가지고 있는 빚'을 뜻합니다. 이는 일반 가정이 금융기관에서 빌린 대출금과 신용카드를 이용해 외상으로 구입한 금액을 합한 것이죠. 전자를 '가계대출', 후자를 '판매신용'이라고 합니다. 기록이 불분명한 사채는 가계부채에 포함되지 않습니다.

'가계부채 1,500조 원 시대' 그 원인은?

대한민국의 가계부채는 어느 정도일까요? 한국의 가계부채는 2016년 말 사상 최대 금액이었던 1,300조 원을 돌파한 후 증가하더니, 2018년 2분기 말 기준 1,493조 2천억 원을 기록하며 1,500조 원에 근접했습니다. 2018년 경제성장률 전망치는 2%대인 반면 가계부채 증가율은 7%대(2018년 2분기 기준)를 기록해 큰 우려를 낳고 있습니다.

게다가 가구별 금융부채를 조사한 결과 자산보다 부채를 더 많이 가지고 있는 가구가 크게 증가한 상황입니다. 또한 정부의 가계부채 관리 방안 발표 이후 대출 규제가 강화되면서 은행권 대출은 감소했으나, 대출 수요가 비은행권으로 몰리며 제2금융권의 가계부채가 큰 폭으로 증가했죠. 이렇게 가계부채가 계속 늘어만 가는 이유는 무엇이고 사람들이 대출을 받는 이유는 무엇일까요?

우선 몇 년 동안 유지되었던 은행의 저금리 정책이 가계부채 증가의 원인 중 하나로 꼽히고 있습니다. 금리가 낮기 때문에 은행에 맡겼던 돈이 빠져나간 것이죠. 사람들은 은행보다 높은 수익을 안겨줄 새로운 투자처로 아파트 등 부동산으로 눈을 돌리기 시작했습니다. 문제는 이들이 본인이 가지고 있던 돈으로 투자한 것이 아니라, 낮은 이자를 이용해 주택담보대출과 부동산담보대출을 받아 투자했다는 것이죠. 그러면서 주택담보대출은 가계부채의 70%에 육박하는 지경에 이르렀습니다.

이런 상황에서는 가계부채의 해결방안으로 떠오른 대출 규제 또한 악영향을 끼칠 수 있습니다. 앞서 말한 것처럼, 은행권에 규제가 가해지면 대출 수요가 이율이 높은 비은행권으로 몰리는 풍선효과*가 나타나 오히려 가계부채가 증가할 수 있기 때문이죠. 이를 막기 위해 정부는 일부 은행이 아닌 전 금융권에 대한 규제를 실시할 것이라고 말했습니다. 이 밖에도 경기침체로 가정의 소득이 줄어들며 생활비 마련을 위한 생계형 대출이 늘었다는 분석도 있습니다.

---

* 어떤 부분에서 문제를 해결하면 또 다른 부분에서 새로운 문제가 발생하는 현상. 사회적으로 문제가 되는 상황을 규제하면 규제되지 못한 방법으로 비슷한 문제를 일으킨다는 것이다.

가계부채, 도대체 뭐가 문제야?

국가도 아니고 일반 가정이 빚을 지는 건데 왜 큰 문제가 되고 있는 것일까요? 금리가 오를 가능성이 있다는 것이 가장 치명적인 이유입니다. 미국 금리가 지속적으로 인상되면서 국내 금리도 글로벌 금리 인상 추세에 맞춰 조금씩 오를 것이라는 전망이 나오고 있습니다. 금리, 곧 대출이자율이 상승한다면 저신용, 저소득층, 영세사업자 등의 취약 계층은 빚을 갚지 못해 파산할 가능성이 높아집니다.

파산까지는 하지 않더라도 가계가 빚을 갚기 위해 소비를 줄이면 기업의 수익성이 악화되면서 시장 경기가 침체될 수 있습니다. 게다가 기업의 위기는 고용 위축으로 이어지고, 고용 위축은 또다시 가계에 부담을 주어 부채 상환 능력을 감소시키죠. 이런 악순환이 반복되며 국가 경제에 큰 타격을 줄 수 있기 때문에 가계부채의 증가는 국가 신용도를 떨어뜨리는 주범이 되는 것입니다.

가계부채 문제를 해결할 수 있을까?

그렇다면 가계부채 문제를 해결할 수 있는 방안으로는 어떤 것들이 있을까요? 전 금융권에 대한 대출 규제나 고정금리 적용 외에도 채무불이행 리스크를 줄이는 것이 주요 과제로 떠오르고 있습니다. 가계가 부채를 상환하지 못한다면 재산을 압류당하는 최악의 상황에 처하거나, 신용불량자가 되어 경제적으로 여러 가지 제약을 받게 됩니다. 빚을 갚지 못했다고 무작정 이런 상황에 밀어넣기보단 취약계층이 빚을 갚으면서 경제활동도 제대로 할 수 있도록 돕는 효율적인 지원 정책이 절실한 실정입니다.

이러한 위험 요소가 있다고 해서 가계부채가 무조건 나쁜 것만은 아닙니다. 장기적으로 본다면 부채도 일종의 자산이기 때문에 소득이 많지 않은 가계에서는 효율적으로 자산을 늘리는 수단이 될 수도 있는데요, 그렇기 때문에 부채를 무조건 배척하기보다는 올바르게 이용하는 것이 가장 중요합니다. 갚을 수 있는 한도를 지키고, 현명한 상환 방식을 선택해야 하겠죠.

결국 언제 터질지 모르는 시한폭탄인 가계부채를 줄이기 위해서는 정부의 효율적인 지원 정책과 각 가정에서 대출을 현명하게 활용하려는 노력이 필요합니다.

구조조정에도 종류가 있다

'구조조정' 하면 억울하게 일자리를 잃은 사람들을 떠올리기 쉽습니다. 일반 근로자 입장에서는 구조조정을 일방적인 해고 통보 등의 부정적인 의미로 인식할 수 있으니까요. 그런데 구조조정은 정말 대량 해고만을 의미하는 것일까요?

구조조정이란 무엇일까?

구조조정은 사업 구조를 효율적으로 개편하기 위한 경영 전략을 의미합니다. 그런 의미에서 비즈니스 리스트럭처링(Business Restructuring)이라고 부르기도 하며, 일종의 기업 개혁 작업으로 여겨지죠. 그 개혁은 근로인원 감축 외에도 부동산 등의 자산 매각, 사업의 축소나 통폐합, 타 기업과의 제휴, 새로운 분야의 연구개발 등 다양한 방식으로 이뤄집니다.

기업의 구조조정은 주로 경기침체나 관련 사업 분야의 위기 등 경제, 경영 환경이 나빠졌을 때 실시합니다. 또한 기업의 경영진이 교체되었을 때나 여러 이유로 인해 경영 부실화가 지속되었을 때, 그리고 특정 분야에 혁신이 필요할 때 시행되기도 합니다.

구조조정은 기업에 치명적인 어려움이 닥쳐 더 이상 경영을 지속하기 힘들 때 이뤄질 수도 있습니다. 그렇기 때문에 근로자와 투자자는 기업의 구조조정 결정을 주의 깊게 지켜봐야 합니다. 이런 경우 대부분의 기업은 수익을 끌어올리거나 부채를 크게 줄일 수 있는 방향으로 구조조정을 시행합니다.

그렇다면 구조조정은 어떻게 이뤄질까요? 기본적으로는 효율성을 추구하는 것이 가장 중요한 사안으로 꼽힙니다. 효율성은 경영 방식을 재정비함으로써 확보할 수 있죠. 부서의 통폐합, 인력의 재배치 등으로 비용을 감축하고 회사가 보유한 자산이나 건물, 부지 등을 매각해 경영 비용을 충당하기도 합니다.

구조조정의 두 얼굴

구조조정이 성공적으로 시행된다면 경영이 안정되고 기업의 경쟁력이 강화될 수 있습니다. 소비자의 욕구를 더욱 적극적으로 반영해 더 좋은 제품과 서비스를 제공하게 될 수도 있죠. 그리고 장기적으로는 국가 경제에도 좋은 영향을 줍니다.

그렇지만 구조조정이 잘못 시행된다면 독으로 작용할 수도 있습니다. 특히 인력 감축은 당장 기업의 운영 비용을 줄일 수 있지만 장기적으로 직원들의 삶을 불안정하게 만들고, 구조조정 반대 파업이 일어날 수도 있습니다. 인력 감축은 사회적 혼란을 불러올 수 있는 만큼 기준의 투명성과 합리성을 따져 부당해고는 아닌지 철저히 따져봐야 합니다. 또한 기업의 이미지가 악화될 수도 있기 때문에 투자 철회 등의 위험에도 대비해야 합니다.

인원 감축이나 사업을 통폐합하는 과정에서 인재를 잃거나 사업 노하우를 잃는 경우도 있으며, 다른 기업과 협력하다 사내 중요 기밀이 유출되는 경우도 있습니다. 중요한 것은 구조조정을 실행할 때 위험 요소에 대비하며 합의를 통해 단계적으로 변화하는 것입니다.

구조조정의 성공 사례와 실패 사례

먼저 성공 사례를 살펴봅시다. 미국의 자동차 기업 GM의 이야기입니다. 금융위기 이전까지 세계 1위 자리를 지켰던 GM은 2009년 경영난에 부딪히며 파산보호를 신청합니다. 당시 GM의 부채는 자산의 2배 이상으로 심각한 수준이었고 GM은 전문가들을 소집해 구조조정에 돌입했죠. 그 결과 GM의 생산 규모는 3개월 만에 1,700만 대에서 1천만 대로 감축됐으며, 2만여 명의 인력 감축도 시행되었습니다. 8개 브랜드를 절반으로 축소했고, 일부 판매점과 공장을 폐쇄하기도 했죠. 임금 삭감과 퇴직자 지원 중단도 피할 수 없었습니다.

그러나 이런 과정을 통해 GM은 1년 후인 2010년 흑자로 전환되었고 판매량도 경영난 이전보다 크게 성장했습니다. 과감하고 신속한 결단력이 GM 구조조정의 성공 요인으로 꼽히고 있죠.

다음으로 일본의 장기 불황을 통해 실패 사례를 알아볼까요? 일본은 1990년대 초반 경제 불황에 휩싸였습니다. 그런데 구조조정을 과감하게 단행하지 못하고 10년 이상 끌어오다가 결국 20년간의 장기 불황을 겪게 되었죠.

그동안 실행된 경제 정책들은 정권이 바뀔 때마다 모습을 감추며 장기적인 효과를 내지 못했습니다. 일본 기업들조차 위기의식을 느끼지 못하고 일반적인 경기 불황 대책만 내놓으며 적극적으로 행동하지 않았습니다. 불황이 지속되자 일본 기업들은 종신 고용제를 앞세워 신규 채용을 연기하기도 했습니다. 청년층의 경제활동에 제약이 생기자 경제 불황은 더욱 심화될 수밖에 없었습니다. 이 밖에도 여러 기업이 혁신에 실패했고, 장기간 혼선을 빚으며 '잃어버린 20년'을 자초했다는 평가를 받습니다.

민영화의 성패: 민영화는 무조건 나쁜 걸까?

챕터 1에서 공기업과 사기업의 차이를 배웠는데요, 공기업에 대한 이야기를 좀더 해볼까 합니다. 우리가 알고 있는 공기업이나 공공기관이 민영화를 추진하겠다는 의지를 밝히면 사회가 떠들썩해집니다. 민영화를 찬성하는 입장과 반대하는 입장으로 나뉘어 팽팽히 맞서기도 하죠.

민영화는 국가가 보유하던 기업의 소유권을 민간으로 넘기는 것을 말합니다. 다시 말해 국가나 공공단체가 운영하던 공기업이나 공공기관을 민간 기업으로 바꿔서 규제를 완화하고 시장의 원리에 맡기는 작업이라고 할 수 있죠. 민영화는 토지나 주식과 같은 자산을 민간에 매각하거나 계약을 통해 기업의 소유권을 민간에 위탁하는 등 여러 가지 방법으로 이뤄집니다.

민영화는 왜 필요할까?

공기업과 공공기관은 대부분 정부의 지원 아래서 안정적인 수익을 얻습니다. 또한 관련 분야에서 독점적인 경영을 펼치기 때문에 비효율적으로 운영되기도 합니다. 하지만 민영화가 이뤄지면 시장의 자유경쟁에 뛰어들어야 하므로 서비스나 제품의 품질과 비용이 향상될 수 있습니다. 이전보다 효율성을 추구하게 되는 것이죠.

공기업과 공공기관은 정치적 목적으로 악용될 가능성도 있습니다.

정치적 이해관계에 따라 비효율적인 사업을 계획하고, 옳지 않은 투자를 행할 수도 있죠. 하지만 민영화가 이뤄진다면 이러한 정치적 이용에 따른 비용 낭비도 막을 수 있습니다.

그뿐만 아니라 민영화는 정부의 간섭을 최소화해서 적극적인 경영활동에 도움을 줍니다. 작은 정부가 구현되는 것이죠. 게다가 민간경제에 희소식입니다. 공무원이 아닌 민간 직원을 고용하기에 일자리 창출 효과를 얻을 수 있고, 민간 자본이 경제 활성화의 밑거름으로 활용됨으로써 국가재정을 아끼는 효과도 얻을 수 있습니다.

때로는 공기업의 효율성을 추구하는 차원을 넘어서 적자 경영과 재정난에서 빠져나오기 위해 민영화를 시행하기도 합니다. 대부분의 공기업과 공공기관은 국민의 복지를 우선시하다가 재정난에 맞닥뜨리곤 합니다. 이런 상황에서 민영화를 실시하면 국가 입장에서는 골칫덩어리였던 적자 사업에서 탈출하고, 민간 입장에서는 이미 사업 제반이 마련된 기업을 맡게 되는 것입니다.

그러나 민영화의 부작용도 만만치 않습니다. 공기업의 민영화는 민간 기업의 독점화로도 이어질 수 있기 때문입니다. 또한 사기업의 목적은 국민의 복지보다는 이윤 창출이 더 우선이기 때문에 이익을 극대화하기 위해 서비스 품질을 떨어뜨릴 수 있고, 가격을 터무니없이 높게 올릴 수도 있습니다. 게다가 민영화된 기업은 국가 차원에서 논의되어야 할 중대한 문제를 멋대로 결정하거나 기존 직원을 함부로 해고하는 등 독점 지위를 남용해 공익을 해칠 수도 있습니다.

한편 적자 상태인 기업의 소유권을 민간으로 넘겼을 때 파산의 위험성도 간과할 수 없습니다. 민영화 후 파산하게 되면 국가와 민간기업 사이에서 책임의 소재가 불분명해지기 때문에 여러 부작용이 예상됩니다. 이 밖에도 공기업과 사기업의 차이점들로 다양한 문제점이 발생할 수 있습니다.

민영화의 성공 사례

우리나라의 대표적인 민영화 기업으로 한국통신공사(KT), 한국담배인삼공사(KT&G), 포항제철(POSCO) 등이 있으며, 대부분 건재한 모습입니다. 민영화가 이뤄진 기업 중에는 정부로부터 완전히 독립하지 못해서 정권이 바뀔 때마다 권력에 좌지우지되는 기업들도 있었고, 정부의 간섭을 최소화하며 혁신적인 경영을 펼치는 기업들도 있었습니다. 특히 KT&G는 눈부신 성과를 보이며 성공한 민영화 기업으로 평가받고 있습니다.

KT&G는 2002년 민영화된 이후 여러 회사들을 인수해 사업 영역을 확장했습니다. 2004년엔 영진약품공업을, 2011년엔 소망화장품을 인수해 제약과 화장품 분야에 뛰어들었죠. 사업을 확장하면서도 주력 상품인 담배와 홍삼을 살뜰히 챙겼습니다. 인도네시아의 담배 기업을 인수해 담배 분야에서 해외시장을 개척하기도 했습니다. 이런 노력 덕분에 KT&G는 세계 50여 개국에 제품을 수출하는 글로벌 기업으로 성장했죠.

KT&G의 또 다른 성장 원동력은 공격적인 해외투자와 다양한 제품

개발이었다고 합니다. 그 결과 아시아, 아프리카, 중남미 등 신흥 시장을 개척하고 큰 호응도 얻게 되었는데, 그중 '에쎄(ESSE)'는 성공적인 브랜드 이미지 구축으로 수출 주력상품이 되었습니다.

민영화가 된 이후 매출 역시 크게 성장했습니다. 2002년 2조 306억 원에서 2014년 4조 1,129억 원으로 증가한 것이죠. 시가총액 역시 3조 원에서 11조 원으로 눈에 띄게 성장했습니다. 민영화 이후 KT&G의 적극적인 행보와 혁신적인 제품 생산은 국가 경제에도 긍정적으로 기여했다는 평가를 받고 있습니다.

민영화의 실패 사례

반면 민영화에 실패한 사례도 있습니다. 철도 사업의 경우 안전이나 비용 측면에서 국민의 삶과 직결되어 있기 때문에 철도 민영화는 거센 찬반 논란에 휩싸입니다. 여러 국가에서 철도 민영화를 시행했지만 모두 성공하지는 못했는데요, 특히 영국의 철도 민영화는 실패 사례로 자주 언급됩니다.

영국은 1994년 보수당의 주도로 철도 민영화를 시행했습니다. 선로와 차량, 역사 등을 쪼개 민간으로 넘겼죠. 당시 영국은 철도 민영화로 인해 교통 운임이 저렴해질 것이라고 예상했습니다. 그러나 기대와 달리 비용은 크게 인상되었습니다. 영국의 물가 인상률보다 철도 운임 인상률이 3배 가까이 더 높았다고 합니다.

보수당은 운임 인상 문제와 더불어 잦은 사고와 재정 부담으로 인한 철도 민영화의 실패를 인정해야만 했죠. 민영화된 철도에서 잇달아 사고가 발생하자 사고 수습으로 악화된 민간 사업자의 재정 대신 정부의 재정이 투입되어 재정 부담을 초래한 것입니다.

최근에는 민영화 이후 공정한 경영 방식을 유지하는 것이 핵심 과제로 떠오르고 있습니다. 이를 위해서는 낙하산 인사를 두거나 정부의 입김에 휘둘려 사업을 기획해서는 안 됩니다. 이때 중요한 것은 정부와 민간의 상호작용입니다. 득과 실을 잘 따져 민간에 기회를 제공하고, 효율성을 증대하는 민영화가 이뤄져야 할 것입니다.

양적완화: 그들이 돈을 푸는 이유

만약 하늘에서 돈이 떨어진다면 어떻게 될까요? 시중에 있는 돈이 마구마구 늘어난다면요? 돈이 흔해지고 쉽게 얻을 수 있게 되면 당연히 가치는 떨어집니다. 즉 통화량이 증가하면 통화가치는 하락하죠.

이렇게 시중에 돈이 많아져서 화폐가치가 떨어지면 무슨 일이 벌어질까요? 과연 좋은 점이 있긴 할까요? 돈을 많이 가지고 있진 않지만 그나마 가지고 있는 돈의 가치가 떨어진다면 결코 좋은 현상이 아닌 것 같은데 말이죠. 하지만 예상과 달리 화폐가치가 떨어지면 얻을 수 있는 몇 가지 장점이 있습니다.

우선 우리나라의 화폐가치가 떨어지면 다른 나라에서 표시되는 우리나라 상품의 가격이 낮아져서 수출 경쟁력이 강화됩니다. 또한 화폐

가치가 떨어지면 국내 물가가 오릅니다. 예전에는 1천 원이던 물건을 이제는 1천 원만으로 살 수 없고, 같은 물건이라도 돈을 더 줘야 하는 상황이죠. 이렇게 물가가 오르면 시장에 흐르는 돈이 많아지기 때문에 전체 경기가 활발해집니다.

그리고 돈을 빌릴 때 붙는 이자율 역시 하락합니다. 그래서 많은 사람들이 금전적 여유를 가지게 되고, 여유가 생기는 만큼 소비는 증가하죠. 소비가 증가하는 만큼 기업이 성장해 실업률이 감소하는 효과도 볼 수 있습니다. 결국 시중에 풀린 돈이 많아진다면 침체됐던 경기가 회복될 수 있는 것입니다. 이렇게 돈을 푸는 것을 바로 '양적완화'라고 합니다.

돈을 풀어 경기를 회복시키는 양적완화

양적완화는 더 이상 금리를 인하할 수 없는 초저금리 상태일 때 시행되는 정책입니다. 금리 인하로는 경기 부양 효과를 볼 수 없으니 의도적으로 시장에 돈을 풀어 경기를 회복시키려는 것이죠. 돈을 푸는 주체는 각 나라의 중앙은행입니다. 중앙은행은 국채나 공채를 포함한 여러 자산을 사들여 통화량을 늘립니다.

그러나 양적완화 정책에 장점만 있는 것은 아닙니다. 물가 상승 때문인데요, 갑작스러운 물가 상승에 고통받는 서민들도 분명히 있을 것입니다. 특히 양적완화 정책 이후 경제 활성화에 실패한다면 오른 물가 때문에 받는 고통이 양적완화의 효과보다 커지겠죠.

양적완화의 효과=경제 활성화

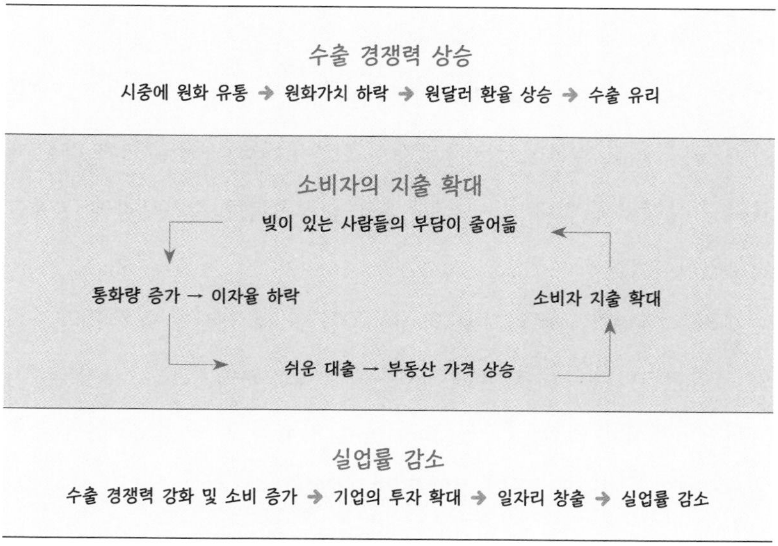

양적완화로 금리가 떨어졌다고 해서 무조건 대출과 소비가 늘어난다고도 볼 수 없습니다. 빚이 이미 많다면 아무리 금리가 떨어진다 하더라도 부채 부담이 크게 줄어들지는 않을 것입니다. 게다가 이자율이 하락하면 은행의 수익성에 치명적인 타격을 입힐 수도 있죠.

그리고 양적완화로 인해 환율이 상승하면 수출이 유리해진다고는 하지만 거래하는 수입국의 입장에선 자국 상품이 상대적으로 더 비싸지는 등의 손해를 보는 것이기 때문에 무역 시 방어태세를 갖출 수도 있습니다. 또 시중에 풀린 돈이 경제적 우위를 차지한 일부 집단에만 몰리면서 양극화 현상이 극심해질 수도 있죠. 결국 양적완화 정책이 항상 이상적인 경제성장으로 이어지는 것은 아니라고 할 수 있습니다.

양적완화 정책은 어떻게 이뤄졌을까?

역사적으로 대규모 양적완화가 이뤄진 사례는 많습니다. 유럽 국가들과 미국, 그리고 일본에서 시행됐으며 그중 미국의 양적완화가 가장 대표적인 사례로 꼽힙니다. 미국이 해당 양적완화로 경기부양에 성공한 덕분입니다.

미국은 2008년 금융위기 이후 6년 동안 총 세 차례에 걸쳐 양적완화를 시행했습니다. 그동안 풀린 돈은 무려 4조 원에 이르죠. 1차와 2차 양적완화에서 뚜렷한 성과를 보지 못한 미국은 안 좋은 경제 상황 속에서 2012년 3차 양적완화 정책을 발표했습니다.

3차 양적완화의 주요 내용은 모기지담보증권(주택저당증권)을 매달 400달러(약 45만 원)씩 매입하고, 0%대의 기준금리를 2015년 중반까지 유지한다는 것이었습니다. 그 파급효과는 엄청났는데요, 마이너스를 기록하던 경제성장률이 플러스로 돌아섰고, 2014년 2분기에는 46%를 기록하기도 했습니다. 2008년 말 10%에 육박했던 실업률은 양적완화 종료가 선언된 2014년 상반기에 4.6%까지 하락했으며, 실제로도 많은 일자리가 창출되었습니다.

한국판 양적완화의 시행?

최근 우리나라에서도 양적완화에 대한 관심이 높아지고 있습니다. 2016년에는 한국판 양적완화 실행 방법을 두고 격렬한 찬반 논란이 빚어지기도 했는데요, 당시 한국판 양적완화 논란의 키워드는 '조선·해운업 살리기'였습니다. 한국 경제에서 큰 역할을 차지하고 있는 조선·해운업이 위기에 처하자 국가 차원에서 이들을 살려야 한다는 것이었죠. 한국은행이 국내 조선·해운업의 주 채권은행인 산업은행의 채권을 매입한다는 것이 한국판 양적완화의 주요 내용이었습니다.

이에 대해 "조선·해운업을 살려야 나라가 산다"는 의견과 "특정 기업을 위해 양적완화를 시행하는 것은 옳지 않다"라는 의견이 팽팽하게 대립했습니다. 양적완화는 시기상조라는 반응도 적지 않았고요. 결국 한국판 양적완화가 실제로 이뤄지지는 않았지만 해당 이슈는 최근에도 경제인들과 정치인들 사이에서 민감하게 다뤄지고 있습니다.

양적완화는 국가의 경제에 큰 영향을 끼치는 만큼 꼭 필요한 시기에 올바르게 시행되는 것이 가장 중요하지 않을까요?

쉬어가기: 베어링은행 파산 사건

200년이 훌쩍 넘는 역사를 가진 세계적인 은행이 한 직원의 무모한 투자와 불법 거래로 한순간에 파산한 충격적인 사건이 있었습니다. 바로 영국의 베어링은행 파산 사건입니다.

1762년 영국 런던에서 창립된 베어링은행은 1995년 중반까지 230여 년의 전통을 자랑하던 영국의 대형 은행이었습니다. 그런데 1995년 당시 베어링은행의 싱가포르 지점에서 근무하던 직원 니콜라스 리슨의 치명적인 실수로 인해 파산의 길로 내몰렸죠. 파생 금융 상품의 한 종류인 선물거래에서 발생한 손실과 그 손실을 감추기 위해 계속되었던 투자는 결국 명문 베어링은행을 파산에 이르게 했습니다. 베어링은행 파산 사건의 주인공인 파생 금융 상품과 선물에 대해 먼저 알아볼까요?

예상치 못한 금리나 환율, 주가의 변동은 금융 상품의 거래자에게 큰 손실을 입힐 수 있습니다. 그리고 이러한 위험을 최소화하기 위해 등장한 금융 상품이 바로 '파생 금융 상품'입니다.

파생상품이란 한마디로 예금, 주식, 채권, 원자재 등의 기초자산을 응용해서 만든 상품입니다. 이런 상품은 그 가치가 기초자산의 변동에서 파생되어 결정되기 때문에 '파생상품'이라 불리게 된 것이죠. 파생상품 거래 대상이 되는 기초자산은 주식·채권·통화 등의 금융 상품과 농·수·축산물 등의 원자재가 있으며, 합리적이고 적정한 방법에 따라 가격이 산출되고 평가가 가능한 것은 모두 포함될 수 있습니다.

파생상품의 원리를 쉽게 설명하면 이렇습니다. 예를 들어 어떤 기업이 수출 대금을 한 달 뒤 달러로 받기로 했습니다. 그런데 한 달 사이 달러의 가치가 떨어진다면 달러로 수출 대금을 받는 것은 기업에 손해가 됩니다. 이러한 손실 위험을 피하기 위해 한 달 뒤에도 현재의 달러 가치를 적용해서 대가를 받겠다는 약속을 하고 증서를 교환합니다. 다시 말해 현재 원화환율이 1천 원(상품원가+이익이 포함된 가격)이라고 한다면 이 금액으로 파생상품 거래를 약정하고 일정 기간 후 대금을 지불받을 때 당시 원화환율이 700원으로 떨어졌더라도 미리 약정한 1천 원으로 대가를 받을 수 있도록 보장하는 것이죠. 이때 그 약속을 보장하는 증서가 바로 파생상품입니다.

파생상품은 1970년대 미국에서 처음 도입되었습니다. 파생상품 중에서 대표적인 것으로는 선물, 옵션, 스와프가 있습니다. 이 중 선물거래(future trading)는 위에서 본 사례처럼 미래의 일정 시점에 현재 약정된 가격으로 거래할 것을 약속하는 것입니다. 미래의 가치가 어떻게 변할지 예상해 사고파는 것이라고 볼 수 있죠.

베어링은행을 파산시킨 니콜라스 리슨은 고위험 파생상품 거래를 통해 큰 성공을 거두며 스타 펀드매니저로 떠오른 선물거래 전문 딜러였습니다. 1993년에는 싱가포르 지점 수익의 20%를 혼자 벌어들여 수백만 파운드의 보너스를 받기도 했죠. 주가 선물거래에서 큰 수익을 창출해 경영진의 신임을 한 몸에 받았던 리슨은 싱가포르 거래소와 일본 오사카 거래소 간의 닛케이 주가지수 차익을 이용해 수익을 얻으려 했습니다. 싱가포르 시장의 규모가 오사카 시장에 비해 작아 시세 반영이 늦게 이뤄지는 것을 이용해 차익을 얻고자 한 것이죠.

1995년 1월 리슨은 일본 증시가 크게 오를 것으로 예상해 닛케이지수 선물에 거액을 투자했습니다. 그러나 1월 17일 발생한 고베 대지진으로 닛케이지수가 폭락하자 큰 손실을 입게 됩니다. 하지만 이것이 끝은 아니었죠. 리슨은 일본 증시가 회복될 것이라고 예측하고 이를 만회하기 위한 추가 투자를 멈추지 않았습니다. 손실은 점점 불어났고, 끝내 14억 달러(약 1조 6천억 원)를 잃게 되어 베어링은행을 파산으로 몰고 갔죠.

사실 파생 금융 상품 자체에 위험성이 존재하는 것도 맞지만 베어링은행을 파산으로 몰고 간 이면에는 불법 거래가 존재했습니다. 리슨은 투자 실패로 인한 손실을 감추기 위해 별도의 통장을 가지고 있었는데요, 이 불법 계좌에 손실을 감춰 본사에서는 이를 모르게 한 것입니다.

불법 계좌에 손실을 감춤으로써 회사에 다시 자금을 요청할 수 있었고, 그렇게 받은 회사 돈으로 무리한 투자를 반복한 것이죠. 결국 실패의 악순환이 반복되며 손실은 더욱 커졌고, 본사에서 사실을 알게 되었을 땐 이미 늦은 상황이었습니다. 베어링스 그룹은 겨우 1파운드(약 1,400원)에 네덜란드 최대 금융그룹인 ING 그룹으로 인수되었고, 베어링은행은 끝내 파산합니다.

니콜라스 리슨은 파생상품의 위험성을 간과했을 뿐만 아니라 불법 거래를 일삼아 233년 전통의 세계적인 은행을 파산시켰습니다. 그러나 모든 책임이 리슨 한 사람에게만 있는 것은 아닙니다. 베어링은행 역시 직원 1명을 지나치게 신뢰하고 그에게 모든 결정권을 넘기는 실수를 범했죠. 게다가 소홀한 감시 체계로 불법 계좌 개설과 같은 범법 행위를 전혀 눈치채지 못했습니다.

나중에 밝혀진 바에 따르면 당시 베어링은행의 경영진들조차 파생 금융 상품과 선물거래에 대해 자세히 알지 못했다고 합니다. 게다가 위험에 대한 그 어떤 대처 방법도 마련되어 있지 않았죠. 꾸준한 내부 모니터링과 위험 상황에 대한 빠른 대처, 그리고 파생 금융 상품에 대한 충분한 연구가 있었다면 베어링은행은 첫 투자 실패를 충분히 이겨내지 않았을까요? 그랬더라면 아마 베어링은행은 파산을 면하고 그 역사를 계속 이어나갔을 것입니다.

CHAPTER 5

세상을 이끄는 마케팅

산타를 만들어낸 코카콜라의 마케팅

'크리스마스' 하면 떠오르는 사람이 있죠. 바로 산타클로스입니다. 어린 시절 한 번쯤은 산타를 기다리며 밤을 지새운 경험이 있을 텐데요, 당신이 생각하는 산타클로스는 어떤 모습인가요? 아마 빨간 옷을 입고 희고 풍성한 수염을 기른 푸근한 할아버지를 떠올릴 것 같습니다.

산타클로스 전설의 실제 모델로 알려진 성 니콜라스(Saint Nicholas, 270~343)는 4세기경 어린아이들에게 선물을 나눠주는 등 여러 선행을 베풀던 성직자였습니다. 유럽 전역에서 유명해진 그의 이야기가 미국에 전해지자 미국인들은 그의 이름을 '산타클로스(Santa Claus)'라고 발음했고, 이 이름이 지금까지 전해져 세계 여러 나라에서 통용되고 있습니다.

코카콜라, 산타에 빨간 옷을 입히다

그런데 성 니콜라스의 생김새는 우리가 생각하는 산타의 모습과 전혀 달랐다고 합니다. 그는 야위고 키가 컸으며 빨간 옷을 입지도 않았죠.

지금 우리가 알고 있는 산타클로스의 모습은 언제, 어떻게 만들어졌을까요?

코카콜라의 마케팅을 이야기하기 전 산타클로스를 먼저 설명한 이유가 바로 여기에 있습니다. 지금의 산타클로스를 만드는 데 상당한 역할을 코카콜라가 했기 때문입니다. 콜라 회사가 산타클로스를 만들게 된 사연은 1930년대로 거슬러 올라갑니다.

1931년 겨울철 콜라의 판매가 급감하며 매출이 저조해지자 코카콜라는 많은 사람들에게 호감을 얻을 수 있는 산타클로스를 내세워 새로운 광고를 제작합니다. 당시 코카콜라의 광고 디자인을 담당하던 헤든 선드블룸이 그린 산타클로스는 코카콜라의 로고를 상징하는 빨간색 복장을 입고, 콜라의 거품을 상징하는 희고 풍성한 수염을 가지고 있었습니다. "활력을 주는 잠깐의 휴식"이라는 문구와 함께 산타클로스의 포근하고 정겨운 모습을 그려낸 광고였죠.

산타클로스를 이용한 코카콜라의 홍보 전략은 한 번으로 그치지 않았습니다. 이후 계속되었던 광고에서도 매번 다른 상황에서 다른 포즈를 취하고 있는 산타클로스의 모습이 그려진 것입니다. 배경이나 스토리는 광고마다 달랐지만 빨간 옷에 흰 수염, 그리고 푸근한 인상의 산타클로스는 한결같았습니다.

서체부터 배색, 각도에 이르기까지 코카콜라의 광고에 사용되는 모든 것들은 철저한 계획 아래 제작되었습니다. 정형화된 산타클로스의 모습 역시 브랜드를 홍보하려는 치밀한 전략의 일부였죠. 산타클로스를 통해 브랜드의 정체성을 구축하려는 꾸준한 노력은 곧 '산타클로스' 하면 '코카콜라'가 생각날 정도로 소비자들에게 깊숙이 인식되었고, 이는 코카콜라 브랜드의 성공 요인으로 꼽히기도 했습니다.

코카콜라의 마케팅이 세계로 확장됨에 따라 '코카콜라 표' 산타클로스는 세계의 크리스마스 문화로 정착되었습니다. 이렇듯 성공적인 마케팅은 브랜드 이미지를 구축하고, 매출을 올리는 것뿐만 아니라 새로운 문화를 창조하기도 합니다.

코카콜라는 산타클로스를 이용한 광고 외에도 시기와 장소에 적합하면서 기발한 마케팅을 여러 차례 진행해왔습니다. TV 광고를 통한 북극곰 캠페인과 응원의 메시지를 병에 적어 판매했던 감성 마케팅 등이 대표적입니다. 또한 아프리카의 상점에 코카콜라 냉장고를 무상으로 설치하는 등 아프리카 대륙의 음료 시장을 공략하기 위해 노력하고 있기도 합니다.

그렇다면 성공적인 마케팅의 대명사 코카콜라의 브랜드 가치는 얼마나 될까요? 브랜드 컨설팅 전문업체 인터브랜드는 '2017년 베스트 글로벌 브랜드 보고서'에서 세계에서 가장 가치 있는 5대 브랜드로 '애플', '구글', '마이크로소프트', '코카콜라', '아마존'을 선정했습니다. 코카콜라가 세계 5대 브랜드로 꼽힌 데는 하루에 소비되는 코카콜라가 7억 3천 잔, 코카콜라의 브랜드 가치가 한화로 약 70조 원에 이른다는 것이 한몫했을 것입니다.

100여 년의 역사를 가진 코카콜라의 성공 신화는 앞으로도 계속되어 많은 기업들의 본보기가 될 것입니다.

스타벅스를 따라다니는 이디야의 미투 마케팅

세계적으로 명성을 떨치고 있는 커피 전문점 스타벅스는 1999년 한국에 진출해 국내 커피 시장의 문을 열었습니다. 스타벅스코리아는 2016년 말에 매장 1천 개를 돌파했고, 2016년 매출 1조 원, 영업이익 1천억 원을 넘어서며 국내 커피 업계 1위 자리를 지키고 있습니다.

스타벅스는 모든 매장을 본사가 직접 운영해서 품질을 일정하게 유지하는 것으로 유명합니다. 그리고 스타벅스의 성공 요인으로 꼽히는 또 하나의 전략은 바로 '입지 선정'입니다.

스타벅스는 꼼꼼한 시장조사를 바탕으로 한 점포의 입지 선정으로 신규 매장의 실패 가능성을 최소화합니다. 유동 인구가 많아 상권이 잘 형성된 지역을 중심으로 잠재 고객들의 소비 패턴을 분석해 성공할 수밖에 없는 '명당'을 차지하죠. 그러다 보니 한 지역에 여러 개의 스타벅스가 들어서기도 합니다. 스타벅스의 탁월한 위치 선정 능력은 "너희 동네에 스타벅스 있어? 스타벅스가 있으면 번화가야"라는 우스갯소리까지 만들어냈습니다.

스타벅스를 따라다니는 이디야의 전략

그런데 스타벅스를 졸졸 따라다니는 누군가가 있습니다. 바로 2001년에 처음 오픈한 국내 커피 브랜드인 '이디야'입니다. 이디야는 창업 초기 마케팅 전략으로 스타벅스 매장의 옆자리를 사수하는 방식을 택했습니다. 스타벅스 매장의 바로 옆, 혹은 그 근처에 매장을 오픈한 것이죠. "깐깐한 입지 선정으로 유명한 스타벅스가 선택한 곳이라면 커피가 잘 팔릴 것이다"라는 판단을 바탕으로 입지 선정에 필요한 과정을 생략하고 스타벅스를 따라다닌 것입니다.

그렇지만 이디야가 스타벅스를 무작정 따라 하기만 한 것은 아닙니다. 이디야는 스타벅스의 위치를 따라 다니면서도 한 가지 차별점을 두었습니다. 바로 커피의 가격이었죠. 이디야는 스타벅스의 넓은 매장과는 반대로 좁은 평수의 매장을 오픈해 테이크아웃에 주력했습니다. 그러면서 스타벅스보다 저렴한 가격으로 퀄리티 높은 커피를 제공했죠. 그 결과 "스타벅스에 자리가 없어서 근처 이디야에 가봤더니 분위기도 좋은데 커피도 괜찮고 저렴하더라"라는 입소문을 타고 성장하기 시작한 것입니다.

이디야는 이제 스타벅스에서 독립해 친근하고 편안한 이미지를 구축하고 있습니다. 심지어 늘 쫓아다니던 스타벅스와 1위 자리를 놓고 경쟁하는 수준에 이르렀죠. 이디야의 성장은 여기서 멈추지 않고 계속되고 있습니다. 매년 꾸준히 수백 개의 매장을 오픈한 결과 2018년 4월 국내 최초로 2500호점을 돌파하는 등 매장 수로는 국내 커피 프랜차이즈 중 독보적 1위를 차지하고 있습니다. 매출도 꾸준히 늘어 2017년에는 전년 대비 19.9%가 증가한 1,841억 원의 매출을 기록했습니다. 스타벅스의 경우 2016년 1000호점(2018년 현재 1,200여 곳)을 돌파했고, 매출은 2017년 기준으로 1조 2,635억 원을 기록했습니다.[1]

도심 속 프랜차이즈 커피 전문점의 수만 봐도 현재 우리나라가 커피 전문점 과포화 상태라는 것을 알 수 있습니다. 이런 레드오션 속에서 이디야는 저렴한 가격에도 손색없는 커피의 맛과 고객의 다양한 기호를 만족시키는 신메뉴의 개발, 그리고 이미 성공한 대형 카페를 따라다닌다는 아이러니한 발상을 통해 살아남을 수 있었습니다.

미투 마케팅을 활용하라

이처럼 큰 인기를 얻은 경쟁사와 유사한 판매 전략을 펼치는 것을 미투(Me Too) 마케팅이라고 합니다. 미투 마케팅을 활용하면 시장에서 실패할 위험과 개발 비용을 동시에 줄일 수 있습니다. 이러한 순기능 덕분에 많은 기업에서 미투 마케팅을 시도하고 있습니다. 업계에서 인기를 끌었던 히트 상품이 다른 회사에서도 줄줄이 나와 유행을 이끄는 것이 대표적인 미투 마케팅이라고 할 수 있습니다. 이를테면 고가의 화장품

미투 마케팅의 장점과 단점

장점	단점
· 한 기업의 독점 방지 · 제품의 질 향상 (기존 제품 또는 새로운 제품의 발전) · 다양한 파생상품의 출시 · 낮은 실패 확률 · 개발 비용의 절약	· 지나친 경쟁으로 인한 수익성 약화 · 새로운 판매 전략의 부재 · 상품의 획일화 · 표절 논란 · 브랜드의 정체성 혼란

브랜드 인기 상품을 저가 화장품 브랜드에서 모방해 출시하는 것이나 '○○맛 초코파이'의 유행, 각종 과일맛 소주 열풍 등이 있죠.

그러나 미투 마케팅이 성공한 브랜드의 명성에 무임승차하는 것이라는 비판도 끊이지 않습니다. 모두 같은 판매 전략으로 수익을 낸다면 새로운 시장을 개척하거나 새로운 제품에 투자하려는 기업이 줄어들어 산업 발전에 악영향을 끼칠 수 있기 때문입니다.

순기능과 역기능이 공존하는 미투 마케팅. 관심을 가지고 지켜봐야겠습니다.

샤워효과와 폭포효과

새로운 물건을 사거나 구경하는 일은 늘 설레고 신납니다. 요즘에는 쇼핑몰에서 다양한 즐길 거리와 볼거리도 제공하기 때문에 쇼핑을 좋아하지 않더라도 충분히 즐거운 시간을 보낼 수 있는데요, 특히 백화점은 영화관, 맛집, 미술관과 같은 건물을 쓰기도 하고, 미니 콘서트 등의 크고 작은 이벤트를 개최하기도 합니다. 그렇다 보니 이곳저곳을 둘러보다 보면 반나절이 훌쩍 지나가버리곤 하죠.

눈치챘을지 모르겠지만 백화점 등의 대형 쇼핑몰은 대부분 영화관이나 식당가를 위층에 배치합니다. 또한 옥상에 작은 공원과 쉼터를 마련하기도 하죠. 여기에는 고객의 지갑을 열기 위한 고도의 마케팅 전략이 숨어 있습니다.

고객을 유인하는 마케팅, 샤워효과

백화점 업계에서 위층으로 고객을 유인하는 이유는 바로 샤워효과 때문입니다. 샤워효과란 샤워기의 물줄기가 위에서 아래로 떨어지듯, 위층에 고객이 많이 모여야 아래층까지 효과적으로 고객을 끌어들일 수 있다는 의미의 마케팅 용어입니다. 위층을 방문하는 고객이 올라가거나 내려가는 과정에서 자연스럽게 아래층도 둘러보게 되어 계획하지 않았던 소비를 한다는 것을 전제로 하죠.

바로 이 샤워효과를 위해 백화점들은 옥상에 공원을 조성하거나 관람차나 놀이기구 등의 놀이시설을 설치합니다. 영화관과 식당가는 물론이고, 사은품 수령이나 이벤트 응모를 위한 고객센터, 휴식을 위한 라운지, 문화센터 등을 위층에 배치한 것도 모두 샤워효과를 염두에 두고 미리 설계한 것이죠.

샤워효과가 나타나는 이유는 무엇일까요? 만약 고객의 목적지가 1층에 있다면 그는 필요한 볼일을 끝내자마자 백화점 문을 나설 것입니다. 하지만 목적지가 위층이라면 동선이 길어지면서 많은 매장을 마주치게 되겠죠. 이 같은 행동이 고객의 소비 욕구를 자극해 자연스러운 구매로 이어지는 것입니다.

샤워효과와는 반대로 아래층에 모인 고객을 위층까지 끌어올린다는 의미의 '분수효과'도 있습니다. 백화점 로비에서 진행하는 할인행사, 공연, 전시, 체험 코너 등이 이에 속하는데요, 건물 밖에 있던 고객들의 시선을 입구로 집중시켜 안으로 유인한 다음, 그들을 위층까지 끌어울리는 마케팅 전략입니다.

샤워효과와 분수효과를 위해서 백화점의 주요 행사장이나 매장은 '1층 아니면 꼭대기'에 위치하지만 소비가 위축되는 불경기엔 모두 무용지물입니다. 경기가 어려울 때 사람들은 계획하지 않은 소비를 하지 않기 때문이죠. 대형 쇼핑몰이 다양한 전략을 고심하는 이유입니다.

경제 상위층을 저격한 마케팅, 폭포효과

폭포효과는 샤워효과와 비슷한 느낌을 주는 마케팅 용어입니다. 하지만 의미는 전혀 다르죠. 폭포효과는 경제력을 갖춘 상층 소비자를 노려 마케팅을 펼쳤을 때 그 효과가 하층까지 내려가 골고루 확산되는 현상을 말합니다. 마케팅 효과가 폭포처럼 아래로 퍼진다고 해서 이런 이름이 붙었어요.

폭포효과에는 권위 있는 상류층을 따라 하고 싶어 하는 모방 심리가 반영되어 있습니다. 소비자들은 종종 광고보다 상류층의 선택을 더 신뢰하는 경향을 보입니다. 예를 들자면 유명 연예인이나 사회 지도층이 사용한 물건이 일반 소비자들에게 인기를 끄는 경우가 있겠죠. 바로 이런 현상이 폭포효과입니다.

매장의 위치부터 마케팅의 타깃을 설정하는 것까지 기업의 선택에는 항상 철저한 분석이 따릅니다. 그런 분석을 바탕으로 만들어낸 마케팅 기법은 기업의 입장에선 판매를 위한 마케팅이지만 소비자의 입장에선 불필요한 소비를 부추기는 속삭임이 되기도 합니다. 백화점의 꾐에 넘어가기보다는 어떤 마케팅 기법이 숨어 있는지 찾아보며 똑똑한 소비를 하는 것이 현명한 소비자의 태도가 아닐까요?

바이러스처럼 퍼지는 바이럴 마케팅

어떤 제품을 사도 될지 고민할 때 우리는 인터넷 검색을 합니다. 블로그나 각종 SNS를 둘러보며 제품 리뷰를 읽어보죠. 기업이 직접 게시한 광고보다는 실제로 제품을 사용해본 사람들이 남긴 이런 블로그 후기가 구매를 결정할 때 더 많은 영향을 주기도 합니다.

유용한 후기 게시물은 소비자들 사이에서 자발적으로 공유되며 인터넷상에 빠르고 넓게 퍼져 나갑니다. 그만큼 홍보 효과도 발생하죠. 누리꾼들이 자발적으로 제품을 홍보하거나, 홍보물을 전달하도록 하는 마케팅 기법을 바이럴 마케팅(Viral Marketing)이라고 합니다.

바이럴 마케팅은 시대에 따라 변한다

바이럴 마케팅은 바이러스처럼 스스로 확산된다는 의미에서 붙은 이름이며, 바이러스 마케팅(Virus Marketing)이라고도 부릅니다. 2000년 무렵 등장한 바이럴 마케팅은 기업이 개입하지 않아도 소비자들이 아무 대가 없이 스스로 제품을 홍보하고, 광고 게시물을 전달한다는 의미에서 광고계의 새로운 도전이었습니다.

그러나 최근에는 기업에서 바이럴 마케팅을 의도적으로 유도하고, 계획하는 경우가 많습니다. 제품에 대한 포스팅을 해줄 블로그 체험단을 모집해 소정의 원고료를 지급하기도 하고, 영향력 있는 SNS 이용자에게 제품을 협찬해 광고 영상이나 사진을 의뢰하기도 합니다. 이렇게 제작된 광고 게시물들은 주로 인터넷 검색을 통해 제품 정보를 얻는 소비자들과 SNS 이용자들을 타깃으로 하는데요, 이 방법이 성공하면 해당 게시물은 시간이 지남에 따라 누리꾼들 사이에서 '스스로' 퍼지며 큰 광고 효과를 거두게 됩니다.

바이럴 마케팅은 여러 가지 형태로 이뤄질 수 있으며 유행이나 시대의 흐름에 따라 그 형태가 변화하기도 합니다. 초기 바이럴 마케팅은 기업이 제작한 간접광고 게시물을 고객이 자발적으로 퍼뜨리는 형태만을 의미했습니다. 그러다가 SNS를 중심으로 한 개인의 영향력이 커지며 누리꾼이 직접 작성한 게시물을 통한 바이럴 마케팅이 등장하게 됐죠.

바이럴 마케팅을 위해 기업이 제작한 간접광고 게시물을 보면 절대로 제품을 직접 언급하지 않는다는 특징이 있습니다. 그 대신 SNS에 익숙한 젊은이들이 좋아할 만한 흥미로운 영상이나 사진 콘텐츠를 제작하면서 중간중간에 제품을 은근히 노출시켜 간접적으로 광고합니다. 이렇게 만든 콘텐츠가 화제가 되면 소비자들은 메신저나 SNS를 통해 자발적으로 게시물을 전파하고, 기업은 공유 과정을 통해 큰 광고 효과를 얻게 됩니다.

바이럴 마케팅을 신뢰할 수 있을까?

흥미로운 콘텐츠를 통해 일상 속에서 제품을 접한 소비자들은 제품이나 기업에 친숙한 느낌을 받습니다. 소비자들이 광고를 보고 있다고 인식하지 못해도 광고 효과가 나타난다는 것은 바이럴 마케팅의 장점 중 하나죠. 또한 일반인이 작성한 블로그나 SNS의 제품 포스팅은 기업이 직접 제작한 광고보다 고객들에게 더 큰 신뢰를 줍니다. 자신과 같은 입장의 소비자가 작성한 글이라는 사실이 더욱 진정성을 느끼게 하기 때문이죠.

콘텐츠가 좋으면 광고 비용을 따로 들이지 않고도 엄청난 수의 누리꾼을 동원해 짧은 시간 동안 널리 퍼뜨릴 수 있다는 것도 바이럴 마케팅의 큰 장점입니다. 그렇기 때문에 바이럴 마케팅은 경쟁이 심한 분야의 기업이나 이제 막 시장에 들어선 작은 기업들에게 인기 있는 마케팅 기법입니다.

하지만 어디에도 완벽한 마케팅은 없듯이 바이럴 마케팅에도 단점이 존재합니다. 이미 사회에서 여러 번 물의를 일으킨 적이 있는 '댓글 알바'가 대표적인 사례입니다. 익명성에 숨어서 소비자인 척 위장해 댓글을 다는 댓글 알바는 자신의 제품을 광고하는 댓글뿐 아니라 경쟁사에 대한 근거 없는 비방 댓글을 일삼아 큰 질타를 받았습니다. 정치적으로 악용되기도 했고요.

또한 '알아서 퍼진다'는 바이럴 마케팅의 의미를 무색하게 만드는 기업의 개입도 문제점으로 떠오르고 있습니다. 요즘엔 누리꾼들이 자발적으로 올리는 제품 포스팅보다 기업에서 인센티브를 제공해 작성된 포스팅이 많은 탓에 솔직한 후기를 찾아보기가 어려운 실정인데요, 댓글 알바처럼 소비자의 탈을 쓴 채 비양심적으로 이뤄지는 바이럴 마케팅과 인위적으로 포장된 정보만을 제공하려는 기업의 욕심은 소비자들에게 불신을 얻을 뿐입니다.

건전하고 신뢰도 높은 광고 생태계 구축을 위해서는 마케팅 기획자들의 양심이 필수적이라 할 수 있겠습니다.

나를 더 욕해주세요! 노이즈 마케팅

아마 남들에게 욕을 듣는 것을 좋아하는 사람은 없을 겁니다. 대부분의 사람들이 다른 사람에게 좋은 평가를 받길 원하죠. 매출을 올려 이익을 창출해야 하는 기업이라면 소비자의 좋은 평가와 긍정적인 이미지가 더욱 절실합니다. 좋은 이미지가 곧 매출 향상의 기본이 되기 때문에, 기업은 소비자의 호감을 얻고 긍정적인 이미지를 유지하기 위해 항상 노력합니다.

그런데 기업이 칭찬을 받으려고 노력하기보다 오히려 구설수에 오르기 위해 애쓰는 경우가 있습니다. 바로 널리 알려진 노이즈 마케팅(Noise Marketing)이 그 주인공입니다.

논란이 마케팅이 된다고?

노이즈 마케팅은 의도적으로 기업이나 상품과 관련된 논란을 만들어서 소비자들의 관심을 집중시키는 전략입니다. 그 관심이 부정적일지라도 상관없습니다. 노이즈 마케팅의 목표는 좋은 이미지를 만드는 것이 아니라 소비자의 이목을 끌어 인지도를 높이는 것이기 때문이죠. 인지도 상승이 판매 증가로 이어질 수만 있다면 부정적인 여론도 감수할 수 있다는 것이 노이즈 마케팅을 펼치는 기업들의 입장입니다.

노이즈 마케팅을 위해 상품을 홍보할 때 의도적으로 민감한 이슈를 건드려 논란을 만들기도 합니다. 자극적이고 좋지 않은 일에 휘말린 상품은 사람들의 호기심을 불러일으키기 때문이죠. 예를 들어 현재 대중들에게 무척 예민한 이슈에 대한 부정적인 발언을 퍼뜨려서 상품과 관련된 검색어의 유입을 높이는 것이 가장 대표적입니다. 구설수에 오르내림으로써 사람들의 관심을 얻었다면 어느 정도는 성공한 마케팅이라고 볼 수 있습니다.

인지도 상승이냐, 신뢰도 하락이냐

비교적 적은 예산으로 짧은 시간 안에 큰 인지도 상승 효과를 볼 수 있다는 것이 노이즈 마케팅의 가장 큰 장점입니다. 논란거리에 연루되거나 파격적인 발언 이후 사람들의 입소문을 거치다 보면 언론 보도에도 나올 수 있죠. 이를테면 신인 연예인이나 새로 개봉할 영화에 대한 노이즈 마케팅의 경우 일단 포털 사이트와 SNS에서 화제가 되면 곧바로 기사로 작성되어 SNS를 하지 않는 대중들에게도 퍼지기 때문에 엄청난 홍보 효과를 거둘 수 있습니다. 그렇게 이슈가 되었던 연예인이 곧 영화 촬영에 들어간다면 사람들은 더욱 관심을 가지고 지켜볼 것이고, 해당 작품은 초기 인지도를 확보하게 되는 것이죠.

그러나 노이즈 마케팅 이후에 '말썽꾸러기' 이미지를 회복하지 못한다면 브랜드의 평판에 큰 오점을 남길 수도 있습니다. 소비자들에게 '논란거리를 몰고 다니는 브랜드'라고 인식되는 순간 홍보 효과는 떨어집니다. 홍보를 위해 언론을 마구잡이로 이용하는 언플(언론플레이)을 했다는 비판도 피하기 어렵습니다. 또한 반복되는 노이즈 마케팅은 소비자의 신뢰를 떨어뜨릴 수 있습니다. 논란이 되어 인지도를 높였다 하더라도 신뢰를 쌓지 못한다면 일회성 관심에 그쳐 실패한 마케팅이 되고 말겠죠.

"노이즈 마케팅은 꼼수"라며 비판하는 의견도 적지 않습니다. 그럼에도 착한 노이즈 마케팅이라고 불렸던 한 캠페인이 있었습니다. 바로 '백만장자가 벤틀리를 땅에 묻은 이유'라는 장기 기증 장려 캠페인입니다. 브라질의 백만장자가 명차 벤틀리를 땅에 묻겠다고 선언합니다. 수많은 사람들이 그의 행동을 비난했지만, 그는 기자들까지 초대해 땅속에 벤틀리를 묻기 시작했죠. 첫 삽을 뜬 순간 그는 기자들에게 물었습니다. "벤틀리를 묻는 건 말도 안 된다고 생각하면서 사람을 살릴 수 있는 장기는 왜 그냥 묻어버리는가?" 모든 것은 장기 기증을 독려하기 위한 계획이었고, 이 퍼포먼스 이후 브라질의 장기 기증률은 31%가량

백만장자가 벤틀리를 땅에 묻은 이유

백만장자가 벤틀리를 땅에 묻겠다고 선언했다.

수많은 사람들이 그를 비난했다.

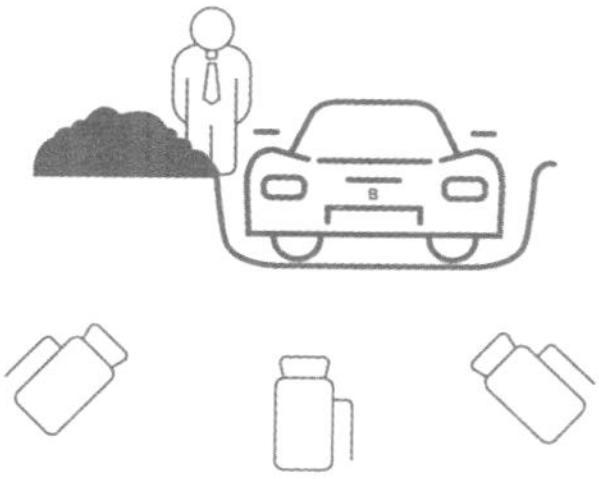

기자들 앞에서 땅에 벤틀리를 묻기 시작했다.

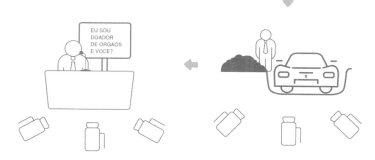

"벤틀리를 묻는 건 말도 안 된다고 생각하면서 사람을 살릴 수 있는 장기는 왜 그냥 묻어버리는가?"

증가했다고 합니다.

이 노이즈 마케팅이 호평을 받은 이유는 장기 기증이라는 선행을 독려해서이기도 하지만 수많은 비판을 받으면서까지 꼭 전해야 했던 중요한 메시지가 있었기 때문입니다. 자극적인 말로 사람들의 눈을 현혹시키는 것보다는 진실한 의도로 신뢰를 쌓는 것이 더 중요하다는 것을 알 수 있습니다. 어떤 마케팅이든 소비자와 소통하려는 진심이 담겨 있어야 장기간 사랑받을 수 있는 것이 아닐까요?

겁주는 마케팅? 공포 마케팅!

인간은 살아가는 동안 여러 가지 상황에서 공포감을 느낍니다. 귀신이나 죽음에 대한 공포부터 자연재해, 신체적 고통, 사회적 지위의 박탈이나 따돌림에 대한 공포에 이르기까지 그 종류도 정말 다양한데요, 공포에 대한 두려움은 인간이 특정 행동을 하게 하는 큰 동기가 되기도 합니다. 이를테면 학사경고를 받는 것이 두려워 열심히 공부를 하는 것처럼 공포감을 주는 상황을 피하기 위해 최대한 노력하게 되는 것이죠.

그렇다면 '구매'라는 행동을 유도하기 위해 소비자에게 공포감을 줄 수는 없을까요? 실제로 흔히 사용되고 있는 공포 마케팅이 바로 이런 원리로 작동합니다.

소비자의 심리를 조종하는 공포 마케팅

공포 마케팅에서 이용하는 공포 소구(Fear Appeal) 광고는 사람들에게 공포감을 주는 위협 요소를 의도적으로 보여줍니다. 그런 다음 특정 제품을 사용했을 때 위협 요소가 제거되어 공포감으로부터 해방된다는 것을 강조해 구매를 유도하죠.

공포 소구 광고는 주로 약품, 보험 등 위험에 대처하거나 대비할 수 있는 상품 광고에 활용되지만, 공익광고 혹은 그 밖에 위협 요소를 제거할 수 있는 제품에도 폭넓게 쓰이고 있습니다. 보험 광고를 보면 보험에 가입하지 않았을 때 겪을 수 있는 경제적 어려움이나 가족들의 고통을 실감나게 그리는데요, 보험에 가입하면 이러한 두려운 상황을 피할 수 있다는 메시지를 줍니다.

금연 공익광고 역시 흡연으로 생길 수 있는 질병이나 간접흡연의 위험성을 적나라하게 보여주어 경각심을 일깨우죠. 안전벨트 착용이나 음주운전에 관한 공익광고도 마찬가지로 끔찍한 사고 장면을 반복적으로 보여줌으로써 안전운전의 중요성을 강조합니다.

공포 마케팅으로 성공을 거둔 일반 제품도 있습니다. 미국의 면도기 브랜드 질레트는 100여 년 전 여성용 제모 용품을 처음으로 출시하면서, "겨드랑이 털이 있는 여성은 아름답지 않다"라는 광고 카피를 내겁니다. 여성과 겨드랑이 털이 어울리지 않는다는 인식을 심어주어 겨드랑이 제모라는 새로운 미의 기준을 확산시킨 셈이죠. 그러자 이전까지는 겨드랑이 털을 제모하지 않는 게 당연하다고 생각했던 여성들이 자신의 겨드랑이 털에 대한 타인의 평판이 두려워 제품을 구입하기 시작했습니다.

이처럼 공포 마케팅은 사람이라면 누구나 가지고 있는 두려움을 이용해 소비자들의 심리에 접근한다는 점에서 성공 가능성이 높은 마케팅 전략입니다. 여기서 나아가 소비자들에게 해당 제품을 사용함으로써 위협 요소가 사라진다고 반복적으로 보여주면 구매로 이어질 확률이 높아지죠.

질병이나 사고 등 기존의 위협 요소가 아닌 새로운 위협 요소를 만들어 광고하는 것도 효과적일 수 있습니다. 질레트의 여성 제모 용품 역시 여성의 겨드랑이 털을 마치 두려움의 대상처럼 묘사해 새로운 위협 요소로 만들었다고 볼 수 있죠. 그 덕분에 질레트는 큰 광고 효과를 거두고, 새로운 시장도 개척할 수 있었습니다.

불안 심리로 인한 공포 마케팅의 폐해

그러나 과도하게 공포스러운 상황을 연출한다면 오히려 거부감을 일으켜 광고 효과를 얻을 수 없습니다. 공포 마케팅의 목적은 무작정 겁에 질리게 하는 것이 아니라 "해당 제품으로 두려움을 충분히 극복할 수 있다"고 인식시키는 것이기 때문이죠. 또한 잘못된 정보를 위협 요소로 제시하지 않도록 주의해야 합니다. 근거 없이 공포감만 조성할 경우 소비자의 신뢰를 잃을 수도 있습니다. 어떤 위협 요소를 설정할지도 중요합니다. 소비자들이 위협 요소를 위협적으로 받아들이지 않는다면 마케팅에 실패할 수밖에 없겠죠.

불안 심리를 악용한 무분별한 공포 마케팅은 상술이라는 비판을 피하기 어려울 뿐 아니라 사회를 혼란스럽게 만들기도 합니다. 공포심을 이용하는 공포 마케팅, 인간의 본능을 건드리는 만큼 큰 책임이 따르게 됩니다.

숨어서 일격을 노리는 매복 마케팅

올림픽이나 월드컵과 같은 대형 스포츠 행사는 항상 전 세계인의 뜨거운 관심을 받습니다. 국제올림픽위원회(IOC)는 2016년 리우 올림픽이 200개국이 넘는 곳에서 7천 시간 이상 방송되었다고 밝혔고, 시청자 수는 50억 명 이상일 것으로 추정됩니다.

대형 스포츠 행사들은 글로벌 기업들의 마케팅 수단으로도 이용됩니다. 일정 기간 동안 엄청난 수의 사람이 모이는 데다가 전 세계로 중계되기 때문이죠. 많은 사람들에게 알려지는 만큼 상당한 광고 효과를 보장할 수 있습니다. 게다가 대형 스포츠 행사의 파트너사나 후원사라는 이미지는 브랜드에 대한 신뢰도까지 높여주죠. 실제로 IOC는 공식 후원사의 광고주들이 얻는 광고 효과가 10조 원에 이를 것으로 예상하기도 했습니다.

올림픽, 치열한 마케팅 전쟁터가 되다

올림픽과 같은 대형 행사에 광고를 유치하는 것은 쉬운 일이 아닙니다. 막대한 비용이 드는 것도 사실이지만 비용보다 까다로운 주최 측의 심사 절차를 통과해야 하기 때문이죠. 올림픽에서 가장 큰 마케팅 권리를 가지는 것은 올림픽 파트너사인데요, 2018년 9월을 기준으로 총 13개의 글로벌 기업이 파트너사의 권한을 가지고 있습니다.

또한 선정된 기업이라 하더라도 사전에 계약된 제품 분야만 광고할 수 있습니다. 2016년 리우 올림픽 당시 삼성전자는 리우 올림픽에서 사용되는 무선통신 장비를 후원했습니다. 그 덕분에 선수들이 삼성전자 스마트폰을 사용하는 모습이 전 세계로 방송되었습니다.

파트너사나 후원사가 되어 올림픽에서의 마케팅 권한을 얻은 기업들은 여러 가지 방법으로 세계인의 눈과 귀를 사로잡을 광고를 제작합니다. 그렇다면 사전에 계약되지 않은 기업들은 올림픽이라는 커다란 마케팅 기회를 보고만 있을까요? 그들이 올림픽의 덕을 보기 위해 선택한 방법은 바로 매복 마케팅(Ambush Marketing)입니다.

올림픽에 숨어들다, 매복 마케팅

매복 마케팅이란 스포츠 행사 등에서 마케팅과 관련된 정식 계약 절차를 밟지 않았음에도 해당 행사와 관련이 있는 것처럼 광고해 이득을 취하는 판매 전략입니다. 이들은 규제를 교묘히 피해 다니며 마치 공식 파트너사인 것처럼 행동하죠.

주로 스포츠 중계방송 직전에 방영되는 TV 광고에 스포츠 행사나 경기에 관련된 용어를 사용하고, 선수를 응원하는 광고 등이 쉽게 볼 수 있는 매복 마케팅 전략입니다. 또한 올림픽에 출전하는 특정 팀이나 선수 개인에게 상품을 협찬하는 것 역시 매복 마케팅 효과를 노린 것이라고 할 수 있습니다.

우리나라에서 성공한 매복 마케팅 사례로는 2002년 한일 월드컵 당시 SK텔레콤의 '붉은 악마' 캠페인을 들 수 있습니다. 경쟁사인 KT에

올림픽 공식 파트너사

월드컵 공식 후원사 자리를 뺏긴 SK텔레콤은 국가대표 응원단인 붉은 악마를 타이틀로 내세워 마케팅을 펼쳤는데요, 이 광고가 사회적으로 큰 이슈가 되면서 SK텔레콤은 마치 월드컵 공식 후원사처럼 보이는 효과를 얻었습니다. 오히려 진짜 공식 후원사인 KT보다도 큰 광고 효과를 내며 월드컵을 대표하는 기업으로 자리 잡았죠.

매복 마케팅은 무임승차?

그러나 매복 마케팅에 대한 규제는 점점 강화되고 있습니다. 일례로 2014년 브라질 월드컵은 매복 마케팅을 막기 위해 다양한 규정을 만들었습니다. 해당 규정은 선수 개인의 SNS 사용과 선수들이 공식 후원 브랜드가 아닌 브랜드의 제품 착용 등을 상당 부분 금지했습니다. 이를 허용하면 정당한 절차를 거쳐 공식 후원사가 된 기업들의 광고 효과가 떨어지기 때문이었죠. 실제로 특정 팀이나 선수 개인의 후원사를 올림픽이나 월드컵의 공식 후원사로 착각한 사례가 적지 않습니다.

국제적인 스포츠 행사에 막대한 비용을 투자한 공식 후원사가 마땅히 취해야 할 이득이 다른 곳으로 새어 나간다는 이유로 매복 마케팅을 불법이라고 보는 시각도 있습니다. 그들은 규제의 문턱을 높여야 한다고 주장하지만, 대규모 행사에서 일어나는 모든 일을 통제할 수도 없는 일입니다. 규제를 한다고 해도 공식 후원사가 되지 못한 아쉬움에 글로벌 기업들은 더욱 기발한 방법으로 매복 마케팅을 펼칠 것으로 보입니다. 앞으로는 스포츠 행사를 즐길 때 어떤 마케팅이 숨어 있는지 한번 찾아보세요.

오늘은 OO하는 날! 데이 마케팅

"오늘은 ○○하는 날!", "사랑하는 사람에게 ○○을 선물하세요!"와 같은 광고 문구를 보면 꼭 필요한 일이 아니더라도 왠지 그렇게 해야 할 것 같은 기분이 들곤 합니다. 이처럼 특정한 날짜에 의미를 부여해 소비자들의 구매 심리를 자극하는 마케팅 전략을 데이 마케팅(Day Marketing)이라고 합니다.

○○데이가 가까워지면 기업들은 이에 대비하기 위해 새로운 상품을 출시하거나 이벤트를 기획합니다. 거리에 늘어선 상점들은 해당 상품을 진열하고 홍보하기 바쁘죠. 이렇게 형성된 '○○하는 날'이라는 분

위기는 소비자들 사이에서 유행을 만들어냅니다. 유행에 민감한 소비자들의 공감을 이끌어내는 것이 데이 마케팅의 핵심입니다.

성공적인 데이 마케팅인 빼빼로데이

가장 성공한 데이 마케팅 사례 중 하나인 '빼빼로데이'를 살펴볼까요? 빼빼로데이를 겨냥해 출시되는 상품으로 빼빼로 선물세트를 떠올릴 수 있습니다. 상점에 진열된 다양한 포장의 빼빼로들과 실제로 빼빼로를 주고받는 수많은 사람들을 보면 당장이라도 그 문화에 동참하고 싶어지기 마련이죠.

1983년 롯데제과에서 처음 빼빼로가 출시되었을 때, 여학생들 사이에서 '빼빼 마르기 바란다'는 의미로 빼빼로를 주고받기 시작한 것이 빼빼로데이의 유래라고 합니다. 이를 알게 된 롯데제과는 과자 모양과 닮은 11월 11일을 빼빼로데이로 정하며 적극적으로 마케팅에 이용하기 시작했죠. 이러한 문화가 청소년들 사이에서 점점 더 크게 유행하자 다른 기업들도 유사상품을 출시했고, 빼빼로데이는 어느새 하나의 문화로 자리 잡게 되었습니다.

빼빼로데이 외에도 브랜드의 특징을 숫자와 관련시킨 데이 마케팅 사례가 있습니다. 바로 배스킨라빈스31의 '31데이'입니다. 배스킨라빈스는 브랜드의 상징이라고 할 수 있는 숫자인 31을 기념해 매월 31일마다 사이즈업이나 할인 등의 혜택을 제공합니다. 31일만큼은 소비자들이 자연스럽게 배스킨라빈스를 떠올리고 찾아오도록 한 것이죠. 31데

빼빼로데이 누적 판매량

1997년	2016년
빼빼로데이 탄생	빼빼로데이 탄생 20주년

20년간 빼빼로 누적 매출
약 1조 1천억 원 달성
(공급가 기준)

=

· 오리지널 초코 빼빼로 26억 개
· 전 국민이 52개씩 먹을 수 있음
· 26억 개를 일렬로 놓으면 약 42만km
· 지구 10바퀴 이상 돌 수 있는 양

출처: 롯데제과

이는 기억하기 쉬운 데다가 브랜드만의 고유성도 가지고 있어서 성공한 데이 마케팅으로 평가받고 있습니다.

우후죽순 생기는 데이 마케팅

그러나 모든 데이 마케팅이 성공을 거둔 것은 아닙니다. 소비자의 공감을 이끌어내지 못하고 잊혀진 ○○데이도 무수히 많죠. 이들은 대부분 해당 날짜와 브랜드의 연관성을 찾기 어려웠고, 홍보도 부족했습니다. 사람들에게 기억되지 못해 뚜렷한 판매 효과를 얻을 수 없었죠. 게다가 ○○데이가 우후죽순으로 급격히 늘어나면서 소비자들은 점점 싫증을 느끼고 있습니다. 또 데이 마케팅이라는 명분으로 상품의 가격을 터무니없이 올리고, 부실한 상품을 출시한 몇몇 기업들은 상술이라는 비판을 받기도 했습니다.

숫자나 요일과 관련된 데이 마케팅은 소비자들에게 쉽게 기억되어 브랜드의 인지도를 높이고, 정체성을 확립한다는 장점이 있습니다. 감성을 자극하는 데이 마케팅은 손쉽게 마음을 전하고, 선물을 주고받는 좋은 문화를 만들기도 하죠. 또한 데이 마케팅은 한번 공감을 얻으면 오랜 시간 지속되기 때문에 장기간 마케팅 효과를 볼 수 있습니다. 시장의 활성화와 문화 형성이라는 2마리 토끼를 모두 잡을 수 있는 것이 데이 마케팅의 가장 큰 장점이 아닐까요?

무조건적인 판매를 위한 억지스러운 데이 마케팅 전략은 소비자의 공감을 이끌어내지 못할 뿐 아니라 반감을 살 수도 있습니다. 브랜드의 가치를 높이면서 건전한 문화를 형성하는 것이 가장 바람직한 데이 마케팅이라고 볼 수 있는데요, 소비자들 역시 데이 마케팅에 따라 불필요한 과소비를 하지 않도록 절제하는 습관을 가져야겠죠.

마음을 전할 기회와 오래도록 공유할 수 있는 추억을 남기는 데이 마케팅. 소비자들을 이해하고 배려하려는 기업의 태도가 뒷받침된다면 상술이라고 비판하기보다는 마음의 여유를 가지고 하나의 문화로 받아들이는 것도 좋을 것 같습니다.

모두가 사는 명품? 매스티지 브랜드

우리가 일반적으로 말하는 '명품'이란 어떤 것일까요? 의류, 액세서리, 잡화 등 다양한 제품들을 생산하는 명품 브랜드는 대부분 오랜 전통을 가지고 있으며 최상의 재료와 기술을 이용해 뛰어난 품질의 제품을 생산합니다. 최고의 디자이너와 장인의 손을 거쳐 만들어지는 명품들은 보통 소량으로 생산되는데요, 그 희소성 때문에 가격이 매우 높습니다. 그래서인지 아마 '명품' 하면 '고급스럽고 흔하지 않으며 경제적으로 부유한 사람들만 사용하는 제품'이라는 이미지가 떠오를 것입니다.

그런데 소수의 상류층이 아닌 대중을 위한 제품을 생산하는 명품 브랜드들이 있습니다. 고가의 명품과 평범한 공산품의 개념을 혼합한 매스티지 브랜드가 그것입니다.

대중을 위한 명품, 매스티지

'대중(mass)'과 '명품(prestige product)'의 합성어인 매스티지(masstige) 브랜드는 대량 생산이 가능한 명품 브랜드를 뜻합니다. 일반 공산품보다는 비교적 고가의 가격으로 질 높은 제품을 생산하지만 기존의 명품과는 달리 대량 생산방식을 선택해 합리적인 가격을 책정하는 것이죠. 중산층 소비자들을 겨냥한 매스티지 브랜드는 일반 공산품에 비해서는 가격이 높은 편이지만 뛰어난 품질로 명품을 구입한 것과 같은 만족감을 선사합니다.

명품을 구입하는 이유 중 하나로 꼽히는 것은 바로 과시욕, 자긍심, 소속감 등과 같은 심리적 요인입니다. 명품을 구입한 이들은 값비싼 명품으로 자신을 치장했을 때 주위에서 보내는 선망의 시선을 즐기는데요, 이는 자신을 일반 대중들과는 다른 특별한 존재라고 느끼게 해서 차별화 욕구를 충족시켜줍니다. 또 같은 명품을 사용하는 부유층

사이에서 소속감을 느끼게 하기도 하죠. 결국 명품 소비는 고객들에게 자긍심과 만족감을 선사하는 것입니다.

매스티지 브랜드는 소수의 상류층이 아닌 중산층 소비자에게도 이와 같은 심리적 만족감을 제공하기 위해 만들어졌습니다. 경제가 성장하면서 금전적인 여유를 가진 중산층이 확대되었고, 소수의 상류층이 명품을 통해 누렸던 만족감을 원하는 이들도 늘어났습니다. 그러면서 자연스럽게 '대중을 위한 명품'이 등장하게 된 것이죠. 중산층들은 매스티지 브랜드를 통해 기존의 명품을 향유했던 소수의 상류층과 마찬가지로 과시욕과 자긍심 등의 심리적 욕구를 충족시킬 수 있었습니다.

명품 브랜드보다 저렴한 가격으로 그와 동일한 만족감을 얻을 수 있다는 것이 매스티지 브랜드의 가장 큰 장점입니다. 따라서 매스티지 브랜드들은 "매스티지를 이용하면 특별한 사람이 된다"는 감성 마케팅을 펼치고 있는데요, 차별화된 자신만의 가치를 추구하는 것이 중요해진 사회 분위기 속에서 이런 전략은 꾸준한 인기를 끌고 있습니다. 특히 경기 불황 속에서도 삶의 질을 높이고자 하는 중산층들이 주요 고객입니다.

다양한 매스티지 브랜드

매스티지 브랜드에는 어떤 것들이 있을까요? MCM, 메트로시티, 빈폴, 토리버치, 마이클코어스, 코치 등이 대중에게 잘 알려진 매스티지 브랜드들입니다. 또 유명한 명품 브랜드가 하위 브랜드를 론칭한 경우도 있습니다. 프라다의 매스티지 버전인 미우미우, 조르지오 아르마니의 하위 브랜드인 아르마니 익스체인지 등이 그렇습니다.

매스티지 마케팅은 이처럼 흔히 알려진 명품 브랜드뿐 아니라 식품, 화장품, 자동차 등의 분야에서도 펼쳐지고 있습니다. 이를테면 하겐다즈 아이스크림이나 BMW 자동차 같은 제품은 일반 제품들과 차별화된 매스티지라고 볼 수 있죠.

매스티지 브랜드는 일반 공산품보다 가격이 높은 만큼 그에 맞는 품질이 보장돼야 합니다. 명품도 공산품도 아닌 어정쩡한 품질과 콘셉트로는 소비자들의 선택을 받을 수 없기 때문이죠. 물론 명품 같은 만족감과 합리적인 가격을 전부 잡는 것이 쉬운 일은 아니지만 그렇기에 매스티지 브랜드가 더욱 특별한 것은 아닐까요? 감성과 효율성을 모두 챙기는 매스티지! 이는 새로운 마케팅 전략인 동시에 고가, 고품질의 제품을 선호하는 중요한 소비 트렌드라고 볼 수 있습니다.

쉬어가기: 존슨앤존슨의 타이레놀

기업의 목적은 이익을 추구하는 것입니다. 그러나 기업이 소비자의 신뢰를 얻고 경제 사회의 중대한 구성원으로서 도덕적 책임을 다하기 위해서는 '기업 윤리'를 지키며 책임 있는 경영을 해야 합니다.

기업의 윤리와 책임경영에 대해 이야기할 때 가장 먼저 떠오르는 것이 기업의 위기관리입니다. 기업의 위기 대처 방식은 기업의 평판과 성장에 중요할 뿐 아니라 도덕성을 평가하는 기준이 되기도 하죠. 최근 기업들의 사건 사고가 끊이지 않으면서 공정하고 투명하며 신속한 위기 대처가 더욱 중요해지고 있습니다. 이런 가운데 미국의 제약회사 존슨앤존슨의 '타이레놀 사건'은 여러 면에서 모범적인 위기 극복 사례로 꼽히고 있습니다.

존슨앤존슨은 우리 생활에서 흔히 볼 수 있는 브랜드로 의약품, 아기 위생용품, 피부미용제품, 세안용품 등을 생산하고 있습니다. 1886년 미국에서 설립된 이후 현재까지 꾸준히 성장해 60여 개국에서 250여 개의 자회사를 운영하는 세계적 기업이 되었죠. 또한 존슨앤존슨의 제품을 소비하는 나라는 무려 175개국이 넘습니다.

타이레놀은 우리에게 진통제로 익숙한 이름인데요, 존슨앤존슨의 주력상품 중 하나입니다. 그런데 1982년 9월 존슨앤존슨에 치명적인 타격을 입힌 '타이레놀 독극물 투입 사건'이 발생합니다.

사건 당시 미국에서 타이레놀의 시장 점유율은 35%에 달했습니다. 대중적인 진통제로 큰 인기를 끌고 있었죠. 그러나 1982년 9월 시카고에서 타이레놀을 복용한 환자 8명이 사망하는 충격적인 사건이 발생합니다. 타이레놀의 시장 점유율은 7%로 하락했고, 주가 역시 곤두박질쳤죠. 존슨앤존슨은 사상 최대의 기업 위기를 어떻게 극복했을까요?

존슨앤존슨은 사건을 은폐하거나 축소시키지 않고 있는 그대로 언론에 알렸습니다. 또한 적극적으로 조사에 참여해 진상 규명에 힘썼죠. 이 과정에서 시장에 유통된 타이레놀을 전량 회수하는 것도 꺼리지 않았습니다. 그렇게 철저하게 조사한 결과, 누군가 판매 중이던 캡슐형 타이레놀에 청산가리를 투입했다는 사실이 밝혀졌습니다. 존슨앤존슨이 사건 직후 수거한 타이레놀 중 75개에서 추가로 독극물이 발견되었다고 하니, 기업 차원에서 빠르게 보도하고 대처하지 않았다면 더욱 큰 피해를 불러올 수도 있었겠죠.

존슨앤존슨은 자사의 과실로 인한 사건이 아니라고 밝혀졌음에도 소비자의 안전과 신뢰 회복을 위한 노력을 아끼지 않았습니다. 타이레놀의 생산과 광고를 전면 중단했으며, 이미 판매된 캡슐형 타이레놀을 정제형으로 교환해주기도 했죠. 이 사실을 소비자들에게 널리 알리기 위한 광고를 내보내기도 했습니다.

존슨앤존슨은 사건이 마무리된 후에도 이물질이 투입될 수 없는 새로운 포장을 개발하는 등 소비자의 안전을 먼저 생각하는 행보를 보였습니다. 언론은 존슨앤존슨의 책임감 있는 모습에 진정성을 느끼고 긍정적인 평가를 아끼지 않았죠. 이러한 노력으로 타이레놀의 시장 점유율은 사건 발생 후 1년이 채 되기도 전에 원상 복구되었습니다.

존슨앤존슨의 위기 극복 사례는 고객의 안전을 우선으로 한 윤리경영과 책임경영의 모범으로 회자되고 있습니다. 경찰 조사와 언론의 취재에 적극적으로 협조해 빠른 진상 규명이 가능하게 한 것과 기업의 이익보다 고객을 먼저 생각하는 모습은 아직까지도 많은 기업들에 귀감이 됩니다. 소비자를 우선으로 한 경영 철학, 기업이 가져야 할 최소한의 덕목인 것 같습니다.

CHAPTER 6

미래를 주도할 4차 산업혁명

인공지능은 인간을 대체할까?

몇 년 전까지만 해도 컴퓨터는 단순히 인간의 명령을 수행하는 기계로만 받아들여졌습니다. 스스로 생각하고 문제를 해결하는 인공지능 컴퓨터의 활약은 영화에서나 가능한 이야기처럼 보였죠. 그런데 상상으로만 존재할 것 같았던 인공지능이 우리 생활 속에 적지 않은 변화의 바람을 몰아오고 있습니다. 인공지능은 숨 가쁘게 이뤄지고 있는 4차 산업혁명의 핵심 요소이기도 합니다.

인공지능의 학습법, 머신러닝과 딥러닝

인공지능은 스스로 '학습'해 프로그램을 할 수 있습니다. 이때 말하는 '학습'은 인간이 기계에 정답을 미리 입력해놓는 구조가 아니라 기계가 스스로 배우는 것을 뜻하죠. 이를 머신러닝(machine learning)이라고 합니다.

머신러닝이란 기계에 수많은 예제 데이터를 입력해 기계가 스스로 학습할 수 있는 모델을 만드는 것입니다. 이를테면 기계가 토끼 사진

인공지능(AI, Artificial Intelligence)

인공지능은 인간의 지능으로 할 수 있는 사고를 컴퓨터가 할 수 있도록 연구하는 분야를 일컫습니다. 다시 말해 컴퓨터가 인간처럼 스스로 생각하는 지능을 가지게 되는 것인데요, 이런 인공지능 컴퓨터는 프로그래밍되어 있는 데이터는 물론이고, 스스로 학습한 데이터까지 활용해 특정한 임무를 완수할 수 있습니다.

을 찾아내게 하려면 토끼에 대한 수많은 데이터를 입력해 기계 스스로 그 특성을 분류할 수 있도록 해야 하죠. 인텔의 머신러닝 담당자는 인공지능의 머신러닝이 어린아이의 학습 과정과 닮았다고 말합니다. 어린아이는 특정 상황에서 어떻게 해야 하는지 직접적으로 가르쳐주지 않아도 세상을 관찰해 사람들이 어떻게 행동하는지 학습하는데, 머신러닝이 이 과정과 유사하다는 것입니다.

한편 2016년 3월 세상을 떠들썩하게 했던 이세돌 9단과 인공지능 알파고의 바둑 대결이 있었습니다. 알파고의 승리로 인공지능이 특정 분야에서 사람을 앞설 수도 있다는 것을 보여주었죠. 알파고가 바둑을 둘 수 있게 하는 기반 기술 역시 머신러닝과 관련되어 있습니다. 정확하게 말하면 알파고는 딥러닝(deep learning)을 통해 바둑을 터득했습니다.

딥러닝은 머신러닝의 한 분야입니다. 딥러닝과 머신러닝 모두 기계가 스스로 학습해 결과 값을 도출한다는 공통점을 가지고 있지만 차이점도 분명히 존재합니다. 우선 머신러닝은 사람이 이미 알고 있는 정보를 컴퓨터에게 학습시키는 것입니다. 수많은 예제 데이터를 입력해 학습시킨 뒤 예상했던 목표 결과 값을 맞추게 하죠. 반면에 딥러닝은 인간이 데이터를 무작위로 제공하면 컴퓨터가 스스로 데이터를 분석하고 결과를 도출합니다. 이 결과 값은 사람이 예측하지 못했던 결과 값일 수도 있습니다.

알파고와 같은 인공지능 컴퓨터의 학습은 '인공신경망'을 통해 이뤄집니다. 바둑돌을 놓을 수 있는 수많은 경우의 수 가운데 승률을 높이는 수를 놓기 위한 계산도 인공신경망이 담당합니다. 구글 연구진은 알파고의 인공신경망에 3천만 개의 기보를 입력하고, 기보에 나타난 바둑돌의 위치 정보를 반복해 학습시킨 후 실전 바둑 대결을 통해 복습하게 했습니다. 알파고는 이를 바탕으로 스스로에게 유리하고, 상대방에게 불리한 수를 계산해 바둑돌을 놓은 것이죠.

생활 속 인공지능의 활약

인공지능 기술은 IT 분야에서 특히 활발히 연구되고 있습니다. 그렇다고 해서 기업들만 이용하는 생소한 기술은 아니며 이미 우리 생활 속에 깊숙이 자리 잡고 있습니다.

음성명령에 반응하는 스마트폰이나 인공지능 스피커부터 스스로 실내 온도와 습도를 조절하는 냉난방 시스템, 현재 가지고 있는 재료들로 저녁 메뉴를 추천하는 냉장고 등이 대표적입니다. 또한 유튜브나 넷플릭스와 같이 영상을 제공하는 플랫폼들도 사용자의 의도와 취향에 맞는 추천 동영상 목록을 생성하기 위해 사용자의 검색 환경과 이전 검색 기록들을 분석합니다.

도로 위의 스마트카도 민감한 센서로 도로 위의 정보를 수집해 안전한 운행이 되도록 노력하며, 인공지능 기술을 접목한 번역기 역시 수많은 단어와 문장의 데이터를 수집해 번역 결과물을 내놓습니다. 심지어 금융계에서는 고객 응대에 인공지능을 활용해 고객이 필요로 하는 것을 빠르고 정확하게 제공합니다. 의료계와 제약계에서도 비용과 시간을 절감하기 위한 인공지능과 빅데이터의 활약이 두드러지고요. 이렇게 우리는 이미 인공지능과 함께하는 삶에 익숙해져 있습니다.

앞으로 인공지능의 미래는 어떨까?

알파고의 제조사는 구글 딥마인드입니다. 2014년 구글은 인공지능 스타트업 회사인 딥마인드를 4억 달러(약 4,400억 원)가 넘는 금액으로 인수한 후 현재까지 놀라운 성과를 거두고 있습니다. 최근엔 알파고 제로의 존재를 새로 알렸습니다. 알파고 제로는 기존 알파고와 달리 사람이 두었던 기보를 전혀 보지 않고 오직 바둑의 기본 규칙만 배운 상태에서 바둑을 두는 인공지능으로, 알파고를 뛰어넘는 성능을 보이고 있다고 합니다.

한편 인텔은 인공지능 프로세서인 너바나(Nervana)를 공개했습니다. 너바나는 인텔이 2016년 인수한 인공지능 스타트업 너바나시스템즈를 중심으로 개발된 제품입니다. 인공지능 전용 프로세서의 개발로 인공지능의 머신러닝을 극대화할 수 있게 되었습니다. 또한 인텔은 인공지능 하드웨어 개발을 위해 구글, 페이스북과 손잡았고, 관련 제품을 올해 안으로 출시할 예정이라고 합니다.

국내에서는 세계 최초로 인공지능 지방흡입 기술 M.A.I.L 시스템(Motion capture and Artificial Intelligence assisted Liposuction System)을 개발했습니다. M.A.I.L 시스템은 지방흡입수술에서 의사의 움직임을 평가하고, 수술 경과를 예측하는 인공지능인데요, 의사가 수술 도구를 컨트롤하는 움직임을 실시간으로 분석해 더욱 꼼꼼하게 수술을 진행할 수 있도록 합니다.

이렇게 인공지능의 전망은 밝습니다. 그러나 빛이 있으면 그림자가 있는 것처럼 인공지능의 활약으로 직업을 잃는 사람들도 있을 텐데요, 자동화로 인한 실직의 위험은 단순노동과 전문직 모두에게 해당된다고 합니다. 오히려 의사, 변호사, 금융인 등 부가가치가 높은 전문직일수록 빠르게 인공지능으로 대체될 수 있습니다. 모든 직업이 인공지능으로 대체되지는 않을 것입니다. 예체능 분야와 인간적인 정서적 교감이 필요한 직종, 또 자동화가 어려운 기술직은 인공지능으로 대체되기 어려울 것이라는 전망입니다.

인공지능과 일자리 전쟁을 치러야 하는 것도 문제지만 자동화에서 소외되는 계층의 발생과 그에 따른 양극화의 심화 역시 여전히 해결해야 할 숙제로 남아 있습니다. 기술의 발전으로 편리함과 경제적 이득을 얻는 계층도 있겠지만 더욱 극심한 고통에 시달릴 수 있는 계층도 존재한다는 것을 염두에 두어야 하겠죠. 따라서 우리는 인간이 만든 인공지능이 과연 인간의 능력을 얼마나 뛰어넘을 수 있을지, 또 어떠한 새로운 변화를 불러올지 지켜보며 변화에 대비해야 합니다.

사물인터넷(IoT)과 산업용 사물인터넷(IIoT)

"사물인터넷 표준 생태계 구축", "차세대 IoT 전용망 상용화" 등 요즘 전자 제품이나 통신 시장에서는 사물인터넷(IoT)이란 표현이 자주 등장합니다. IoT란 Internet of Things의 줄임말로, 말 그대로 '사물 간의 인터넷'을 뜻합니다. 스마트폰과 연동되어 언제 어디서나 간단하게 작동시킬 수 있는 TV, 세탁기, 에어컨, 그리고 착용자의 건강상태를 실시간으로 분석하는 손목시계 등의 웨어러블 기기가 우리에게 익숙한 사물인터넷의 모습이죠. 최근에는 IoT에서 한 단계 더 나아간 IIoT까지 등장했습니다. IoT는 왜 이렇게 시장을 넓혀가고 있는 걸까요?

인간의 삶을 편하게, 사물인터넷

사물인터넷의 정확한 의미를 다시 짚어보면, 사물에 부착된 센서로 사물과 사물, 혹은 사물과 사람이 데이터를 주고받는 것입니다. 즉 센서를 이용한 사물-사물 또는 사물-사람 간의 대화라고 보면 되죠. 사물인터넷으로 사람·사물·환경 등에 대한 데이터를 서로 공유하게 된 물건들은 점점 고도로 지능화·자동화되어 인간의 삶을 편리하게 해주고 있습니다.

이를테면 사물인터넷이 적용된 아기 기저귀는 아기의 건강상태를 체크하고, 스마트폰으로 기저귀의 교체 시기를 알려줍니다. 스마트 물병은 사용자의 생활 패턴을 분석해 적절한 양의 수분을 섭취할 수 있도록 물을 마실 시간을 알려주죠. 넓은 주차장에 주차한 차를 찾아주거나 공중 화장실 앞에서 미리 빈칸이 어디인지를 알려주는 것 또한 사물인터넷을 이용한 서비스입니다. 사물인터넷은 이처럼 기존의 사물에 센서를 부착해 지능화·자동화한 경우가 많습니다.

사물인터넷이라는 용어가 처음 만들어진 것은 1999년입니다. MIT 오토아이디센터의 케빈 애시턴 소장이 "센서를 사물에 탑재한 사물인터넷이 구축될 것"이라고 전망했습니다. 사물인터넷은 20여 년 전부터 존재했던 개념이지만 기술 발전에 따라 진화해 각 분야에서 상대적인 의미를 갖게 되었습니다.

우리나라 과학기술정보통신부(구 미래창조과학부)는 사물인터넷을 사람·사물·공간·데이터 등 모든 것이 인터넷으로 서로 연결되어 정보가 생성·수집·공유·활용되는 초연결 인터넷이라고 정의했죠.

활용 범위를 확대한 산업용 사물인터넷

제조업에서도 사물인터넷으로 새로운 가치를 실현하고 있습니다. 최근에는 산업용 사물인터넷을 뜻하는 IIoT(Industrial Internet of Things)가 크게 주목받고 있습니다. 이미 많은 공장이 IIoT를 운영하고 있거나 도입할 준비를 갖추고 있습니다.

산업 현장에서 사물인터넷으로 연결된 기계와 기계, 그리고 기계와 작업자는 효율적인 생산 시스템 정비와 안전성 향상, 물량 관리 등을 위해 데이터를 분석하고 교환하며 산업 현장을 스마트하게 바꿔놓고 있습니다. 사물인터넷을 이용한 실시간 정보 교환은 사고 위험을 최소화하고, 각종 작업을 자동으로 감지해 빠르고 정확한 생산을 돕습니다. 결과적으로 산업용 사물인터넷은 생산 효율성을 극대화합니다.

산업용 사물인터넷이 활용된 대표적인 사례가 스마트 공장(Smart Factory)입니다. 스마트 공장은 산업용 사물인터넷을 비롯한 최첨단 기술로 운영되는 공장을 뜻합니다. 정보 통신 기술(ICT)을 적용해 생산 과정을 통합하고, 사이버 물리 시스템(CPS)으로 제품의 생산 과정을 가상으로 실험해 자원을 절감시켜주죠.

공장의 모든 디바이스에 사물인터넷을 적용해 복잡한 생산 과정을 사물 간의 정보 공유로 단축하고, 사고를 예측할 수 있기 때문에 손실의 위험을 줄임과 동시에 생산량을 늘릴 수 있습니다.

사물인터넷은 제품의 가치를 높여서 경제적으로 큰 이득을 취하게 합니다. 기존 제품에 인터넷을 연결해 업그레이드하는 셈이니까요. 그러나 미숙한 기술력으로 사물인터넷을 잘못 이용한다면 엄청난 손실을 초래할 수도 있습니다. 특히 산업용 사물인터넷의 경우 취약한 보안이 가장 큰 문제점으로 떠오르고 있습니다. 원격으로 사물들을 제어하는 과정에서 해킹을 막지 못한다면 외부 공격에 속수무책으로 당할 수밖에 없을 것입니다.

산업용 사물인터넷을 더욱 확장시키기 위해서는 보안 기술의 향상 외에도 복잡한 생산 기계들을 서로 연결하기 위한 고도의 전문 기술이 필요합니다. 산업용 사물인터넷은 기계와 기술, 그리고 인간이 어떻게 조화를 이룰지 기대를 모으며 4차 산업혁명 시대에서 가장 경쟁력 있는 분야로 떠오르고 있습니다. 제조업계를 이끌어 나갈 차세대 엔지니어의 활약을 기대해봐도 될 것 같습니다.

블록체인은 도대체 무엇일까?

블록체인(Block Chain)이란 거래 내역을 모아 장부(블록)를 생성하고, 그 장부를 하나의 중앙 서버가 아닌 다수의 일반 서버에 공유(체인)하는 분산화된 저장 방식입니다. 기존의 금융기관들은 거래 기록을 안전하게 보관하기 위해 보안 서버를 강화하고, 장부를 꼭꼭 숨겨놓았습니다. 그럼에도 은행 서버가 해킹당했다는 이야기를 종종 듣죠.

그러나 블록체인에 기록된 데이터는 하나의 서버에 저장되는 것이 아니라 네트워크에 저장되어 모든 거래자의 컴퓨터에 분산됩니다. 그렇기 때문에 해커가 정보를 얻기 위해서는 모든 거래자의 컴퓨터를 해킹해야 하죠. 사실상 해킹이나 위조가 불가능한 것입니다.

블록체인은 거래 장부를 감췄던 기존 금융기관들과 반대로, 거래 장부를 투명하게 공개함으로써 보안을 강화했다고 볼 수 있습니다.

블록체인

블록체인이란 암호화폐 거래 내역을 투명하게 기록해 거래에 참여하는 모든 사용자에게 보내줍니다. 또한 거래마다 거래 내역을 대조해 데이터 위조를 방지하죠. 한마디로 암호화폐로 거래 시 발생할 수 있는 해킹을 막는 기술입니다.

참여자 모두가 거래 장부를 함께 기록하고 열람하며 관리하도록 만든 것이죠.

블록체인 시스템에서 거래 정보는 하나의 블록에 담깁니다. 그리고 다른 블록들과 연결되어 결론적으로는 모든 거래 정보가 하나의 덩어리처럼 모이죠. 새로운 거래가 발생하면 새로운 블록이 기존의 블록들에 추가로 연결되는 것입니다.

신뢰를 구축하는 블록체인

'블록체인' 하면 비트코인을 가장 먼저 떠올리기 쉽지만, 비트코인은 블록체인을 기반으로 한 기능 중 하나일 뿐입니다. 현재 블록체인 기술은 비트코인 외에도 많은 곳에서 이용되고 있으며 무궁무진한 활용 가능성을 가지고 있습니다.

대표적으로 블록체인은 저작권 보호에 용이하게 활용될 수 있습니

블록체인의 작동 원리

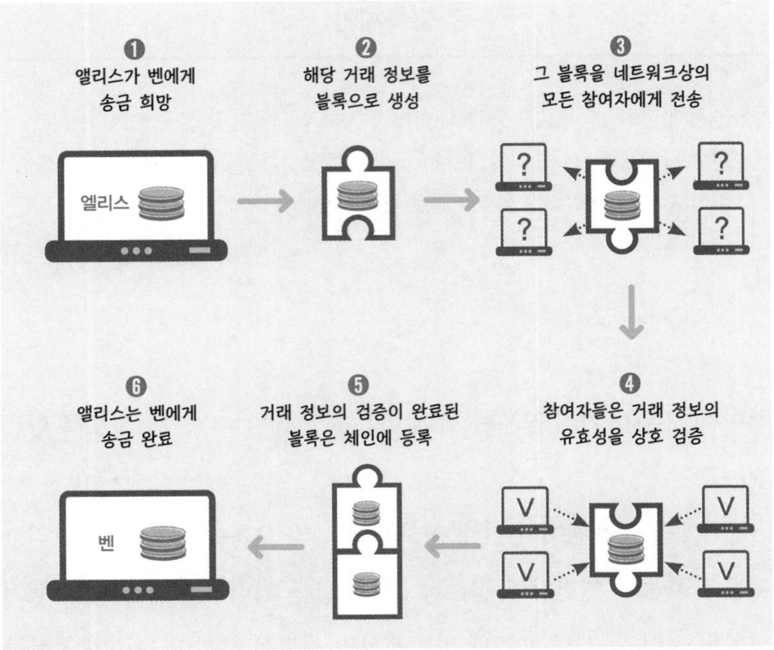

출처: JWorks Tech Blog

다. 창작자가 음원, 원고, 그림 등 자신의 저작물을 블록에 등록하면 저작물의 정보가 네트워크에 저장되고, 누군가 그 저작물을 이용한다면 그 기록 또한 또 다른 블록에 저장되어 이용 내역을 추적할 수 있죠. 모든 내역이 공개적으로 저장되기 때문에 불법복제나 위조 등을 방지할 수 있습니다.

또 다른 예로 블록체인을 이용한 한 클라우드 서비스는 중앙 서버가 없기 때문에 해킹의 위험 없이 안전하게 데이터를 보관할 수 있습니다. 또 사용자들이 직접 저장 공간을 공유하기 때문에 적은 관리 비용으로도 무한히 많은 공간을 사용할 수 있죠.

이러한 블록체인 산업은 이더리움(Ethereum)의 등장으로 크게 확대되고 있습니다. 이더리움은 블록체인을 기반으로 스마트 콘트랙트(smart contract) 기능을 도입한 대표적인 2세대 암호화폐입니다. 특정한 조건을 설정해두면 그에 맞는 조건이 성립될 때 자동으로 계약이 체결되거나 해지되는 것을 스마트 콘트랙트라고 하죠.

스마트 콘트랙트는 블록체인 산업에서 한 단계 더 나아가 획기적인 발전을 이뤘다고 평가받습니다. 단순 송금이나 결제를 넘어 중앙기관 없이 사용자가 직접 계약 및 해지 등의 응용을 할 수 있기 때문입니다.

보험(Insurance)과 이더리움(Ethereum)을 결합한 '인슈어리움'을 예로 들 수 있습니다. 인슈어리움은 보험사, 보험계약자, 개발자를 연결하며 암호화폐인 인슈어리움을 통해 익명의 데이터를 사고팔게 합니다. 보험사는 데이터를 이용해 상품을 개발하고 개발자는 자신들의 앱을 프로토콜에 연결해 수익을 창출합니다. 또한 보험계약자, 즉 소비자들은 개인정보를 익명으로 공유해 보상을 얻게 되죠.

이렇게 블록체인과 이를 활용한 모든 서비스는 우리 삶 속에 빠르게 스며들고 있습니다. 중앙에 집중되었던 정보를 분산하고 신뢰의 네트워크를 구축하는 블록체인이 앞으로 인터넷 세상을 어떻게 바꿔 나갈지 기대됩니다.

화폐 혁명의 주인공, 비트코인

우리가 사용하는 화폐는 크게 2가지로 나눌 수 있습니다. 지폐나 동전처럼 물리적 형태를 갖춘 실물화폐와 형태가 없는 가상화폐(디지털 통화)입니다. 전자는 실제 생활에서 쓰이는 화폐인 반면, 후자는 흔히 온라인 세계에서만 사용할 수 있는 화폐죠. 싸이월드의 '도토리'나 카카오톡의 '초코', 혹은 ○○캐시라는 이름으로 여러 웹사이트에서 제공하는 서비스가 가상화폐에 해당합니다.

여기서 한발 더 나아간 것이 바로 '암호화폐'입니다. 단순히 돈을 주고 사는 가상화폐와 달리, 어려운 수학 문제를 푸는 등의 특정한 과제를 해결해야 암호로 생성된 코인을 얻을 수 있습니다. 최근에는 이런 암호화폐가 현실에서 자산처럼 거래되고 결제 수단으로 사용되고 있습니다.

암호화폐의 시작, 비트코인

암호화폐의 첫 시작이 바로 '비트코인(Bitcoin)'입니다. 비트코인은 2009년 사토시 나카모토라는 필명의 한 프로그래머에 의해서 만들어졌습니다. 필명 외에는 아무것도 알려지지 않은 미궁의 개발자는 이름 탓에 일본인으로 추측되고 있습니다. 지금까지 여러 컴퓨터 전문가들이 본인이 사토시 나카모토라고 주장했지만 2018년 현재까지 확실히 밝혀진 바는 없습니다.

디지털 화폐인 비트코인은 기존 화폐 체계의 한계를 극복한 새로운 대안화폐로 떠올랐습니다. 비트코인은 달리 정부 기관의 개입 없이도 스스로 작동할 수 있기 때문이죠. 기존 화폐는 중앙정부 등의 권력기관 등의 영향 아래 의도적으로 통화량과 이자율을 조절되어 안정성이 의심받는 한계가 있습니다.

비트코인은 특정 기업이 제공하는 서비스가 아닙니다. 따라서 비트코인을 통제하는 주인도 존재하지 않습니다. 다만 이용자들을 수평적으로 연결하는 P2P(peer to peer) 시스템으로 연결되어 있고, 이들의 거래 정보는 여러 컴퓨터 네트워크에 분산되어 저장됩니다. 비트코인을 사용하는 모든 사람이 곧 비트코인의 주인이 되는 것이죠.

비트코인 세계에는 중앙은행과 같이 통화량을 조절하는 기구도 존재하지 않습니다. 개발자가 통화량을 2,100만 비트코인으로 미리 설정해놓았기 때문입니다. 기존의 화폐들이 경제 상황에 따라 추가로 발행되던 것과는 큰 차이를 보입니다. 게다가 비트코인은 이용자가 일정한 작업을 통해 직접 얻는 시스템이기 때문에 특정 기관이 새로 찍어낼 필요가 없어요. 성능이 아주 좋은 컴퓨터로 수학 문제와 같은 암호를 풀면 비트코인을 얻을 수 있습니다.

이 과정을 '채굴(mining)'이라고 부르며 채굴하는 사람을 '광부(miner)'라고 부릅니다. 기존 화폐 시스템에 빗대자면 광부가 조폐공사와 같은 역할을 하는 것이죠. 광부가 아닌 사람들은 비트코인을 구매하면 됩니다. 채굴 과정에서 문제의 난이도는 채굴자가 많아지거나 코인을 얻으려는 사람이 많아질수록 어려워집니다. 다시 말해 채굴자가 늘어나면 프로그램 자체적으로 난이도를 높여 문제를 출제하기 때문에 점점 더 높은 사양의 컴퓨터(채굴기)가 필요하게 되며, 자연스레 소요되는 시간 또한 늘어납니다.

비트코인 세계에서도 계좌이체의 개념이 있을까요? 당연히 사람들끼리 비트코인을 주고받을 수 있습니다. 비트코인으로 거래할 수 있는 계좌를 '지갑'이라고 부르며, 지갑마다 고유번호가 있습니다. 지갑을 만들 수 있는 별도의 프로그램도 존재합니다. 은행이 없는 대신 개인-개인의 거래가 성사되기 위해서는 공공 거래장부(public ledger)에 기록이 추가되어야 합니다. 이것이 앞서 설명한 블록체인 시스템입니다. 인터넷만 가능하다면 신분을 묻지 않고도 익명으로 비트코인으로 거래할 수 있습니다.

비트코인의 가치

블록체인 생태계에서 금(gold) 또는 기축통화(key currency)로 평가받는 비트코인은 중앙정부 혹은 권력기관 등의 관리나 통제를 받지 않기 때문에 신뢰도가 높은 화폐로 여겨집니다. 국가 간 거래 시에도 환전이 필요하지 않으며 환율의 영향을 받지 않는 것도 획기적인 변화입니다. 누구나 손쉽게 비트코인 계좌를 개설할 수 있는 것도 큰 장점입니다.

그러나 익명성과 간편성은 문제점으로 드러나기도 합니다. 아직 규제가 미미하기 때문에 불법적인 목적으로 비트코인을 악용할 위험성이 있습니다. 또한 현실에서 비트코인을 이용할 수 있는 곳이 적어 아직까지 실물 화폐처럼 기능하기는 어려워 보입니다.

비트코인의 역사는 아직 짧기 때문에 얼마나 더 발전하고 실용성이 있어질지는 두고 봐야 할 것입니다. 빠른 속도로 발전하는 미래에 암호화폐가 과연 어디까지 사회를 바꿀 수 있을지 관심 있게 지켜보시기 바랍니다.

전기차와 스마트카, 상용화는 머지않았다?

전기차(electric vehicle)는 전기를 에너지로 한 전기모터로 움직이는 자동차입니다. 최근 들어 등장한 신개념 자동차인 것 같지만 사실 전기차는 자동차가 막 시장에 등장하기 시작한 1800년대 후반 가솔린차보다 먼저 제작되기 시작했습니다. 1912년엔 다른 방식으로 움직이는 자동차들을 모두 꺾고 전성기를 맞기도 했습니다.

그러나 내연기관(석유를 연소해 엔진을 가동하는 기관)을 가진 가솔린차가 대량생산되기 시작하자 전기차는 시장에서 서서히 그 모습이 사라지게 되었습니다. 가솔린차보다 2배 이상 비싼 가격과 충전 시간이 오래 걸리는 게 치명적인 단점이었죠. 그렇게 역사 속으로 사라졌던 전기차가 최근 들어 다시 각광받고 있습니다. 바로 친환경적인 작동 원리 덕분입니다.

전기차의 화려한 부활

전기차는 작동 과정에서 유해물질과 소음을 발생시키지 않기 때문에 최근 미세먼지 등의 환경오염 문제 해결에 적극적인 각국 정부로부터 보조금을 지급받는 등의 많은 정책적 지원을 받고 있습니다. 유럽은 물론이고 그동안 환경 정책을 등한시했던 인도, 중국 등의 신흥국에서도 전기차 활성화와 기존 자동차의 퇴출을 위해 발 벗고 나섰습니다. 영국과 프랑스 정부는 "2040년부터 가솔린, 디젤 차량의 판매를 금지하고 화석연료차량을 퇴출시키겠다"고 발표했고, 인도는 2030년부터 전기차만 판매하겠다고 선언했습니다.

기업들 또한 전기차의 상용화를 위해 전기차 개발과 출시에 뛰어들고 있습니다. 심지어 자동차 회사가 아닌 곳에서도 전기차 제조를 선언했습니다. 구글, 네이버 등의 IT 기업은 물론이고 영국의 고급 가전제품 회사 다이슨도 지난 2017년 9월, 2020년부터 전기차를 생산하겠다고 발표했습니다. 이런 분위기가 계속된다면 화석연료를 사용하는 자동차의 점유율은 빠른 시일 내에 줄어들 것으로 보입니다. 국제에너지기구(IEA)에 따르면 2050년에는 기존 내연기관차의 시장 점유율이 14%까지 하락할 것이라고 합니다.

그러나 친환경 자동차의 대명사로 떠오른 전기차에도 문제점이 있습니다. 충전소가 많지 않고 충전에 시간이 오래 걸린다는 것입니다. 최근 몇몇 아파트에 충전소가 설치되긴 했지만 아직 부족한 실정입니다. 충전소의 보편화와 충전 시간의 단축이 전기차가 상용화되기 위한 큰 숙제입니다.

이에 미국의 무선통신제품 회사 퀄컴과 일본의 도쿄대 연구팀에서 무선충전기능을 연구하고 있기도 합니다. 아직 상용화되지는 않았지만 개발에 성공한다면 충전하면서 달릴 수 있는 편리한 전기차도 등장할 것으로 보입니다.

스스로 달리는 자율주행차, 스마트카

자율주행차(self-driving car)는 자동차 간 거리를 유지해주는 기술, 주변을 감지해 경보를 울리는 기술, 인식이 불가능할 때 제동을 거는 기술, 차선을 유지하도록 하는 기술 등 여러 첨단 기술의 집합체인 스마트카입니다. 스스로 달리는 자동차라니, 전기차보다 낯설어 보이지만 상용화가 그리 멀지 않았습니다. 다수의 기업들이 2020년까지 부분 자율주행차의 상용화를, 2030년까지 완전 자율주행차의 상용화를 목표로 연구에 매진하고 있기 때문이죠.

우리나라에서는 2016년 2월부터 자율주행차의 시범운행이 법적으로 허용되었습니다. 시험용 자율주행차는 전국의 도로를 달리며 각종 데이터를 수집하죠. 수집된 데이터는 제도와 도로를 개선하는 데 쓰이며 교통사고 위험률을 감소시키는 데 일조하고 있습니다.

국토교통부는 경기도 화성에 자율주행차 실험도시 케이시티(K-city)를 구축 중입니다. 11만 평 규모의 실험도시는 실제 도로환경을 구현해 자율주행기술의 안전성을 확보하는 데 큰 역할을 할 것으로 보입니다.

자율주행차가 상용화된다면 가장 기대할 만한 점은 안전성입니다. 사람보다 훨씬 빠르게 반응하는 인공지능이 사고를 예방하기 때문이죠. 사고로 인한 인명피해의 감소는 자동차 보험료의 절감으로 이어질 것입니다. 차체가 사고를 대비하지 않아도 되기 때문에 경량화되어 에너지 또한 절약할 수 있겠죠. 교통체증의 해결도 기대해봅니다. 자율주행차는 자동차 간 간격을 일정하게 유지하며 교통체증의 원인을 최소화할 것입니다.

그러나 자율주행차의 운행 중 사고가 발생한다면 인공지능에 생명의 책임을 묻는 것이 옳은가에 대한 비판적 시각도 존재합니다. 이에 대해 국토교통부는 자율주행차라 해도 운전자의 통제가 가능하기 때문에 사고 발생 시 과실은 운전자의 몫이라고 답했습니다. 사고의 책임을 묻기 전 사고가 발생하지 않도록 안전성을 높이기 위한 노력이 항상 1순위가 되어야 하겠습니다.

전기차와 자율주행차가 합쳐진다면?

구글은 2009년 자율주행차 개발에 나선 이후로 수백km에 이르는 시험주행을 완수했습니다. 구글이 제작한 자율주행차 '구글카(Google car)'는 전기차인 만큼 더욱 관심을 모으고 있습니다. 구글은 자동차를 만들어왔던 회사가 아니기 때문에 복잡한 기존의 내연기관차를 제작하는 것보다 전기차를 제작하는 것이 더 쉬웠을 것입니다. 그뿐만 아니라 전기차는 제작 과정에서 정책적 지원을 받을 수도 있죠.

단순히 만들기 쉽다는 것 외에도 전기차와 자율주행차는 궁합이 잘 맞습니다. 전기차는 물리적인 구동도 전기로 이뤄지기 때문에 인공지능과 직접 연결할 수 있으며, 이를 바탕으로 변환 작업 없이 차에 바로 명령을 내릴 수 있습니다. 한마디로 전기차는 인공지능에 대한 민감성이 높기 때문에 훨씬 더 안정적인 운행이 가능한 것이죠.

이렇게 전기차와 자율주행차의 장점이 합쳐지면 교통사고와 교통혼잡을 예방하고 환경까지 생각할 수 있는 슈퍼카가 탄생할 수 있습니다. 자율주행차와 전기차의 공동 개발은, 상상 속에서만 존재할 것 같았던 스스로 움직이는 자동차의 이상적인 미래가 될 것입니다.

의료로봇이 수술을 하게 될까?

현대사회에서 로봇과 인공지능은 각종 분야에서 인간이 하기 힘든 일이나 인간보다 더 잘할 수 있는 일을 하고 있습니다. 과거에는 인간이 하기 어려운 일, 즉 무거운 것을 들거나 나르고 엄청난 수량의 물건을 생산하는 일 등을 로봇이나 인공지능 설비가 맡았습니다. 앞에서 설명한 스마트 공장이 탄생한 것이죠.

최근에는 의료계에서도 로봇의 활약이 크게 두드러집니다. 많은 병원에서 새로운 수술용 로봇을 도입했다고 광고하고, 실제로 수술실에 들어와 있는 로봇도 적지 않습니다. 로봇이 인간보다 수술을 잘하게 된 걸까요?

의료로봇과 의료공학의 현재

우리나라에서는 2005년 진출한 수술용 로봇 다빈치 수술 시스템(da Vinci Surgical System)이 가장 많이 알려져 있습니다. 수술용 로봇이라고 해서 사람처럼 생긴 로봇이 의사를 대신해 수술을 집도하는 것은 아닙니다. 로봇은 의사의 제어에 따라 움직이며 수술을 보조할 뿐이죠. 다빈치는 미국에서 만들어져 1999년부터 보급되기 시작했습니다. 인간의 손 관절이 가진 한계를 뛰어넘고, 손 떨림의 영향을 받지 않는 정교한 움직임 등 탁월한 장점을 가지고 있습니다. 기존 수술법에 비해 흉터가 적게 남고 출혈이 적어서 환자의 회복 속도 또한 빠르죠.

이처럼 의료계에서 쓰이는 로봇이 의료로봇이며, 이런 로봇을 개발하고 연구하는 분야가 바로 의료공학(medical engineering)입니다. 의료공학 분야는 의료로봇 외에도 첨단 의료장비나 인공장기를 연구·개발하고, 정보 통신망의 구축으로 광역 진료 시스템을 실현할 수 있게 힘쓰고 있습니다.

의료공학 산업은 부가가치가 높기 때문에 4차 산업혁명 시대에서도 유망한 분야 중 하나입니다. 게다가 의료공학 기술의 발전은 고수익과 독점이라는 측면에서 국가의 성장 동력으로 평가받고 있죠. 의료장비들은 대개 고가이기 때문에 고수익을 추구할 수 있고, 대부분의 대형 의료장비를 몇몇 회사가 독점하고 있는 구조라서 새로운 장비를 개발한다면 세계 시장을 선점할 수도 있습니다.

우리나라에서 사용하는 대부분의 의료장비들이 수입품이기 때문에 이를 대체하기 위해 의료공학 분야의 발전을 위한 투자를 아끼지 않고 있습니다. 많은 대학들이 관련 학과를 신설해 의료로봇 연구에 매진하고 있습니다.

다양한 역할을 수행하는 의료로봇

앞서 언급된 다빈치 외에도 많은 종류의 의료로봇들이 다양한 역할을 수행하고 있습니다. 의료로봇을 역할별로 크게 나눠보면 다빈치와 같은 수술용 로봇, 초소형 마이크로 기술이 접목된 마이크로 로봇, 노약자나 장애인의 신체적 불편함을 해소할 수 있는 재활로봇 등이 있습니다.

수술용 로봇은 대부분 의사가 움직임을 제어합니다. 치료 성공률을 크게 높일 수 있기 때문에 의료로봇에서 가장 큰 비중을 차지하고 있죠. 수요가 많은 만큼 활발한 연구도 진행되고 있습니다. 복부 수술용 로봇 다빈치, 시력교정술 로봇 아마리스레드, 인공관절 수술 로봇 로보닥이 대표적입니다. 아마리스레드는 각막 손상을 최소화해 시력교정술의 부작용을 예방하고, 로보닥은 인공관절 보조물과 실제 뼈의 접촉률을 획기적으로 끌어올릴 수 있습니다.

초소형으로 제작된 마이크로 로봇은 마이크로 기술을 이용한 로봇입니다. 가장 흔히 캡슐 내시경으로 알려져 있습니다. 소형 카메라가 탑재된 캡슐을 삼키면 카메라가 음식이 지나가는 경로를 따라 몸속을 촬영해 의사에게 보내주는 것이죠. 이러한 건강검진 용도 외에도 각종 질병을 치료할 수 있는 나노 사이즈의 마이크로 로봇이 의료로봇계에서 크게 성장하고 있습니다.

재활로봇은 주로 마비환자나 장애인이 자유롭게 움직일 수 있도록 돕는 보행보조 로봇이나 로봇 의족 등을 말합니다. 로봇 의족·의수 산업계는 실제 신체의 무게와 움직임을 실현하기 위해 노력하고 있습니다. 인공근육으로 감각기능까지 갖추어 실제 신체부위와 유사하게 작동하는 인공지능 의족·의수 로봇도 개발되고 있습니다.

의료로봇의 전망은 어떨까?

의료로봇은 새로운 치료법을 시도할 수 있고, 손 떨림이나 점점 무뎌지는 손가락 감각과 같은 인간의 한계를 뛰어넘을 수 있게 해줍니다. 그러나 최근에는 단순히 치료 가능성과 수술의 안정성을 높이는 것에 그치지 않고 원격진료와 원격수술 또한 가능하게 합니다. 이를테면 수술용 로봇을 조종하는 의사가 수술실에 있지 않아도 원격으로 로봇을 조종해 수술을 집도할 수 있는 것입니다.

물론 의료로봇을 전적으로 신뢰하기에는 아직 이르다는 의견도 적지 않습니다. 의학적 지식과 경험을 가지고 있는 의사보다 로봇에게 수술을 맡기는 것이 안전할지 의심하는 사람들도 있죠. 하지만 의료기술의 발달은 인간의 삶을 더욱 편리하고 행복하게 만들 수 있습니다. 재활로봇의 경우 신체적 불편함을 가진 환자의 삶의 질을 훨씬 높일 수 있죠. 활발한 연구가 진행되고 있기 때문에 미래에는 더욱 새로운 기술이 접목된 의료기기들이 개발될 것입니다.

아직은 의료로봇이 의사를 보조하는 수준이지만 환자에 대한 정보와 여러 가지 의학적 정보를 통해 스스로 의사결정을 내릴 수 있는 인공지능 의료로봇의 등장도 기대해봐도 좋겠습니다.

미래를 예측하는 힘, 빅데이터

빅데이터(big data)란 단순히 큰 데이터, 많은 데이터를 뜻하는 말일까요? 그렇게 생각해도 틀린 것은 아니지만 빅데이터의 역할과 중요성을 제대로 표현했다고는 볼 수 없습니다. 대량의 데이터가 모두 빅데이터는 아니기 때문입니다.

사실 빅데이터는 대량의 데이터뿐 아니라 그 데이터를 효과적으로 분석해 이용가치를 높이는 '기술'까지 포함하는 개념입니다. 빅데이터의 핵심은 단순히 많은 양의 데이터를 저장하는 것이 아니라, 데이터에서 정보를 추출해 미래를 예측하는 것이죠.

빅데이터의 시작

빅데이터라는 개념이 등장한 것은 언제일까요? 빅데이터의 등장에는 '디지털화'가 큰 영향을 미칩니다. 사람들의 생활이 디지털화되면서 아날로그 시대 때보다 훨씬 많은 데이터가 쌓였기 때문입니다.

대부분의 사람들이 PC와 스마트폰 등을 이용하자 네트워크를 통해 생성되는 데이터의 양은 폭발적으로 늘어났습니다. SNS 서비스의 활성화 또한 데이터 생성에 한 획을 그었죠. 영상·이미지를 포함한 데이터도 폭발적으로 늘어났습니다. 이러한 개인적인 데이터뿐 아니라 전 세계적으로 CCTV에 녹화되고 있는 영상의 용량도 어마어마합니다.

일상의 모든 것이 데이터로 기록되고 쌓이기 시작하자 기존의 데이터베이스 시스템은 대용량의 데이터를 감당하기 어려워졌습니다. 대규모 데이터를 처리하기 위한 기술이 필요해진 것이죠. 그리고 예전엔 단순히 쌓아두기만 했던 데이터에서 추출한 정보가 유용하게 쓰이면서 빅데이터 기술은 점점 더 중요한 개념이 되었습니다.

과거에도 데이터는 분명 존재했습니다. 그러나 빅데이터라고 부르기엔 적은 양이었고, 대용량의 데이터를 처리하는 일도 주로 국가 차원에서만 진행되었던 것이었습니다. 반면 지금의 빅데이터 분석은 개별 기업에서 사적 비용으로 이뤄진다는 점에서 의미가 있습니다. 빅데이터 산업에 충분한 사업성이 있다는 의미로 해석할 수 있으니까요. 또한 이전의 데이터 처리가 단순히 과거 분석에만 머물러 있었다면 빅데이터는 미래를 예측하는 것에 더욱 중점을 둔다는 것도 유의미한 변화라고 할 수 있습니다.

미래 예측이라는 측면에서 빅데이터는 4차 산업시대에 매우 중요합니다. 쏟아지는 정보와 쌓이는 데이터에서 이득이 될 만한 부분을 추출할 수 있다는 것이기 때문이죠. 다가올 미래에 빅데이터를 활용하지 않는 기업이 있다면 살아남기 어려울 것입니다.

빅데이터는 어떻게 활용할까?

빅데이터를 가장 적극적으로 활용하는 곳은 기업입니다. 기업에서 데이터는 곧 자산이기 때문입니다. 인터넷 쇼핑몰만 봐도 소비자의 검색 기록이나 구매 기록 데이터를 분석하면 관심사나 소비 패턴을 알 수 있기 때문에 마케팅에 큰 도움이 될 수 있습니다. SNS를 분석해 고객이 원하는 것과 최신 트렌드를 예측할 수도 있죠. 수요의 예측과 트렌드를 반영한 빠른 생산은 모든 산업에서 필수적입니다.

동영상 콘텐츠를 제공하는 넷플릭스나 유튜브 또한 빅데이터를 활용해 이용자에게 편리한 서비스를 제공합니다. 개인의 이용 기록을 기반으로 선호 콘텐츠와 선호 채널을 구성하는 것이죠. 이는 두 회사를 성공으로 이끈 요인이기도 합니다.

국내에서는 주로 대기업에서 빅데이터를 활용합니다. 해외에 비하면 빅데이터 사용률이 낮지만 점차 늘어나고 있는 추세입니다. 대표적인 기업으로는 국내에서 빅데이터 산업을 처음 개척했다고도 할 수 있는 다음소프트가 있습니다. 또한 IT 기업이 아님에도 빅데이터 서비스를 출시하는 기업도 늘고 있습니다. 신한카드는 고객 정보 빅데이터를 분석해 소비 패턴과 생활 방식을 고려한 고객맞춤형 상품인 코드나인을 출시해 큰 반향을 일으키며 화제가 되었습니다. 또 SK텔레콤에서는 지오비전이라는 상권분석 서비스를 제공하고 있습니다. 이는 업종·판매현황·지리정보·유동인구를 분석해 개발한 서비스입니다.

빅데이터는 공공부문에서도 유용하게 활용되고 있습니다. 도로의 교통량을 추정해 버스노선을 배치하거나 재난이나 전염병을 관리하는 식이죠. 경찰청은 시간대와 지역별 범죄유형과 위험도를 분석해 범죄율을 줄이기도 했습니다. 이처럼 국가적 차원에서 관리되는 대규모의 데이터는 시민들의 삶을 윤택하게 하고 국가경쟁력을 강화할 수도 있습니다.

빅데이터는 정치적 목적으로 활용되기도 합니다. 인터넷과 SNS상의 정보들을 통해 유력한 대선후보를 예측하고, 알맞은 유세 전략을 세울 수도 있습니다. 이처럼 빅데이터는 기업 마케팅은 물론이며, 정치·행정·금융·의료 등 다양한 분야에서 정보를 제공합니다.

4차 산업혁명과 빅데이터

빅데이터로부터 가치를 창출하기 위해서 많은 기업이 빅데이터 전문가를 필요로 하고 있습니다. 빅데이터 전문가는 4차 산업혁명 시대에 관심받는 직종 중 하나입니다. 데이터가 아무리 많아도 그 속에 담겨 있는 정보를 분석해 필요한 정보를 골라내지 못하면 아무 소용이 없기 때문입니다. 국내 많은 대학들은 벌써 관련 학과를 개설하고 운영하는 중입니다. 빅데이터 전문가는 통계학적 지식 외에도 데이터를 모으고 분석하는 처리 능력이 중요합니다. 최신 트렌드를 따라 적절한 데이터를 활용해야 하기 때문에 유행의 흐름에도 신경 써야 합니다.

빅데이터는 인공지능, 사물인터넷 등의 기반이 되면서 4차 산업혁명시대의 주역으로 떠오르고 있습니다. 그러나 개인정보보호의 측면에서는 문제가 될 수도 있습니다. 빅데이터가 활성화되는 만큼 개인의 발자취와 개인정보가 여기저기에 활용되기 때문입니다.

그렇다면 개인정보의 엄격한 관리와 빅데이터 산업의 활성화는 반대되는 개념일까요? 그렇지는 않습니다. 다만 빅데이터 산업이 건강하게 발전하기 위해서는 개인정보가 새어 나가지 않도록 하는 보안 기술 역시 함께 성장해야 할 것입니다.

과거에는 불가능했던 기술을 실현시키는 빅데이터, 앞으로의 무궁무진한 발전이 기대됩니다.

가상현실(VR)과 혼합현실(MR)

최근 가상현실(VR)을 이용한 엔터테인먼트 산업이 활성화되고 있습니다. 몇 년 전부터 생겨나기 시작한 VR체험존, VR게임방 등을 이제는 꽤 많이 찾아볼 수 있습니다. 또 놀이공원에서도 놀이기구에 VR을 접목해 더욱 스릴 넘치게 즐길 수 있습니다.

이런 가상공간을 이용한 기술은 VR뿐만이 아닙니다. 한때 전국을 강타한 게임 '포켓몬GO'의 증강현실(AR)과 조금은 낯선 개념인 혼합현실(MR)까지, 각종 기술이 등장해 새로운 산업군을 만들고 있습니다. 이번에는 이런 VR, AR, MR이 정확히 무엇이며, 전망은 어떠한지 살펴보겠습니다.

가상을 현실처럼, VR

VR은 'Virtual Reality'의 약자로 가상현실이라는 뜻을 가지고 있습니다. VR헤드셋을 착용하면 가상의 배경이 현실처럼 눈앞에 펼쳐지면서 생생하게 가상현실을 즐길 수 있죠.

VR이 대중에게 익숙해진 것은 얼마 되지 않았지만, 사실 가상현실은 오래전부터 연구된 개념입니다. VR기기와 같은 상품 역시 1980년대부터 존재했습니다. 하지만 부족한 기술력과 장비의 비싼 가격 때문에 대중화되지 못했고 실패의 길을 걸을 수밖에 없었습니다.

VR의 대중화를 이끈 것은 '오큘러스 리프트'라는 VR게임용 기기입니다. 2012년 발명된 오큘러스 리프트는 299달러(약 33만 원)의 저렴한 가격으로 판매되었으며, 그것은 1990년대 VR기기의 약 1/30 가격이었습니다. 저렴한 가격은 VR의 대중화에 불을 붙입니다.

그리고 스마트폰의 보편화도 가상현실에 대한 관심을 증폭시켰습니다. 스마트폰이 확산되자 대부분의 VR기기가 스마트폰에 장착하는 구조로 출시되었기 때문이죠. 이러한 장비들은 오큘러스 리프트보다도 훨씬 저렴한 가격에 출시되어 가격 장벽이 낮아졌습니다. 그 덕분에 이제는 VR헤드셋과 콘텐츠만 있으면 집에서도 가상현실을 즐길 수 있습니다.

현실세계와 가상세계의 만남, MR

VR보다는 낯선 개념이지만 MR 역시 다양한 분야에서 활용될 수 있습니다. MR은 'Mixed Reality'의 약자로, 혼합현실이라는 말 그대로 2가지 기술을 혼합한 개념을 말합니다. VR과 AR(증강현실, Augmented Reality)의 장점을 모두 담고 있는 것이 바로 MR입니다. AR은 현실세계에 가상의 이미지를 겹쳐서 보여주는 기술입니다. 한때 유행했던 '포켓몬GO' 게임이나, 얼굴에 재미있는 필터를 씌울 수 있는 셀카앱 '스노우'에 적용된 기술이기도 하죠. 반면에 VR은 가상세계에서 가상의 이미지를 보여줍니다.

2가지 개념을 혼합한 MR은 현실세계와 가상세계를 결합합니다. 현실과 가상의 만남이라는 점에서 AR과 똑같다고 생각할 수도 있습니다. 하지만 기존의 AR에 VR의 몰입감을 추가해 현실과 가상이 좀더 자연스럽고 실감나게 융합된 것이라고 할 수 있습니다. 현실과 가상의 구분이 어려워진 것이죠. 또한 VR과 MR의 가장 큰 차이점은 VR은 기기를 착용해야 하는 반면 MR은 아무런 장비 없이도 체험할 수 있다는 것입니다.

그렇다면 우리가 VR과 MR을 볼 수 있도록 하는 원리는 무엇일까요? 우선 VR 기술이 실현될 수 있는 것은 인간의 양쪽 눈이 서로 다른 영상을 보기 때문입니다. VR기기는 왼쪽 눈과 오른쪽 눈의 거리로 생기는 영상의 차이로 입체감을 만듭니다. 양쪽 눈에 서로 각도가 다른 영상을 재생하게 되면 착용자는 영상을 입체감 있고 현실적으로 받아들이게 됩니다. 이것이 스마트폰에 VR기기를 부착해 안경처럼 착용하는 이유죠.

MR은 고해상도 3D 이미지와 수많은 프로젝터를 통해 홀로그램을 만듭니다. 실제와 가깝게 만들어진 홀로그램은 특정한 위치에 띄워지는데, 사용자는 현실세계 속 홀로그램을 육안으로 실감나게 감상할 수 있습니다.

생활 속 VR과 MR

VR은 1인칭으로 플레이되는 게임으로 유명하지만 게임 콘텐츠 외에도 많은 곳에서 활용될 수 있습니다. 실제로는 하기 힘든 일을 가상으로 가능케 하는 데 주로 이용되는데요, 이를테면 막대한 비용과 위험이 따르는 군사훈련을 예로 들 수 있습니다. VR로 군사훈련을 진행한다면 비용과 위험성을 줄이면서 실전처럼 훈련할 수 있죠. 실제로 우리나라에는 한국전자통신연구원이 개발한 VR군사훈련시스템이 있습니다.

VR을 마케팅에 활용한다면 고객이 실제로 해당 제품을 사용하는 것처럼 느끼게 할 수 있습니다. 자동차나 집을 판매하는 경우 고객이 내부에 들어가 이것저것 경험해보는 것 또한 가능합니다. VR은 치료에도 활용될 수 있습니다. 불안장애 환자가 자주 불안감을 느끼는 상황에 노출되어야 치료가 가능하다면 가상세계에서 해당 상황을 겪게 할 수 있습니다. 이처럼 VR을 이용한다면 치료 과정이 수월해질 것입니다.

MR 역시 다양한 목적으로 쓰이고 있습니다. 마이크로소프트가 개발한 '홀로렌즈'는 가장 대표적인 MR기기로, 현실배경에 가상의 물체를 띄워 이용자가 현실감을 느낄 수 있게 해줍니다. 대부분의 MR이 현실에서 가상의 상황이 발생했을 때 몰입감을 주기 위해 활용됩니다. 이를테면 재난이 닥쳤을 때의 모습을 MR로 구현해 대비할 수 있습니다. 촉각을 이용한 MR은 센서를 실제로 만지는 것 같은 느낌을 주어서 수술 시뮬레이션에 활용되기도 합니다.

VR, AR, MR은 모두 더욱더 다양한 분야에서 활용될 가능성이 많습니다. 어쩌면 4차 산업혁명에서 가장 친근하게 느껴지는 개념일 수도 있겠네요. 앞으로도 VR, AR, MR이 가상과 현실의 경계를 넘나들며 어떤 특별한 경험을 하게 해줄지 정말 기대됩니다.

반도체와 낸드플래시는 왜 그렇게 중요한 걸까?

삼성전자가 전 세계 시장 점유율 1위를 차지하고 있는 낸드플래시는 반도체의 한 종류입니다. 반도체란 전기가 통하는 도체와 전기가 통하지 않는 부도체의 중간 특성을 가진 물질입니다. 대부분의 전자제품에 쓰이는 중요 부품입니다. 반도체 중에서 정보저장 기능이 있는 반도체를 '메모리 반도체'라고 하는데, 이는 다시 램(RAM)과 롬(ROM)으로 나뉩니다. 이 중에서 램은 정보를 기록하고 읽는 것이 모두 가능하며 롬과 달리 저장한 정보를 수정할 수도 있습니다. 그러나 전원이 끊기면 자료가 모두 사라진다는 단점이 있죠.

여기서 플래시 메모리가 등장합니다. 플래시 메모리는 정보를 빠르게 읽고 쓰는 것이 가능한 램의 특징을 가지면서, 전원이 꺼져도 정보를 계속 저장할 수 있습니다. 낸드플래시 메모리(NAND Flash Memory)는 바로 이 플래시 메모리 중 하나입니다.

4차 산업혁명과 낸드플래시

D램을 거친 데이터는 낸드플래시에 저장되어 자유롭게 수정 및 삭제될 수 있습니다. 전자기기의 저장 공간을 떠올리면 낸드플래시를 쉽게 이해할 수 있습니다. USB드라이버나 카메라, 스마트폰 등의 메모리카드에 쓰이고 있는 것이 바로 낸드플래시이기 때문이죠.

반도체와 낸드플래시가 4차 산업혁명과 함께 언급되는 이유는 무엇일까요? 4차 산업혁명의 시대가 도래하면서 낸드플래시의 수요가 꾸준히 증가하고 있기 때문입니다. 인공지능, 사물인터넷, 자율주행차, 빅데이터 등 4차 산업혁명 주요 산업들이 모두 정보를 다루고 있기 때문에 이를 저장할 부품인 반도체(낸드플래시)는 거의 모든 기기에 필수가 되었습니다. 그 덕분에 낸드플래시의 가격은 상승세를 보이고 있고, 반도체 산업은 호황기를 맞았죠.

특히 향후 공급이 크게 증가할 전망인 자율주행차의 핵심 부품으로서 낸드플래시의 역할이 중요해지고 있습니다. 주변 환경을 데이터로 처리해 분석하기 위해서는 큰 용량의 낸드플래시가 필요하기 때문입니다. 실제로 차량에 탑재되는 낸드플래시의 용량은 2016년 8GB에서 2020년 128GB까지 늘어날 것으로 예상됩니다. 게다가 많은 기업들이 자율주행차의 생산을 발표하고, 자율주행차의 상용화가 가까워지면서 낸드플래시의 수요는 당분간 계속 늘어날 것으로 보입니다.

참고로 낸드플래시 시장에서 절반 수준의 큰 비중을 차지하는 것이 서버용 SSD* 인데요, 낸드플래시는 이 SSD의 핵심부품이기도 합니다. SSD는 빅데이터와 대용량 데이터의 중요성이 대두되면서, 데이터를 저장하고 빠르게 분석하기 위한 장치로 큰 인기를 끌고 있습니다. SSD의 빠른 처리 속도는 빅데이터의 실시간 분석을 가능하게 합니다. 그래서 빅데이터는 낸드플래시 시장을 성장시키는 열쇠로 평가받기도 하죠.

반도체 시장의 성장

메모리 반도체 시장은 낸드플래시의 활약을 중심으로 성장을 거듭하고 있습니다. 관련 업체들은 낸드플래시의 경쟁력을 강화하기 위해 앞다퉈 노력하고 있죠. 그러나 낸드플래시 시장은 대량생산이 가능한 상위 몇 개 기업의 과점 구조로 이뤄져 있기 때문에 수요에 비해 공급이 부

* 솔리드 스테이트 드라이브(SSD, Solid State Drive). 빠른 데이터 처리 속도와 안정성으로 기존의 하드디스크 드라이브(HDD)를 대체하고 있다.

낸드플래시 메모리 시장 규모
(단위: 억 달러)

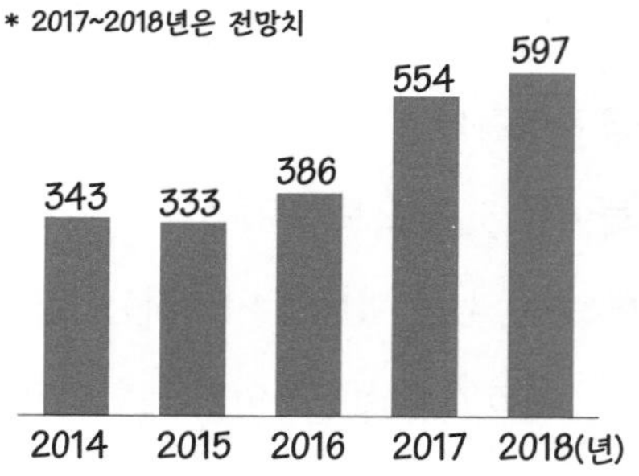

출처: 글로벌 매뉴팩처링 마켓 트래커

낸드플래시 메모리 시장 점유율
(2018년 1분기 기준, 단위: %)

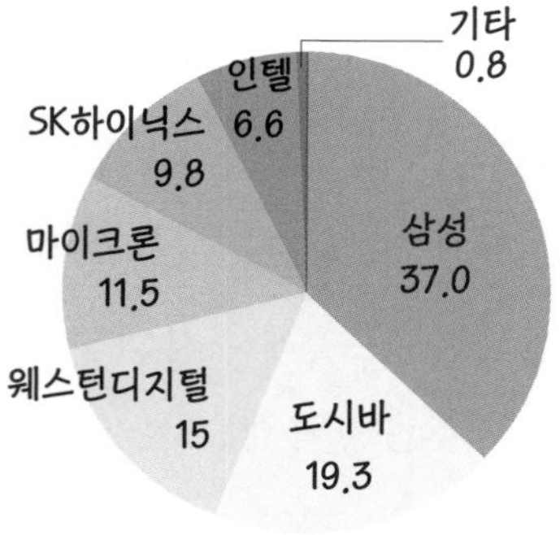

출처: D램 익스체인지

족한 실정입니다.

메모리 관련 전문사이트인 D램 익스체인지에서 2018년도 1분기 낸드플래시 메모리 브랜드별 시장 점유율 자료를 공개했습니다. 2018년 1분기를 기준으로 낸드플래시 메모리의 세계 시장 점유율 1위는 삼성전자(37.0%)입니다. 삼성전자는 2017년 초, 세계 최초로 64단 낸드플래시를 개발했습니다. 수직 회로를 64단으로 쌓아 올려 용량을 키운 것이죠. 세계 점유율 2위는 일본의 도시바(19.3%)이며 SK하이닉스는 9.8%로 5위를 차지하고 있습니다. 그래서 2017년 SK하이닉스가 업계 2위의 도시바를 인수한 것이죠. 심지어 SK하이닉스는 삼성전자의 64단 낸드플래시를 뛰어넘는 72단 낸드플래시를 생산하겠다고 밝히기도 했습니다.

이렇게 국내 기업을 포함한 일부 공급자들이 각축전을 벌이는 가운데, 낸드플래시는 2018년 사상 최대 실적을 기록하며 수출 1위 품목이 될 것으로 보입니다. 4차 산업혁명의 핵심 아이템이자 수출 효자 품목인 낸드플래시. 한국 기업들의 활약을 지켜봐야겠습니다.

경제의 기본기를 모두 배웠으니 본격적으로 경제에 참여할 순서입니다. 자본주의 사회에 가장 적극적으로 참여하는 방법은 바로 투자입니다. 투자는 크게 주식과 펀드로 대표되는 금융 상품을 활용하는 것과 부동산이라는 실물을 다루는 것, 2가지로 나눌 수 있습니다. 그 안에서 본인이 직접 운용하는지 여부에 따라 직접투자와 간접투자로 구분되죠. 주식과 펀드를 통해서는 기업의 성과를 나눠 갖는 방법을 배우고, 부동산 투자에서는 부동산 경기와 투자가 어떤 관계를 맺고 있는지를 알아봅니다. 끝으로 투자를 기준으로 살펴본 전체 경제의 사이클을 살펴보면서 나를 둘러싸고 있고 내가 참여하는 이 시장이 어떤 흐름 속에 있는지를 파악해 보도록 하겠습니다.

PART 3

투자하기

CHAPTER 7

주식과 펀드 투자

주식은 모든 투자의 기본이다

'투자'라고 하면 어떤 방법들이 떠오르나요? 아마 대부분이 '주식'을 떠올렸을 것입니다. 하지만 주식은 이름만 들어도 자연스레 '위험'이란 단어가 연상될 정도로 변동성이 큰 것으로 유명합니다. 그런데 이렇게 불안하게만 느껴지는 주식이 사실은 모든 투자의 기본이 된다는 것을 아시나요? 한 번쯤 들어봤을 펀드(보험의 펀드 상품 포함), ELS, ETF 등 비교적 안전하다고 여겨지는 투자처들은 알고 보면 모두 주식을 바탕으로 합니다.

모든 재테크의 기본은 주식

펀드에 조금이라도 관심이 있다면 성장주 펀드, 가치주 펀드, 배당주 펀드 등의 명칭을 들어봤을 겁니다. 여기서 끝의 '주(株)'는 주식(株式)을 가리킵니다. 성장하는 주식, 가치 있는 주식, 배당을 주는 주식이라는 의미죠. 가치 있는 주식이라는 말에 "가치가 없는 주식도 있나?"라고 반문할 수도 있지만 가치주로 분류되는 주식군이 따로 있습니다.

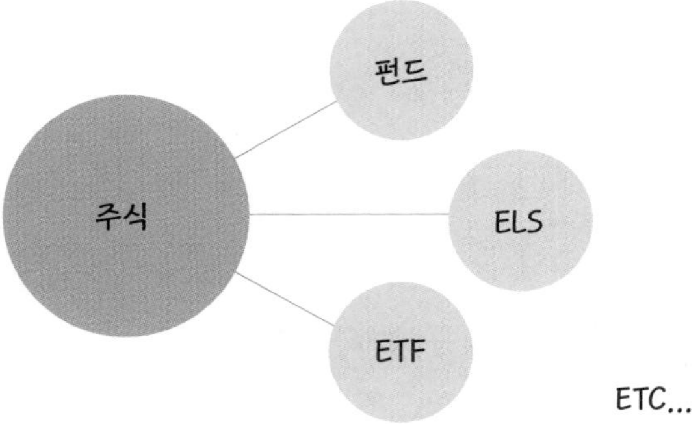

발행 총액이 무려 100조 원에 달하는 ELS의 정식 명칭은 '주가연계증권(Equity-Linked Securities)'으로, 글자 그대로 주가와 연동된다는 의미가 내포되어 있습니다. ETF의 정식 명칭은 '상장지수펀드(Exchange-Traded Fund)'인데요, 마찬가지로 주가지수와 연동되는 투자 상품을 의미합니다. 이처럼 많은 투자 상품의 근간에는 주식이 있습니다.

만약 주식을 이해하지 못한 채 이런 상품에 투자한다면 결과가 어떨까요? 물론 좋은 성과를 얻을 수도 있겠지만 주식을 어느 정도 이해한 상태에서 투자하는 것과는 비교할 수 없을 것입니다.

혹자는 펀드건 ELS건 모두 위험한 상품일 뿐이라고 말합니다. 그 위험하다는 인식은 주식, 펀드, ELS 등의 투자 상품을 제대로 이해하지 못하는 데서 오는 것일 수도 있습니다. 잘 알지 못하는 것에 대해 막연히 "잘 되겠지" 하며 투자하는 것은 투자가 아니라 투기일 뿐입니다. 자신이 투자하려는 상품과 그 기반을 이루는 주식에 대해 이해한다면 투자 성과는 분명 달라질 것입니다.

이렇게 주식은 많은 재테크 수단의 기본이므로, 주식 투자를 직접 하지 않더라도 재테크를 시작하기에 앞서 주식의 기본 원리 정도는 파악해두는 것이 좋습니다.

한편 직접 주식에 투자하는 데 관심 있는 사람들도 있습니다. 위험성이 있다고 해도 잘되었을 경우엔 흔히 말하는 '대박' 수익을 낼 수 있기 때문이죠. 이러한 목표, 또는 그 이상을 보며 투자에 관심을 가지는 사람들을 위해서 대표적인 직접투자 방식인 주식에 대해 구체적으로 설명하겠습니다.

주식의 진정한 의미는?

부자가 되는 방법에는 3가지가 있다고 합니다. 사업, 주식, 부동산이 그것입니다. 여기선 주식에 대해 알아볼 텐데요, 사실 사업과 주식을 엄밀히 구분하지는 않습니다.

우리 주변에서 쉽게 접할 수 있는 자영업의 경우는 사업과 주식이 같다고 보기 어렵지만, 대부분의 회사는 사업과 주식이 함께 가는 경향이 있습니다. 앞에 '(주)' 기호가 붙은 회사들은 주식회사(株式會社)입니다. 회사가 필요에 의해 발행한 주식을 소유한 주주들이 있다는 것을 의미하죠. 주식회사의 가치가 올라가면 주식의 가치도 덩달아 오르는데, 이런 현상이 곧 주가 상승인 것입니다.

부의 원천은 주식

세계 최고의 부자들은 대개 기업가입니다. 그들의 성공에는 보유 주식의 가치가 상승한 것이 큰 부분을 차지하죠. 미국의 IT 기업 마이크로소프트가 성장하며 빌 게이츠가 보유한 주식 가치가 높아진 것이나, 미국의 다국적 지주회사 버크셔해서웨이가 성장하며 워런 버핏이 보유한 주식 가치가 높아진 것이 대표적이죠. 우리나라의 삼성그룹 이건희 회장, 현대그룹 정몽구 회장 등도 회사를 잘 성장시켜, 그에 따라 주식 가치가 상승해 부를 거머쥐게 되었습니다. 신흥 부자라고 할 수 있는 페이스북의 창립자 마크 저커버그, 알리바바의 창립자 마윈 등도 모두 마찬가지고요. 사업이 성공함으로써 주식 가치가 상승해 부의 원천이 된 것입니다.

삼성전자로 예를 들어볼까요? 삼성전자 등기임원 5명의 평균 보수는 1인당 21억 9천만 원(2018년 5월 기준)이고, 삼성전자의 시가총액은 약 299조 원(2018년 9월 기준)입니다. 이건희 회장의 삼성전자 지분은 약 3.41%로, 지분 가치는 16조 3천억 원(2018년 7월 기준)입니다. 만약 삼성전자의 실적이 올라 주가가 20% 상승하면 지분을 가진 이건희 회장은 약 2조 원의 자산이 늘어납니다. 하지만 삼성전자 지분이 없는 임원들은 정해진 보수 21억 9천만 원만 받을 뿐 추가 이익은 없죠. 결국 부의 원천은 주식인 것입니다.

주식의 매력은 복잡하고 어려운 사업에 뛰어들지 않고도 사업 성공의 결실을 주주가 함께 수확할 수 있다는 데 있습니다. 이름이 널리 알려진 기업가들은 대개 해당 기업의 지분을 가장 많이 가지고 있는 최대 주주이고, 사업 성공의 결실도 가장 많이 가져갑니다. 기업에 투자할 경우 우리도 비슷한 성공을 공유할 수 있다는 것은 분명합니다.

일례로 우리나라에서는 손정의라는 이름으로 잘 알려진 손 마사요시 사장의 소프트웨어·IT 기업 소프트뱅크는 2000년 당시 알리바바에 약 207억 원을 투자했는데요, 이 투자 지분의 가치는 4년 만에 약 78조 원까지 치솟습니다. 이렇듯 사업 성공은 곧 주가 상승으로 보답받습니다. "주식 투자를 한다는 것은 사업을 한다는 것과 같다"는 말이 괜히 있는 것이 아닙니다.

주식회사의 주인은 '주주'

주식 투자는 회사의 권리인 주식에 투자를 하는 것입니다. 주식회사의 사업 방향, 배당정책, 경영진 선출 등은 주주총회에서 주주들의 합의로 결정됩니다. 주식 수만큼 표를 갖게 됨에 따라 보유 주식이 많을수록 회사 정책의 결정에 큰 영향을 미칩니다.

우리나라에서는 주식을 가장 많이 보유한 최대 주주가 곧 경영자인 경우가 많아 주식회사의 의미가 크게 와닿지 않는 경향이 있습니다. 최고경영자(CEO)가 곧 회사의 주인인 것처럼 느껴지기도 하고요. 그러나 미국의 기업은 대개 소유(권리)와 경영이 분리되어 있습니다. 회사의 주인은 주주이고, 회사의 경영은 전문 경영인을 선임해 진행할 뿐입니다. 또한 회사의 돈이 모두 CEO의 것처럼 느껴지곤 하지만, CEO

는 오직 주주총회에서 승인된 금액만을 보수로 받습니다.

회사에서 벌어들이는 수익에 대한 권리는 주주에게 있습니다. 회사의 주권은 주주에게 있고, 주식은 곧 회사의 주권을 나타냅니다. 흔히 각인된 '주식=도박'의 선입견과는 분명 다르죠. 회사 정책에 불만이 있을 경우 다량의 주식을 확보해 투표권을 늘려 새로운 안건을 제시할 수도, 심지어 경영권을 위협하거나 회사를 인수할 수도 있습니다.

예를 들어보죠. 김대박 씨가 제과기업 주식 지분의 5%를 가지고 있습니다. 최대 주주는 33%, 그 외 주주들이 62%를 가지고 있습니다. 김대박 씨는 최대 주주에 한참 못 미치는 지분을 가지고 있지만 62%를 가지고 있는 다른 주주들의 위임·동의를 얻으면 최대 주주를 위협할 수도 있습니다. 심지어 경영진 교체도 가능하죠.

주식은 결국 투기나 도박의 목적에서 거래하는 것이 아니라, 회사의 주인으로서 사업 성공의 과실을 공유할 수 있는 권리라는 점을 잊어서는 안 될 것입니다.

주식은 정말 위험할까?

우리 사회에는 주식에 대해 잘못 퍼진 지식이 너무나 많습니다. "주식 투자를 한다면 며칠 만에 몇 배는 벌어야 한다"는 말에서 보듯, 짜릿한 베팅을 통해 급등한 수익을 거머쥐는 것이 필수로 받아들여지죠. 이는 주식 본연의 목적에 어긋날뿐더러 투자가 아닌 도박에 더 가까운 행위입니다.

단시간에 놀라운 수익을 자랑하는 투자자 중에는 순식간에 망하는 사람이 많은데요, 이는 처음부터 도박을 하고 있었기 때문에 생기는 일입니다. 그러나 반대로 꾸준하게 주식에 투자하는 투자자도 있습니다. 거북이처럼 나아가는 이 사람들은 눈치채지 못하는 순간에 놀랄 만한 부를 이루곤 합니다.

국가의 성장을 함께 누리기 위한 수단

주식은 정말 위험할까요? 주식 자체가 위험한 것은 결코 아닙니다. 위험한 것은 주식에 대한 우리의 생각입니다. 잘못된 편견과 거짓 지식들이 위험한 투자를 하도록 유혹합니다. 우리나라의 금융 시장 성숙도 및 금융 이해력은 어느 수준일까요?

세계경제포럼(WEF)이 매년 발표하는 국가경쟁력 순위 중 '금융 시장 성숙도'에서 한국은 2015년 87위를 기록했습니다. 이는 우간다(81위)보다도 낮은 순위여서 큰 충격을 주었습니다. 2016년 조사에서도 한국은 80위를 기록해 우간다(77위)를 이기지 못했습니다. 2017년에 들어서야 우리나라 금융 시장 성숙도는 74위로 우간다(89위)를 제쳤습니다. 우리나라가 아직까지 중진국 정도로 평가받는 것은, 뛰어난 수출 경쟁력에도 불구하고 금융 부문이 너무나 뒤처져 있기 때문이라는 분석도 있습니다.

세계무역기구(WTO)에 따르면 우리나라의 2017년 수출 순위는 중국,

미국, 독일, 일본, 네덜란드에 이은 6위입니다. 전년보다 2단계 상승한 수치로 홍콩과 영국도 앞질렀습니다. 반면에 세계경제포럼(WEF)이 매년 발표하는 국가경쟁력 순위는 4년 연속 26위에 머무르고 있습니다(2017년 기준). 수출 순위와는 큰 괴리가 있죠. 왜 수출 규모 및 국가 성장은 계속 확대되는데, 국가경쟁력 및 국민들의 실질 생활은 그다지 나아지지 않을까요?

앞서 사업과 주식의 상관관계에 대한 설명이 여기서 연결됩니다. 수출의 주체는 기업이고, 기업들은 실제로 건실하게 성장하고 있습니다. 문제는 우리가 사업을 잘하고 있는 기업들의 주식을 보유하고 있지 않다는 것입니다. 잘하는 기업의 결실을 함께 누리려면 기업의 주식을 보유해야 하는데 그렇지 못한 것입니다. 참고로 2017년에 국내 10대 그룹에 투자한 외국인들이 받아간 배당금은 총 7조 1,108억 원에 이릅니다.

한탕주의를 버려라!

주식 투자는 복잡하지 않습니다. 대단한 과학기술을 동원해야 하는 것도 아니고, 날고 기는 전문가들을 상대해야 하는 것도, 최첨단 도구들에 의존해야 하는 것도 아닙니다. 흔히 주식 시장을 "금융 천재들의 세상"이라고 여기곤 합니다. 혹은 고도의 분석 프로그램을 통해 투자해야만 성공할 수 있을 것이라고 생각합니다. 실상은 전혀 그렇지 않습니다. 일반적인 개인 투자자 또한 얼마든지 성공할 수 있는 것이 주식 투자입니다.

실제 금융업에 종사하는 사람들은 오히려 개인 투자자야말로 주식 투자에 유리하다고 합니다. 이런저런 제약에 휘둘리지 않고 자유롭게 매매할 수 있기 때문입니다. 보통 금융업에 종사하는 사람들은 성과 압박으로 인해 환매로 빨리 주식을 매매하기를 강요당하기도 합니다.

달리 말하면 이런 것으로부터 자유로운 투자, 즉 마음 편히 주식을 유용할 수 있는 투자는 곧 성공으로 이어질 가능성이 높습니다. 세계 최고의 투자자인 워런 버핏이나 국내에서 투자의 귀재로 손꼽히는 박영옥 스마트인컴 대표가 하는 말도 똑같습니다. “좋은 주식을 사서 보유하라.”

며칠 또는 몇 주 만에 어마어마한 수익률을 올리고 싶은 욕심을 버리면 그때부터 주식 투자는 쉬워집니다. 주식의 가치는 회사의 성장에 따라 움직입니다. 하지만 회사의 성장은 투자자가 바라는 대로 갑자기 이뤄지지 않습니다. 이를 이해한다면 마음을 좀더 편히 가질 수 있을 것입니다. 주식 투자를 할 때 가장 먼저 전제되어야 하는 것은 한탕주의를 버리는 것입니다.

주식 시장에서 빠르게 퇴출되는 법

· 대박을 좇는다.

· 자꾸 대박 수익률을 올리는 사람들에게 눈을 돌린다.

· 차트만 보고 매매한다. 곧 직감에 의존해 매매한다.

· 테마주와 급등주를 쫓아다닌다.

"자꾸 대박 수익률을 올리는 사람들에게 눈을 돌린다"에 대해 덧붙이면, 결국 스스로도 조급해진다는 점에서 문제가 됩니다. 주식 투자를 하다 보면 다른 사람들의 성과가 눈에 들어올 수 있습니다. 하지만 흔들림 없이 연 10~20% 수준의 수익률을 목표로 할 수 있어야 합니다. 주식 투자는 거북이처럼 우직한 태도를 가졌을 때 좋은 결실로 이어질 수 있습니다.

주식이 위험하다고요? 위험한 것은 주식에 대한 우리의 편견일 뿐입니다.

주식 투자의 방법 ①: 투자 전 각종 자료 분석하기

앞에서 주식과 국가 경제의 연관성을 알아보았습니다. 나라 전체 경기 상황과 주식은 떼려야 뗄 수 없는 밀접한 관계를 가지고 있습니다. 그렇기 때문에 주식에 투자하려면 경기 상황에 대한 이해가 기본이 되죠. 경기를 이해하는 방식은 다시 2가지로 나눠볼 수 있습니다. 전체 경제에 영향을 미치는 산업을 분석하는 것이 첫 번째라면, 각 분야의 흐름을 반영한 지표를 분석하는 것이 두 번째입니다.

지금부터는 주식 투자에 임하기 전에 꼭 알아야 하는 전체 경기 상황, 그리고 각종 경기 지표와 관련된 주식에 대해 알아보겠습니다.

경기민감주 vs. 경기방어주

경기민감주는 사회 경기에 민감한 주식을 뜻합니다. 주로 건설, 철강, 조선 등의 국가 산업의 기초가 되는 기간산업이 이에 포함됩니다. 경기방어주는 경기와 무관하게 흘러가는 주식을 뜻합니다. 주로 식료품이나 엔터테인먼트, 주류 등과 같은 내수산업이 포함되죠. 경기가 안 좋아도 먹을 건 먹고, 문화생활을 즐기며, 술도 마신다는 관점에서 경기를 '방어'하는 주식이라고 합니다.

경기방어주는 대개 소비재에 해당하고, 성장에 한계가 있는 편입니다. 식료품 소비나 주류 소비, 문화생활 등이 갑자기 증가하지는 않기 때문입니다. 물론 개별 기업으로 보면 SM엔터테인먼트처럼 해외에 성공적으로 진출하거나, CJ E&M(tvN)처럼 지상파 방송 이상의 인기를 구가하며 큰 성장을 이뤄내는 경우가 있습니다. 하지만 산업 전체로 봤을 때 공연·영화·드라마 등의 시장이 갑자기 크게 성장하기란 쉽지 않습니다.

그렇기에 경기방어주는 경기 상황으로부터 받는 영향이 상대적으로 덜합니다. 경기가 아무리 어렵다 해도 사람들은 보던 만큼의 드라마를 보고 영화를 보며 술을 마시기 때문입니다. 경기방어주는 경기와 무관하게 꾸준히 성장하는 경우가 많아 장기적인 수익 관점에서 투자하기 좋습니다. 주변에서 쉽게 마주할 수 있어 해당 기업의 경쟁력을 눈으로 확인하고 예상해볼 수 있는 특징도 있죠.

반면에 경기민감주는 경기가 호황으로 접어드는 과정에서 몇 배에

경기민감주 vs. 경기방어주

구분	장점	단점
경기 민감주	• 호황사이클을 잘 예상하면 상당한 수익을 기대할 수 있음	• 호황사이클을 예측한다는 게 사실상 불가능에 가까움
경기 방어주	• 꾸준하고 안정적인 성장 가능 • 기업의 장기 경쟁력을 직접 눈으로 확인하고 예상 가능	• 드라마틱한 수익을 기대할 수는 없음

해당하는 수익을 올릴 수 있습니다. 대개 오랜 기간 침체에 빠져 있다가 몇 년간 잠깐 특수를 누리는 과정이 반복되는데, 이 상승 흐름만 제대로 탈 수 있다면 가장 좋은 투자처입니다. 따라서 호황세에는 경기민감주에 투자하고, 불황세에는 경기방어주에 투자하는 것이 최선의 투자 방식이 되겠죠.

그렇지만 경기민감주의 단점은 경기가 언제 돌아설지 아무도 모른다는 것에 있습니다. 역발상 투자로 유명한 데이비드 드레먼에 따르면 미국 애널리스트들의 분기 예측 50만 건 중 44% 정도가 빗나갔다고 합니다. 미국의 경제 일간지 〈월스트리트저널〉이 경제학자들의 6개월 후 금리 예측을 13년 가까이 조사해본 결과 약 74% 정도가 실제와 다르다는 것을 밝혀낼 수 있었습니다. 눈 감고 대충 찍어대는 것이나 다를 바 없는 결과가 나타난다는 것입니다. 전문가들도 이 정도이니 경기 순환 주기를 예측한다는 게 얼마나 어려운 일인지 짐작해볼 수 있습니다.

주가가 상승할 땐 조심하기!

주가가 상승할 때 조심해야 하는 것은 직접투자를 하든, 간접투자를 하든, 어떤 상품에 투자하든 매우 중요합니다. 주가가 많이 오른 것을 그저 좋아하기보다는 오히려 더 조심스럽게 접근하는 자세가 필요합니다. 주식 투자 실패 사례에는 시기를 가리지 않고 주식 투자를 도박처럼 하는 예가 많지만, 한창 좋을 때 들어갔음에도 실패하는 경우도 상당하기 때문입니다.

예를 들면 주변에서 돈 좀 벌었다는 이야기를 듣고는 "요새 주식 시장이 그렇게 좋다며?"라는 생각으로 주식에 투자하는 방식입니다. 아쉽게도 막차를 탄다 한들 알맞은 시간대가 아니라면 돈을 벌 가능성은 크지 않습니다. 돈을 번 사람들이 팔 준비를 할 때 당신이 그들의 물량을 처리해주는 꼴이 될 뿐입니다.

대표적으로 현대차 ELS* 사례를 들 수 있습니다. 2013년 하반기에 현대차 ELS가 많이 발행되었는데요, 그때 현대차의 주가는 약 25만 원을 웃돌고 있었습니다. 그런데 2015년 갑자기 현대차 주가가 12만 원대까지 떨어졌습니다. 이는 현대차 ELS가 판매되던 시점(25만 원)의 60%

* 대개 발행 시점 가격에서 50~60%까지 가격이 하락하지 않는 한 원금 손실이 발생하지 않는 투자상품. 이때 원금 손실이 발생할 수 있는 구간을 '녹인(Knock-In)' 구간이라 한다. 만약 기초자산의 가격이 녹인 미만으로 하락한 뒤 만기까지 일정 조건을 충족시키지 못하면 기초자산의 하락만큼 원금을 잃는다. 대개 녹인을 터치했어도 최초 기준가격의 85% 이상까지 가격이 회복되면 원금을 보장받을 수 있다.

인 15만 원을 밑도는 수치로, 녹인 구간을 터치하기에 충분했습니다.

아마 당시 현대차 ELS가 판매될 때 이런 논리가 사용되었을 것입니다. "현대차 요새 주가 한창 잘 나가는 것 아시죠? 현대차 주가가 떨어질 리가 있을까요? 현대차 주가가 반 토막 나지 않는 이상 원금 손실 위험은 없습니다. 정말 매력적인 상품이죠!"

그런데 현대차의 주가는 반 토막이 났습니다. 현대차 ELS를 판매하는 직원도 이런 일을 예상하지는 못했을 것입니다. "요새 그렇게 괜찮은데 별일 있겠어?"라고 안일하게 생각했겠죠. 하지만 투자를 하는 사람이라면 절대 이런 태도를 가져서는 안 됩니다. 이는 모든 투자에서 가장 중요한 사항입니다. 언제라도 "어떤 주식이 요새 그렇게 괜찮다"는 말이 나오면 오히려 한 발짝 떨어져 객관적으로 바라볼 수 있어야 할 것입니다.

과거의 지표를 이용한 객관적인 퀀트 투자

주식 시장에는 다양한 지표가 있습니다. 주가 수익 비율(PER)이나 주가 순자산 배율(PBR), 주가 매출액 비율(PSR), 자기 자본 이익률(ROE) 등이 바로 그것입니다. 그중 PER은 '시가총액/순이익'을 통해 값을 구합니다. 예를 들어 삼성전자의 시가총액이 250조 원, 순이익이 20조 원이라면 PER은 '250/20'으로 12.5가 됩니다. 이렇게 산출한 PER은 원금 회수 기간을 보여주는 지표이기도 합니다.

1년에 10억 원의 순이익을 내는 사업체를 인수할 때 100억 원을 지불한다면 원금을 회수하는 데 10년이 걸릴 것이고, 60억 원을 지불한다면 원금을 회수하는 데 6년이 걸릴 것입니다. 여기서 10년, 6년이라는 기간은 PER 수치와 일치합니다. 즉 PER은 투자금을 회수하는 데 걸리는 시간을 나타내며, 당연히 수치는 낮을수록 좋습니다.

PER, PBR, PSR 등은 모두 수치가 낮을수록 상태가 좋다는 것을 나타냅니다. 퀀트(Quant) 투자는 이 지표들을 이용해서 투자 판단을 내리는 방식입니다. 가령 PER 8 이하, PBR 0.5 이하, PSR 1.0 이하 등의 기준으로 주식들을 선별해 매수하는 것이죠. 퀀트 투자는 '객관적 지표'에 의거해 '기계적으로' 매수한다는 것이 핵심입니다. 여기서 월가의 전설적 존재인 피터 린치가 남긴 말을 새겨봅니다. "백미러로는 미래를 볼 수 없다."

PER은 미래 순이익을 예상하는 것이 아니라 과거 순이익을 기준으로 합니다. 지금까지 실적이 괜찮았다고 앞으로도 괜찮을 것이라는 보장은 없습니다. 주식은 기본적으로 어느 정도 미래를 예상할 필요가 있습니다. 하지만 퀀트는 미래를 보지 않고 오직 과거만을 기준으로 합니다. PER뿐 아니라 PBR, PSR 등도 이미 나온 수치들을 기준으로 하며, 퀀트는 그 객관적 지표들을 종합해 산출합니다.

달리 말하면 미래에 대한 인간의 주관적인 예상은 퀀트에 반영되지 않는 것이죠. 그저 지표상 매수 신호가 나오면 매수하는, 오직 객관적 지표에 의존한 기계식 매매가 퀀트 투자입니다. 퀀트 투자를 접하는 사람들의 반응은 크게 둘로 갈립니다.

"미래를 안 보고 투자한다고?"
"지표상 싸게 나오면 당연히 사는 거 아닌가?"

많은 사람들이 객관적 지표를 바탕으로 투자하는 퀀트를 연구하고 있고, 또 이를 실천해 수익을 얻고 있습니다. 아직까지 시장은 후자의 손을 들어주는 것 같지만, 미래 전망도 고려할 필요가 있겠습니다.

주식 투자의 방법 ②: 수단을 결정해 직접 투자하기

앞서 살펴본 것이 주식 투자의 재료였다면, 이제 그 재료를 가지고 요리를 할 때 어떤 도구와 요리법을 쓸 수 있는지 알아봐야 합니다. 위에서 주식 가격이 변하는 요인을 살펴보았으니, 가격이 오르내리는 것을 어떻게 활용할지 알아야 한다는 것이죠. 가격 변동을 이용해 단기적인 차트 매매를 활용할 것인지, 아니면 주식의 가치를 보고 장기적인 가격 변화를 노릴 것인지 등 수단은 다양합니다.

앞에서 주식 투자 방법을 내용적으로 구분해봤으니 이어서 이번에는 주식 투자에 활용하는 도구적인 수단들은 무엇이 있는지 한번 살펴보겠습니다.

가격 변동을 이용한 차트 매매

주식에는 차트(chart)가 있습니다. 아마 한 번쯤은 본 적이 있을 텐데요, 차트는 지금까지의 주가 변동 흐름을 보여줍니다. 언제 얼마나 올랐고, 언제 얼마나 떨어졌었는지를 그래프로 정리해주는 것이죠. 차트에 근거해 투자하는 사람들은 "시장 참여자들의 심리나 투자 판단 등이 모두 차트에 들어 있다"고 여기거나, "차트는 일정한 패턴을 나타내는 경우가 많고, 이 패턴을 바탕으로 미래를 예측하는 것도 가능하다"고 믿습니다.

차트 분석 방법은 논리와 이론에 따라 매우 다양한 방식으로 나눠지는데요, 이미 많은 이들에게 공개된 이런 분석법들은 실효성이 없을 것이라고 지적하는 의견도 있습니다. 과거에는 어떤 패턴을 발견하고 이를 통해 큰돈을 벌어들인 사람이 있었지만 그 비법을 모두에게 공개한 후엔 효과가 없다는 것이죠.

기업의 가치를 보는 가치 투자

가치 투자는 기업의 가치에 근거해 투자를 하는 방식입니다. 주류 사업이나 담배 사업, 혹은 엔터테인먼트 사업 등의 전망을 따져 투자판단을 내리죠. 당연한 것 아니냐고 되물을 수 있겠지만, 막상 주식 투자를 할 때 사업성을 보고 투자하는 사람은 많지 않습니다. 적잖은 사람이 차트만 보거나 가십에만 홀려 투자합니다.

그러나 우리가 일반적으로 듣는 투자의 대가들은 대부분 가치 투자를 하는 사람들입니다. 국내에서 수백억 원 이상의 자산을 가졌다는 '슈퍼 개미'들도 마찬가지입니다. 가치 투자는 곧 주식 투자법의 꽃이라 할 수 있습니다.

앞서 본 경기민감주나 경기방어주, 퀀트 투자 등도 모두 가치 투자의 일종으로 볼 수 있습니다. 어떤 이슈나 패턴에 근거해서가 아니라, 해당 기업에 대해 충분한 조사를 통해 내린 판단에 근거해서 진행하는 투자이기 때문입니다.

주식 투자의 위험성을 피하는 배당주 투자

주식회사들은 주주에게 '배당'이라는 것을 합니다. 대략 한 해 순이익의 일정 부분을 주주들에게 돌려주는 취지인데, 이렇게 배당을 하는 주식을 '배당주'라고 부릅니다. 이때 시가 배당률이라는 개념이 중요합니다. A라는 주식의 주가가 5천 원이라고 할 때 배당금을 50원 지급한다면 이 회사의 시가 배당률은 1%, 배당금을 300원 지급한다면 시가 배당률은 6%라고 할 수 있습니다. 즉 시가 배당률은 배당금이 주가*의 몇 %인지를 나타내는 개념이고, 일종의 금리 개념과 비슷하다고 보면 됩니다.

---

* 이때 주가는 배당기준일을 기준으로 한다. 대부분 기업들의 배당기준일은 12월 말이다. 즉 12월 말에 해당 주식을 보유하고 있어야 배당을 받을 수 있고, 이를 배당기준일이라고 한다.

시가 배당률 vs. 금리

시가 배당률 7%일 때 주식을 1억 원어치 매입하면 ➔ 1년에 배당금 700만 원
시가 배당률 3%일 때 주식을 1억 원어치 매입하면 ➔ 1년에 배당금 300만 원
이자율 2%인 정기예금에 1억 원 예금하면 ➔ 1년에 이자 200만 원
시가 배당률은 금리와 비슷하다고 볼 수 있다!

몇 개 기업의 시가 배당률을 예로 들어볼까요? 주류 업체 하이트진로의 시가 배당률은 꾸준히 4~5% 선을 유지했고, 담배 생산·판매 업체인 KT&G의 시가 배당률 역시 꾸준히 4% 내외에서 움직였습니다. 만약 하이트진로 주식을 보유하고 있었다면 마치 금리가 4~5%일 때 예금한 것과 비슷한 효과를 얻었을 것입니다. 4~5%라 하면 별로 높아 보이지 않을 수 있지만, 요즘 같은 1%대 저금리 시대에는 예금보다 훨씬 낫다고 볼 수 있습니다.

이처럼 은행 이자율보다도 훨씬 높은 이자를 주는데도 왜 다들 배당주를 사지 않을까요? 주식 투자를 하는 사람들은 4~5%의 수익률은 쳐다보지도 않고, 주식 투자를 하지 않는 사람들은 배당주의 존재 자체를 모르기 때문입니다. 달리 말하면 은행 금리보다는 높은 수익률을 원하지만 주식 투자의 위험성은 피하고 싶은 사람에게는 배당주 투자가 곧 기회가 될 수 있습니다.

배당금을 높게 지급하는 회사들은 대개 성장이 정체되어 더 이상 투자를 필요로 하지 않는 회사들입니다. 경쟁이 치열해서 끊임없이 투자를 준비해야 하는 회사들은 이익금을 회사에 쟁여놓고 주주와 나누지 않는 경우가 많습니다. 하지만 안정적인 궤도에 올라 딱히 투자할 요인이 없는 회사는 이익금을 주주에게 잘 환원하죠. 예를 들어 하이트진로나 KT&G의 경우 새로운 투자를 하지 않아도 시장 점유율이 떨어지거나 경쟁사에 밀릴 가능성이 많지 않을 것입니다. 전통적으로 배당률이 높은 KT&G는 2017년 기준 연간 시가 배당률이 3.46%에 달합니다. 우리은행도 연간 시가 배당률이 2017년 기준 3.81%였고, 하이트진로는 3.32%, SK텔레콤은 3.75%입니다. 한국거래소의 2018년 4월 발표에 따르면 최근 5년간 업종별 평균 시가 배당률은 통신업(2.77%), 전기가스업(2.73%), 금융업(2.39%)이 상위를 차지했습니다. 어떤 회사가 주로 배당을 많이 하는지 감이 잡히나요?

주식을 기반으로 한 간접투자를 위한 지식은 여기까지면 충분합니다. 하지만 직접투자를 위해서는 아직 충분하지 않습니다. 직접투자를 하기 위해서는 정말 많은 공부가 필요합니다. 관련 서적을 많이 읽고 기업과 경제에 대해서도 공부해야 합니다. 그 모든 것을 여기서 다룰*수는 없으므로, 직접투자를 하고자 하시는 분들은 다른 책들을 통해 더욱 공부해보시길 권하는 바입니다.*

* 추천하는 주식 서적으로는 『주식에 장기투자하라』(제러미 시겔), 『전설로 떠나는 월가의 영웅』(피터 린치), 『위대한 기업에 투자하라』(필립 피셔), 『스노볼』(앨리스 슈뢰더), 『돈, 뜨겁게 사랑하고 차갑게 다루어라』(앙드레 코스톨라니) 등이 있다.

쉬어가기: ELS 원금 손실 공포

주가연계증권(ELS)은 개별 주식이나 주가지수에 연계되어 투자 수익이 결정되는 유가증권입니다. 투자금의 대부분을 우량 채권 등에 투자해 원금을 보존하는 특성이 있으며 원금 보장형, 원금 부분 보장형, 원금 조건부 보장형 등의 유형으로 나뉩니다. 일반적으로 ELS는 기준으로 하고 있는 특정 종목이나 지수 같은 기초자산의 가격이 만기까지 절반 이상 떨어지지만 않으면 약속된 수익을 지급하는 방식입니다. 원금 보존 비율을 낮추면 수익률은 더욱 높일 수 있습니다. 별다른 변동성이 없는 경우 7~10%의 수익률을 보장하기 때문에 ELS는 대표적인 중위험 중수익 상품으로 꼽혔습니다.

그러나 완전한 투자 상품인 것은 아닙니다. 2015년 말 홍콩H지수(항셍)**는 15,000에 근접했습니다. 이에 따라 14,000선 위에서 홍콩H지수와 연계되는 ELS가 많이 발행되었습니다. 하지만 2016년 2월 홍콩H지수는 7,500까지 하락하고 맙니다. 녹인 구간을 터치한 것입니다. 이에 따른 원금 손실 금액이 4조 원에 달했으며, 피해를 보는 투자자는 수만 명에 달했습니다.

ELS의 특징은 "주가가 웬만큼 떨어져도 원금과 수익을 보장하지만, 주가가 엄청 떨어지면 떨어지는 만큼 손실을 보게 된다"로 요약할 수 있

** 홍콩증권거래소에 상장된 중국 국영 기업들 중 우량기업들을 모아 만든 지수다.

습니다. 2016년 중반 대우조선해양, 한진해운, 삼성중공업, 포스코 등을 기초자산으로 한 ELS들이 그해 60~80%의 손실을 본 채 상환되기도 했죠. 3~5년 전만 해도 이른바 '차화정(자동차·화학·정유)' 시대를 이끌며 대호황을 보냈던 조선, 해운, 철강 등의 하락폭이 컸던 것입니다.[1] 이 외에도 현대차나 S오일(S-oil), SK이노베이션 등 안전할 줄 알았던 ELS가 손실을 낸 사례는 생각보다 많습니다.

이런 ELS 원금 손실 사례를 살펴보면 한 가지 공통점이 있습니다. 하나같이 주가가 고점일 때 ELS가 발행되었다는 점입니다. 정확히는 투자자들이 "한창 잘 나간다"는 말이 나올 때 주식 관련 투자 상품에 관심을 많이 가진 것이죠. ELS의 특징을 다시 보면, 주가가 절반 가까이 떨어지지 않는 이상 원금이 보장되며 조기 상환이 가능하고 일정 수준의 수익률을 보장합니다. 상품 자체에 특별한 문제는 없어 보입니다만, 이 상품을 가지고 수많은 사람들이 손실을 보는 이유는 무엇일까요?

만약 주가지수 하락에 투자했다면 오히려 수익을 낼 수 있었을 것입니다. 하지만 주가가 천정부지로 치솟는 때는 누구도 지수 하락을 예상하지 않습니다. 모두가 더 상승할 것이라 믿을 뿐입니다. ELS 대규모 손실 사태는 여기서 비롯된 것입니다. 주가가 고점에 다다르도록 상승하고 난 뒤에야 사람들은 비로소 해당 자산에 관심을 갖지만, 그땐 이미 늦었다는 것이죠.

이는 직접투자를 할 때나 간접투자를 할 때나 항상 주가가 크게 오르는 것을 조심해야 함을 보여주는 또 다른 사례이기도 합니다.

펀드에 돈을 맡겨도 되는 걸까?

직접투자의 대명사 주식을 살펴보았으니 이제부터는 간접투자, 즉 내가 직접 하는 것이 아니라 누군가에게 맡겨서 투자하는 방법에 대해 알아보겠습니다. 재테크에 별로 관심이 없어도 한 번쯤 들어봤을 법한, 은행에서도 한 번쯤은 권유를 받았을 만한 투자 상품이 바로 펀드입니다. 펀드는 무엇일까요?

펀드는 "투자 전문 기관이 일반인들로부터 돈을 모아 증권 투자를 하고 여기서 올린 수익을 다시 투자자에게 나눠주는 것"입니다. 쉽게 말해서 "내 돈을 전문가에 맡기면, 전문가가 이걸 운용해서 낸 수익을 나에게 돌려주는 것"으로 이해할 수 있습니다.

전문가가 운용한다고 하면 왠지 신뢰가 가고 믿음직스러운데요, 딱히 그렇지만은 않습니다. 손실이 나는 펀드도 많고 시장 수익률(주식 시장의 평균)을 이기지 못하는 펀드매니저도 많거든요. 무엇보다 은행이나 증권사에서 펀드를 권하는 직원이 해당 상품에 대해 잘 알지 못한다는 점이 문제입니다. 주식이나 펀드 자체가 많은 지식과 전문성을 요구하다 보니 펀드를 판매하는 일반 창구 직원이 실제 펀드의 운용 과정이나 장단점을 제대로 꿰기엔 무리가 있는 것이죠.

따라서 펀드에 투자를 하려면 판매 직원이 하는 말을 따르기보다 스스로 알아보고 준비해야 합니다. 주변에 펀드로 돈을 번 사람보다 손해를 본 사람을 찾기가 쉬운데, 바로 이러한 이유 때문입니다. 전문가라고 무작정 믿고 맡기기보다 투자자 스스로 주체적인 판단에 따라 맡길 수 있어야 합니다. 그래서 이번에는 주체적인 펀드 투자를 위해 필요한 내용을 다루고자 합니다.

인덱스 펀드 vs. 액티브 펀드

인덱스 펀드(index fund)는 “주가 지표의 변동과 동일한 투자 성과의 실현을 목표로 구성된 포트폴리오”로 정의됩니다. 대표적으로 코스피 지수를 추종하는 인덱스 펀드가 있는데, 오른쪽 차트는 최근 10년간 코스피 지수의 흐름입니다.

1,800과 2,200 사이에서 지수가 계속 변동하는 것이 보입니다. 이때 1,800에서 2,200까지 지수가 올랐다면 인덱스 펀드의 수익률은 약 20%에 달합니다. 1,900에서 2,100까지만 봐도 수익률은 약 10%에 이릅니다.* 코스피 내 개별 단일 종목으로 보면 50% 수익률에서 크게는 100% 이상의 수익률도 종종 찾을 수 있지만 지수는 그처럼 급격한 변동성을 보이지는 않습니다. 모든 주식의 평균값이기 때문입니다.

하지만 그만큼 변동성이 작고 안정성이 높기 때문에 안정적으로 10~20% 수준의 이익을 올리고 싶다면 인덱스 펀드에 투자하는 것도 좋습니다. 참고로 액티브 펀드(active fund)가 인덱스 펀드를 이기는 일

* 항상 지수가 상승하는 만큼의 수익률을 얻는 것은 아니다. 수수료와 펀드 구성 종목에 따라 차이가 있다. 지수의 수익률을 추종하는 펀드이므로, 예를 들어 코스피 지수가 1,900에서 2,100까지 상승할 경우 보통 2,100/1,900인 약 10%의 수익률을 얻을 수 있다.

지난 10년간 코스피 차트

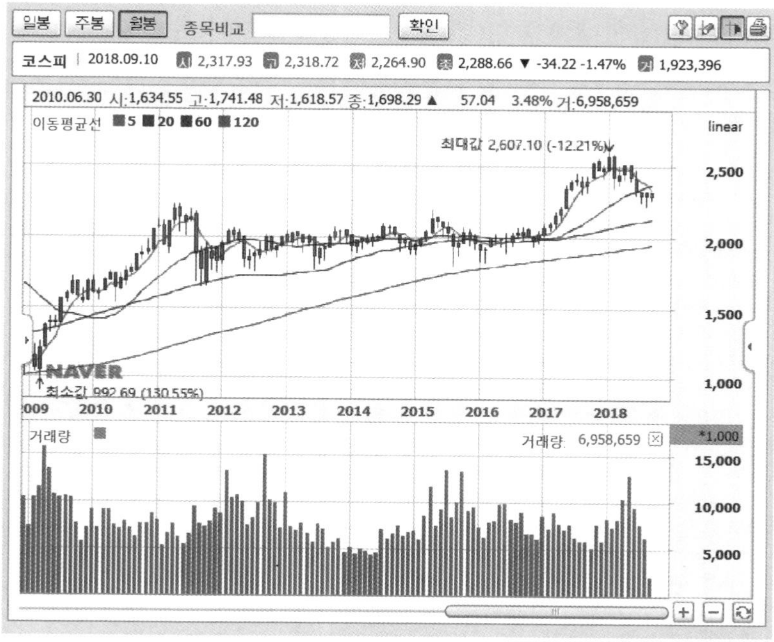

출처: 네이버 금융

은 매우 드뭅니다.**

액티브 펀드는 "시장 수익률을 초과하는 수익을 올리기 위해 펀드매니저들이 적극적인 운용 전략을 펴는 펀드"로 정의됩니다. 인덱스 펀드가 시장 수익률을 목표로 하는 펀드였다면 액티브 펀드는 시장 수익률

** 펀드정보업체 모닝스타에 따르면 세계 액티브 펀드의 운용 자산은 2007년 이후 54% 성장한 반면 패시브(인덱스) 펀드의 운용 자산은 230% 증가했다고 한다. 최근 세계적으로 액티브 펀드보다는 패시브 펀드가 각광받고 있다.

을 상회하는 것을 목표로 합니다. 일반적으로 접하는 주식형 펀드가 이에 속하며, 이에 대해서는 뒤에서 따로 다뤄보겠습니다.

투자의 기본은 인내와 끈기

주식과 부동산의 차이점으로 꼽히는 것 중 하나가 관찰 시기의 차이입니다. 부동산은 길게 보유한 채로 기다릴 수 있는 반면 주식은 몇 달을 들고 있지를 못합니다. 그래서인지 부동산 투자로 돈을 번 사람은 곧잘 보이지만 주식으로 돈을 번 사람은 별로 보이지 않습니다. 왜 뜬금없이 부동산 이야기를 꺼내냐고요? 모든 투자는 기본적으로 인내와 끈기가 기본으로 전제되어야 한다는 것을 알려드리기 위해서입니다.

가령 코스피 지수가 2,000선일 때 5%의 수익률을 예상하고 인덱스 펀드에 가입한 A씨가 있다고 하죠. 이때 A씨는 코스피 지수가 2,100선까지 상승할 것이라 내다본 것인데, 반대로 지수가 1,900선까지 하락하면 어떻게 될까요? 단순하게는 2,100선까지 상승할 것임을 믿고 기다리면 될 것입니다. 하지만 지수가 1,900선으로 하락하자 경제나 증시에 관해 부정적인 뉴스가 연일 쏟아집니다. 불안해 하던 A씨는 결국 펀드를 팔아버립니다. 많은 투자자가 그러하듯이요. 오히려 5%의 손해를 보게 되는 것이죠.

피터 린치가 운용한 '마젤란 펀드'는 13년간 2,700%의 누적 수익률을 올린 것으로 유명합니다. 이 펀드의 초기 자산은 1,800만 달러(약 203억 원)였는데 해지할 때 자산은 140억 달러(약 16조 원)로 성장했죠.

투자자들의 일반적 투자 습관

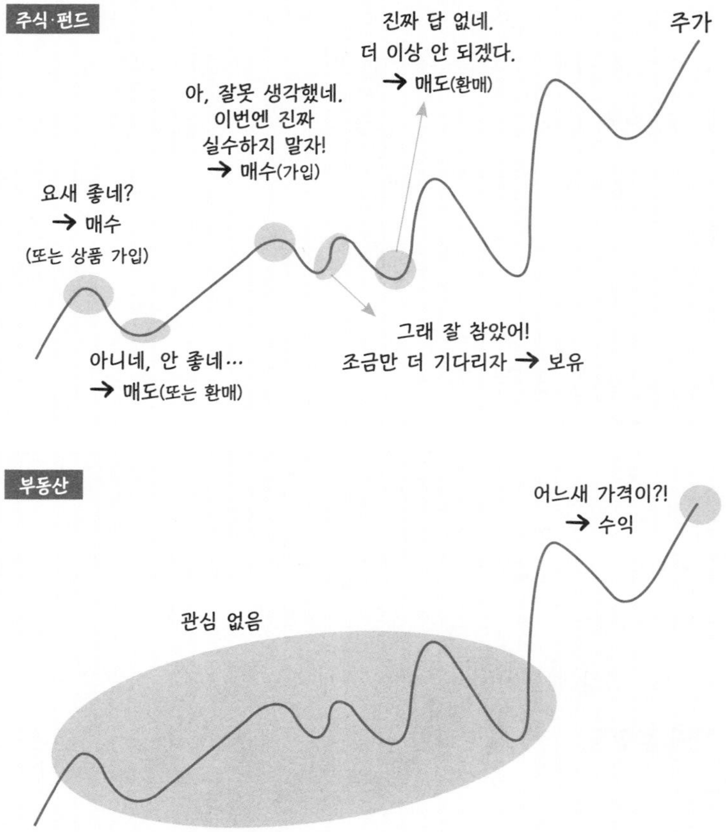

주식·펀드
주가
요새 좋네?
→ 매수
(또는 상품 가입)
아니네, 안 좋네…
→ 매도(또는 환매)
아, 잘못 생각했네.
이번엔 진짜
실수하지 말자!
→ 매수(가입)
진짜 답 없네.
더 이상 안 되겠다.
→ 매도(환매)
그래 잘 참았어!
조금만 더 기다리자 → 보유
부동산
관심 없음
어느새 가격이?!
→ 수익

일반적으로 펀드에서 13%, 20%의 수익률만 올려도 놀라운 수준이라 볼 수 있는데, 2,700%의 수익률은 그야말로 경이롭습니다.

그런데 당시 마젤란 펀드에 가입한 고객 중 절반이 손해를 봤다는 것 또한 놀라운 부분입니다. 지수가 언제나 상승만 하는 것이 아닌데도,

대다수 고객이 펀드 수익률이 하락세로 돌아서자 깜짝 놀라 환매를 했던 것입니다. 그저 믿고 기다렸으면 2,700%라는 커다란 결실을 가져갈 수 있었을 텐데 투자자들은 기다리지 못했습니다. 아무리 좋은 펀드에 가입해도 인내할 수 없다면 결실을 가져갈 수 없음을 유념해야 합니다. 투자에서 인내할 줄 아는 것은 반드시 갖춰야 할 기본 역량입니다.

펀드 투자의 종류 ①:
투자처에 따라 나뉘는 펀드

앞서 펀드의 종류를 크게 '인덱스 펀드'와 '액티브 펀드' 2가지로 나누어 설명했는데요, 사실 펀드의 종류를 구체적으로 나누면 훨씬 다양합니다. 그중 가장 대표적인 4가지가 국내 주식형, 국내 주식 혼합형, 국내 채권 혼합형, 국내 채권형입니다. 이는 해외 펀드에도 적용되는 구분 방식이죠.

주식형: 주식 편입 비율 60% 이상

주식 혼합형: 주식 편입 비율 50% 이상, 60% 미만

채권 혼합형: 주식 편입 비율 50% 미만

채권형: 채권 편입 비율 60% 이상

펀드 상품의 종류

IBK골드마이닝증권투자신탁2[주식]	해외주식형
미래에셋TIGER구리실물특별자산상장지수투자신탁[금속]	커머디티
한국투자KINDEX일본레버리지증권상장지수투자신탁[주식-재간접파생형]	해외주식형
하나IBS파워공모주증권투자신탁[채권혼합]	채권 혼합형
삼성밸류플러스증권투자신탁[주식]	주식형
메리츠국채크로스up증권자투자신탁[채권]	채권형

펀드에 투자할 계획이 있다면 4가지 펀드의 종류를 알아두는 것이 좋습니다. 그래야 펀드 투자에 대한 상담을 받을 때 자신의 투자 성향, 현재의 재정 상황에 맞는 상품이 무엇인지 판단할 수 있기 때문입니다. 아무런 배경 지식 없이 펀드 상품의 이름을 보거나 설명을 들으면 무슨 말인지 몰라서 헤매는 경우가 많거든요. 기본적인 부분을 알고 나면 펀드 상품의 이름을 통해서도 충분한 정보를 얻을 수 있습니다.

위 표는 포털사이트에 '펀드 종류'라고 검색하면 나오는 펀드 상품들의 목록입니다. 앞에서 설명한 펀드의 종류는 실제 상품에서 이렇게 나타납니다. 'IBK골드마이닝증권투자신탁2[주식]'의 경우 '골드마이닝'이라는 단어가 금 관련 투자 상품임을 보여줍니다. 또한 [주식]이라는 표시로 주식형이라는 것도 알 수 있죠. 다음의 '한국투자KINDEX일본레버리지증권상장지수투자신탁[주식-재간접파생형]'의 경우는 '일본레버리지증권상장지수'를 통해 일본 증권 지수를 따르는 해외 ETF라는 것을 알 수 있습니다. 즉 해외시장과 주식을 혼합한 유형입니다.

'메리츠국채크로스up증권자투자신탁[채권]'은 '국채'라는 말이나 [채권]으로 표시된 것을 통해 채권형이라는 것을 알 수 있습니다. '미래에셋TIGER구리실물특별자산상장지수투자신탁[금속]'은 일반 주식형으로, 채권형과 달리 커머디티(commodity)라고 불립니다. 커머디티는 실물자산 중에서도 원재료로 이용되는 원유·금·알루미늄·옥수수 등을 뜻합니다. 이런 것에 투자하는 펀드를 실물투자형 펀드라고 합니다.

펀드 종류별 장단점

이렇게 펀드는 투자처에 따라서 나뉩니다. 그렇다면 각 유형별 장단점은 무엇일까요?

우선 '채권'을 투자처로 하는 채권형 펀드는 주식보다 안전하면서 예금보다 수익률이 높다는 것이 장점입니다. 또한 주식과 달리 만기가 있어서 운용사는 만기 시 투자자에게 원금을 상환해야 하며, 이때 예금처럼 이자도 함께 줘야 합니다. 원금 보장이 되면서도 은행 금리보다 많은 이자를 받을 수 있죠. 게다가 투자자는 보유하고 있는 펀드를 시장에서 자유롭게 거래할 수 있으며, 때에 따라서는 시세 차익도 얻을 수 있습니다.

이렇게 채권형 펀드는 안정적인 수익이 매력적인 투자 상품입니다.

반면에 주식형 펀드는 채권형보다 수익률은 높을 수 있지만 원금 보장이 되지 않습니다. 높은 수익을 얻을 수 있으나 위험이 큰 투자 상품이라고 정리할 수 있습니다.

이렇게 채권형과 주식형의 장점이 극명히 다르다 보니까, 2가지 장점을 모두 원하는 투자자를 위해서 주식 혼합형, 채권 혼합형 등의 혼합형 상품도 나왔습니다. 혼합형은 채권형과 주식형의 단점을 효과적으로 보완하고 안정성과 수익률 모두 잡을 수 있게 개발되었습니다. 그러나 단점이 아예 없는 것은 아닙니다.

공존하기 어려운 2가지 목표를 한 번에 추구하다 보니, 아무래도 주식형만큼 높은 수익이 보장되지 않으면서 채권형만큼 높은 안정성을 확보하기 어려울 가능성도 있습니다. 즉 애매할 수 있다는 것이죠. 그렇더라도 채권형보다 수익이 많으면서 적당한 안정성을 원하는 사람에게는 좋은 선택입니다. 결국 가장 좋은 투자 방법은 자신의 성향과 상황을 고려해 알맞은 펀드 상품을 선택하는 것이니까요.

한편 주식형 펀드는 위험성이 상대적으로 큰 상품이기에 더 자세히 알아볼 필요가 있습니다. 당신이 만약 주식형 펀드에 투자하기로 마음먹었다면 우선 어떤 주식에 투자를 하는 펀드를 선택할 것인지를 결정해야 합니다. 주식이라고 다 같은 주식이 아니고, 나름의 특징이 있기 때문입니다. 펀드 운용사들은 주식의 특징에 따라 펀드 상품마다 주제를 정하고 그에 알맞게 자금을 운용합니다.

펀드 투자의 종류 ②:
주식 특징에 따라 나뉘는 펀드

펀드는 '다양성'이 가장 큰 특징으로 들 수 있습니다. 간단히 말해서 어떤 대상이 되었든 간에 그것을 특정한 기준으로 묶기만 하면 새로운 펀드가 만들어질 수 있다는 것입니다. 물론 상품 등록 절차가 그렇게 간단한 것은 아니지만, 그만큼 여러 가지 상품이 다양하게 탄생할 수 있다는 이야기죠.

수많은 종류 중에서 많은 사람들이 활용하는 대표적인 분류 방식은 존재합니다. 펀드의 성장성에 따라 나뉘는 성장주와 가치주, 그리고 투자 대상이 어디에 있는지에 따라 국내 펀드와 해외 펀드로도 나눌 수 있죠. 지금부터는 이런 대표적인 펀드 종류에 대해서 자세히 알아보겠습니다.

성장주 펀드와 가치주 펀드

가치주 펀드와 성장주 펀드는 이름에서 펀드가 어떤 종목들로 구성되어 있는지를 알려줍니다. 말 그대로 가치주 펀드는 가치주로 구성되고, 성장주 펀드는 성장주로 구성되죠. 그렇다면 가치가 있는 주식과 성장하는 주식은 어떻게 다를까요? 엄밀하게 구분되는 것은 아니지만 일반적으로 성장성이 큰 주식을 성장주, 성장성이 작은 주식을 가치주로 구분합니다.

A기업의 순이익 변화

단위: 억 원	2011	2012	2013	2014	2015	2016
순이익	120	123	127	132	136	139
전년대비		+2.5%	+3.3%	+3.9%	+3.0%	+2.2%

B기업의 순이익 변화

단위: 억 원	2011	2012	2013	2014	2015	2016
순이익	80	92	112	135	155	180
전년대비		+15%	+21.7%	+20.5%	+14.8%	+16.1%

성장성은 어떻게 평가되는 것인지 궁금하실 텐데요, 자세히 설명하면 이렇습니다. 주식 투자는 미래를 예상해야 하는 만큼 성장성에 예민하게 반응합니다. 성장성이 있는 주식에는 대개 많은 프리미엄이 붙는 반면, 성숙기에 접어들었거나 성장이 정체된 주식에는 기본적인 평가도 주지 않을 때가 있죠. 이것은 PER*로 나타낼 수 있습니다.

예를 들어 A기업과 B기업이 있습니다. A기업 같은 경우는 부침 없이 꾸준한 순이익을 실현하고 있음에도 PER 10배 이상을 받지 못합니

* 주가수익비율. 특정 주식의 주당시가를 주당이익으로 나눈 수치다. 대개 성장성이 있는 주식은 PER 15~30배, 성장이 정체된 주식은 PER 5~10배 정도를 받는다. 시장에서 자연스럽게 형성되는 수준으로, 투자자들 역시 받아들이고 있다.

B기업의 PER 및 주가 변화(성장성이 정체되었을 때)

단위: 억 원	2011	2012	2013	2014	2015	2016
순이익	80	92	112	135	140	150
시가총액	1,600	2,024	2,128	3,105	2,100	1,800
PER	20	22	19	23	15	12

다. '시가총액/순이익'의 PER을 계산했을 때 성장성이 매우 작기 때문입니다. 반면 B기업은 PER 20배 이상도 수월하게 받습니다. A기업의 PER이 10이고 B기업의 PER이 20이라는 것은, 같은 순이익을 실현해도 B기업의 주식 가치를 2배로 쳐준다는 것을 의미합니다. 이것이 성장성에 대한 프리미엄입니다.

이렇게만 보면 당연히 성장성 있는 주식이 훨씬 매력적으로 보입니다. 그러나 2가지 이유에서 성장주는 위험합니다. 첫째로 성장이라는 게 언제까지나 지속되지 않는다는 점입니다. 성장이 꺾이는 시기가 분명 존재하는데, 정확한 시기를 예측하기가 어렵다는 문제가 있습니다. 높은 성장률을 보고 주식을 샀더니 그때부터 기업의 성장성이 정체될 수도 있는 것이죠.

성장성이 정체되는 순간 프리미엄은 사라지고 PER은 평균 수준으로 되돌아갑니다. 가령 PER이 20배일 때 주식을 샀더니 PER이 10배까지 낮아질 수 있는 것입니다. 이는 투자금이 반 토막 났다는 것을 의미합니다. 순이익이 급격하게 줄지 않더라도 성장성이 줄어들면 곧바로 프리미엄이 내리며 주가는 크게 하락합니다.

표에서 B기업의 순이익은 2016년까지 계속 증가했습니다. 하지만 전과 달리 성장 속도는 감소했습니다. 이는 PER의 하락으로 연결됩니다. 프리미엄이 빠지는 것이죠. 실적이 아무리 좋아도 PER이 떨어지면 시가총액은 하락합니다. 2015년에는 2014년보다 실적이 증가했음에도 주가는 2/3 수준으로 떨어졌습니다. 만약 2014년 당시에 이전의 성장만 보고 투자한 사람이 있다면 분명 낭패를 봤겠죠. 이처럼 성장주는 고위험 고수익의 성격이 강한 상품입니다.

둘째로 성장주에 투자하기 위해서는 인내심을 가져야 합니다. 성장성이 정체된 가치주는 시장에서 그다지 주목을 받지 못합니다. 그러다 보니 주가가 큰 폭으로 움직이는 일도 드뭅니다. 그러나 성장주는 많은 사람들이 주목하고 있고, 주가도 큰 폭으로 움직이는 일이 많습니다. 이때 주가의 변화 정도를 변동성이라고 하는데요, 성장주는 이런 변동성이 매우 큽니다.

단순히 말로 설명하면 잘 와닿지 않지만, 주가가 급격히 하락하는 시점에 펀드에 투자하고 있었다면 이후의 심리적 고통은 이루 말할 수 없습니다. 뒤에 보면 큰 폭의 성장을 이뤄낸다 하더라도 대부분의 투자자는 하락 구간을 견디지 못하고 환매를 결정하게 됩니다. 그러니 성장주에 투자하기 위해서는 높은 변동성을 버티며 상승의 결실을 꿈꾸는 마음의 준비를 해두어야 합니다.

가치주는 그 반대입니다. 상품에 대한 기대감이 낮아 PER 또는 PBR* 이 낮게 형성되기 때문에 주가가 크게 떨어질 일도 없습니다. 일반적으로 "주식은 하이 리스크 하이 리턴(High risk, high return, 고위험 고수익)", "채권은 로우 리스크 로우 리턴(Low risk, low return, 저위험 저수익)"으로 여겨지는데요, 이를 성장주와 가치주에 대입하면 성장주가 주식, 가치주가 채권과 같은 성질이라고 할 수 있습니다. 가치주는 마치 채권처럼 변동성도 작은 편이고, 크진 않지만 비교적 안정적인 수익을 꾸준히 올릴 수 있습니다.

지금까지의 내용을 종합하면, 안정성을 중시하는 투자자는 인덱스 펀드, 가치주 펀드, 배당주 펀드 등을 고려할 수 있을 것이고, 성장성과 높은 수익을 추구하는 투자자라면 액티브 펀드, 성장주 펀드 등을 고려할 수 있습니다.

펀드 투자의 수익률은 어느 정도일까?

펀드에 투자하는 이유도 역시 수익을 내기 위해서입니다. 펀드는 흔히 은행 예금보다는 높고 주식 등의 직접투자보다는 안정적인 수익을 내

* 주가순자산비율. 주가를 주당순자산 가치로 나눈 비율로 주가와 1주당 순자산을 비교한 수치다.

국내 펀드의 유형별 수익률(2016년 기준, 단위: 억 원, %)

대유형	소유형	펀드수	설정액	1개월 증감액	수익률 (%)			
					올해	1개월	3개월	1년
주식형	K200인덱스	73	74,227	-1,179	2.76	3.90	**4.71**	18.43
	배당주식	41	26,071	-1,165	0.43	2.02	**1.54**	6.66
	일반주식	318	143,440	-4,608	1.17	2.51	**1.21**	1.69
	중소형주식	34	16,238	-734	-1.48	-0.03	**-2.96**	-11.41

는 것으로 알려져 있죠. 수많은 펀드의 수익률은 어떻게 달라질까요? 당연히 펀드의 종류와 특징, 구성에 따라 수익률에도 편차가 있습니다.

국내 펀드의 수익률

위 사진은 국내 펀드의 유형별 수익률을 나타낸 것입니다. 여기서 가장 위에 있는 'K200인덱스'는 인덱스 펀드로, 코스피200 지수를 추종해 초과 수익을 추구하는 펀드의 수익을 나타냅니다. 반면 그 아래의 '중소형주식', '배당주식', '일반주식'은 액티브 펀드입니다.

삼성전자와 같은 대형주가 강세를 띠면 인덱스 펀드의 성과가, 중소형주**가 강세를 띠면 액티브 펀드의 성과가 좋게 나타납니다. 2016년은 삼성전자의 주가가 2배 가까이 상승했으며, 그 밖에 우리나라를 대표하는 대형주들이 더러 상승을 보였습니다. 이로 인해 인덱스 펀드의 수익률은 가장 뛰어난 성과를 발휘했죠.

** 일반적으로 시가총액 상위 100위까지를 '대형주'로, 상위 101부터 300위까지를 '중형주'로, 나머지 종목을 '소형주'로 분류한다.

국내 펀드의 수익률(2016년 기준)

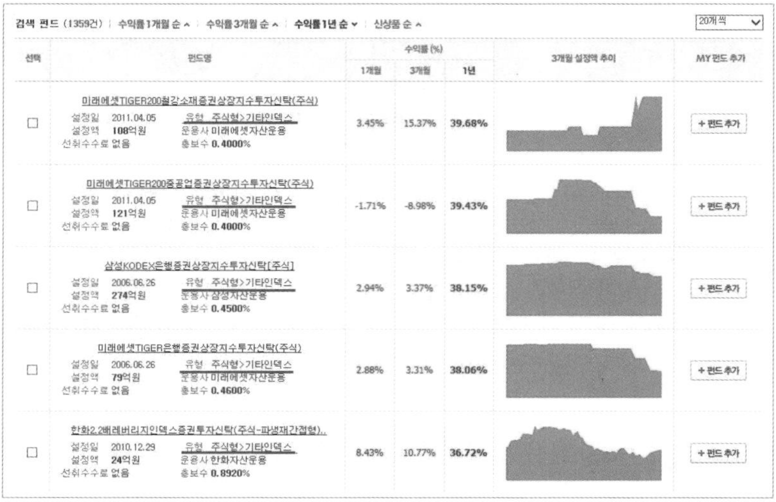

검색 펀드 (1359건) | 수익률1개월 순 | 수익률3개월 순 | 수익률1년 순 | 신상품 순 | 20개씩

선택	펀드명	수익률(%) 1개월	3개월	1년	3개월 설정액 추이	MY펀드 추가
□	미래에셋TIGER200철강소재증권상장지수투자신탁(주식) 설정일 2011.04.05 유형 주식형>기타인덱스 설정액 108억원 운용사 미래에셋자산운용 선취수수료 없음 총보수 0.4000%	3.45%	15.37%	39.68%		+ 펀드 추가
□	미래에셋TIGER200중공업증권상장지수투자신탁(주식) 설정일 2011.04.05 유형 주식형>기타인덱스 설정액 121억원 운용사 미래에셋자산운용 선취수수료 없음 총보수 0.4000%	-1.71%	-8.98%	39.43%		+ 펀드 추가
□	삼성KODEX은행증권상장지수투자신탁[주식] 설정일 2006.06.26 유형 주식형>기타인덱스 설정액 274억원 운용사 삼성자산운용 선취수수료 없음 총보수 0.4500%	2.94%	3.37%	38.15%		+ 펀드 추가
□	미래에셋TIGER은행증권상장지수투자신탁(주식) 설정일 2006.06.26 유형 주식형>기타인덱스 설정액 79억원 운용사 미래에셋자산운용 선취수수료 없음 총보수 0.4600%	2.88%	3.31%	38.06%		+ 펀드 추가
□	한화2.2배레버리지인덱스증권투자신탁(주식-파생재간접형).. 설정일 2010.12.29 유형 주식형>기타인덱스 설정액 24억원 운용사 한화자산운용 선취수수료 없음 총보수 0.8920%	8.43%	10.77%	36.72%		+ 펀드 추가

출처: 네이버 금융

한편 '중소형주식', '배당주식', '일반주식'은 각 펀드 분류에 포함되는 펀드들의 '평균값'을 나타냅니다. 가령 배당주식은 41개 배당주 펀드의 평균 수익률을 나타낸 것입니다. 전체 평균을 나타낸 것이기 때문에 개별 액티브 펀드의 성과는 제대로 나타내지 못하고 있습니다.

그러나 2016년의 경우는 인덱스, 액티브 가릴 것 없이 펀드 전체의 수익률을 놓고 비교해봐도 인덱스 펀드가 상위를 차지하고 있음이 확인됩니다. 이는 그해 주식 시장이 대형주 및 삼성전자 중심의 장이었기 때문에 발생한 결과로 해석할 수 있습니다.

위의 사례를 볼 때 2016년의 경우는 전체 평균으로 보나 개별 펀드로 보나, 인덱스 펀드의 성과가 더 좋았음이 확인됩니다. 그러나 "평균적으로는 인덱스 펀드의 수익률이 더 좋으나 개별적으로 볼 때는 액티브 펀드의 수익률이 더 좋을 수 있다"고 보는 것이 더 타당합니다.

가령 진짜 수익률이 좋은 펀드는 몇몇 액티브 펀드일 수 있습니다. 애초에 인덱스 펀드는 시장 수익률에 근접하는 것을 목표로 하는 반면 액티브 펀드는 시장 수익률을 초과하는 것을 목표로 하기 때문입니다. 정리하면 개별적으로 봤을 땐 액티브 펀드가 수익률이 좋을 수 있고, 펀드 전체를 평균적으로 비교해봤을 때는 인덱스 펀드의 수익이 더 높다고 할 수 있습니다.

해외 펀드의 수익률

해외 펀드는 크게 2가지로 나눌 수 있습니다. ① 특정 국가에만 투자하는 경우와 ② 특정 산업에 투자하는 경우입니다. 러시아 주식, 독일 주식, 동남아 주식 등은 ①에 해당하며 기초소재 섹터, 헬스케어 섹터 등은 ②에 해당합니다. 전체 수익률을 보면 시점에 따라 등락은 있지만 보통 선진국 및 신흥국 수익률이 높은 편이며 국가에 따라 수익률은 크게 차이가 납니다.

이렇게 편차가 큰 국가별 수익률 차이를 결정짓는 것은 결국 각 국가 간의 서로 다른 경제 상황과 발전 가능 정도라고 볼 수 있습니다.

반면에 산업의 경우는 일반산업 섹터가 가장 큰 수익률을 나타내고 그 외 산업 섹터들은 전체적으로 수익률이 비슷한 양상입니다. 일반산업 섹터 다음으로는 헬스케어 섹터, 멀티 섹터 등이 비교적 높은 수익

해외 펀드의 유형별 수익률(단위: 억 원, %)

대유형	소유형	펀드수	설정액	1개월증감액	수익률(%)			
					올해	1개월	3개월	1년
	일반산업섹터	1	65	0	6.69	1.95	**8.01**	12.64
	헬스케어섹터	12	1,904	-53	10.66	1.76	**7.32**	9.83
	북미주식	35	5,765	390	9.26	1.46	**4.85**	18.11
	멀티섹터	6	628	-10	-1.38	-1.71	**2.93**	-1.96
	인도주식	26	3,149	-79	-7.70	-5.11	**0.85**	-4.79
	공공서비스섹터	1	14	-7	-4.04	-2.61	**0.24**	-4.90
	정보기술섹터	33	8,660	-491	5.18	0.18	**-0.06**	13.98
	금융섹터	5	2,281	-77	1.17	0.37	**-0.12**	7.54
	글로벌주식	77	26,003	-139	3.44	-0.26	**-0.45**	9.62
	프론티어마켓주식	1	22	-1	1.43	-2.77	**-2.74**	-3.48
	유럽주식	33	3,651	-87	-1.45	-3.11	**-2.76**	2.19
	독일주식	2	86	-0	-5.69	-3.77	**-3.06**	-0.72
	기타국가주식	5	551	0	-12.62	-6.30	**-3.20**	-12.53
	에너지섹터	9	683	-12	-0.33	-2.77	**-3.50**	11.09
해외주식형	일본주식	33	2,392	-107	-4.83	-1.74	**-3.67**	11.37
	베트남주식	16	6,463	93	-4.23	1.03	**-5.40**	14.66
	러시아주식	9	3,295	-31	-4.05	-5.97	**-5.84**	-0.57
	유럽신흥국주식	8	1,028	-9	-12.36	-6.70	**-6.84**	-11.73
	동남아주식	16	2,191	-15	-7.87	-3.77	**-7.06**	-4.63
	소비재섹터	2	115	1	1.70	-3.41	**-7.06**	9.83
	아시아태평양주식	13	405	-1	-3.74	-2.47	**-7.87**	2.44
	아시아태평양주식(exJ)	23	7,297	-126	-5.52	-3.91	**-8.06**	0.07
	남미신흥국주식	5	965	-4	-16.18	-13.51	**-8.07**	-20.35
	글로벌신흥국주식	47	8,743	-97	-9.87	-6.16	**-10.91**	-6.39
	브라질주식	8	805	-5	-18.15	-17.56	**-11.37**	-22.17

출처: 네이버 금융

률을 보이고 있습니다. 참고로 섹터 투자는 국가에 투자하는 경우에 비해 수익률 차이가 낮습니다.

일본 주식 시장의 포트폴리오

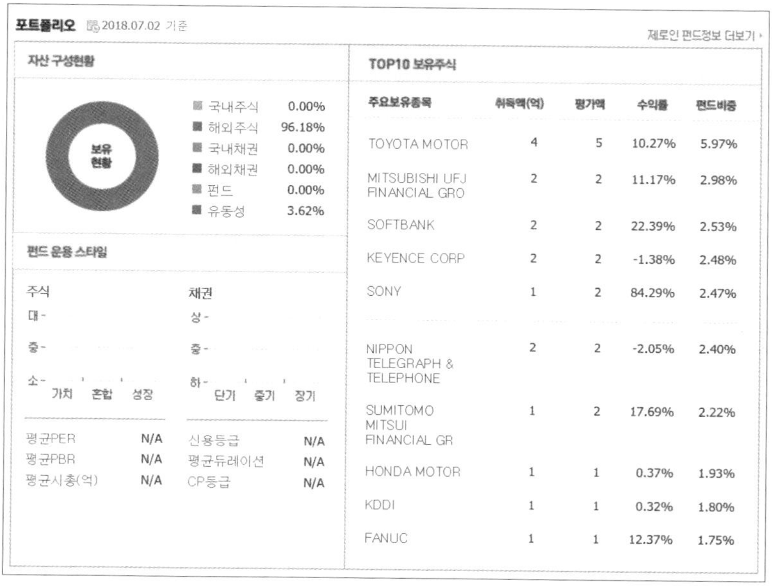

포트폴리오 2018.07.02 기준

제로인 펀드정보 더보기

자산 구성현황

국내주식	0.00%
해외주식	96.18%
국내채권	0.00%
해외채권	0.00%
펀드	0.00%
유동성	3.62%

펀드 운용 스타일

평균PER	N/A	신용등급	N/A
평균PBR	N/A	평균듀레이션	N/A
평균시총(억)	N/A	CP등급	N/A

TOP10 보유주식

주요보유종목	취득액(억)	평가액	수익률	펀드비중
TOYOTA MOTOR	4	5	10.27%	5.97%
MITSUBISHI UFJ FINANCIAL GRO	2	2	11.17%	2.98%
SOFTBANK	2	2	22.39%	2.53%
KEYENCE CORP	2	2	-1.38%	2.48%
SONY	1	2	84.29%	2.47%
NIPPON TELEGRAPH & TELEPHONE	2	2	-2.05%	2.40%
SUMITOMO MITSUI FINANCIAL GR	1	2	17.69%	2.22%
HONDA MOTOR	1	1	0.37%	1.93%
KDDI	1	1	0.32%	1.80%
FANUC	1	1	12.37%	1.75%

출처: 네이버 금융

해외 펀드는 특정 기업이 중요한 게 아니라 국가 자체가 중요하기 때문입니다. 물론 각각의 해외 기업에 투자할 수는 있지만 그러기 위해서는 해당 사업과 특징을 제대로 파악하고 있어야 합니다. 그러나 국내 투자자들이 해외 기업을 소상히 파악하는 것이 쉽지 않습니다. 그래서 국가 전체의 시장성을 보고 대표 기업 여러 곳에 투자할 수 있는 인덱스 펀드가 더 많은 것입니다.

사례를 하나 더 들면, 위 사진은 일본 주식 시장에 상장된 주식 중 배당 성향이 높은 배당주를 투자 대상으로 삼는 펀드의 구성 내역입니다. 도요타나 미츠비시는 종종 들어봤지만 그 외의 기업은 생소합니다. 이는 특정 기업이 아니라 일본이라는 국가에 투자한다는 마음과 다르지 않습니다. 결국 해외 펀드라는 것은 액티브 펀드처럼 기업에 투자하긴 하지만, 실질적으로는 특정 국가 전체를 투자처로 삼는 인덱스 유형에 가깝다고 볼 수 있습니다.

기업이 아닌 국가로 시선을 돌리자는 것은 앞서 해외 펀드 투자에서 믿음을 강조했던 것과 같은 맥락입니다. 그 국가의 성장성을 믿고 투자하는 방식은 인덱스 투자의 대표적인 특징이죠. 인덱스 투자가 밑바탕으로 하고 있는 '자본주의의 우상향에 대한 믿음'에 대해서는 챕터 9 '자본주의 사회에서의 투자'에서 자세히 다뤄보겠습니다.

CHAPTER 8

부동산 투자

부동산이 도대체 뭐길래!

부동산은 사람들이 선호하는 대표적인 투자자산입니다. 주식이나 펀드와는 달리 가격 변동성이 작아 투자 위험도가 낮으며, 수십 년간의 경제 발전 과정 속에서 "부동산 투자는 절대 손해 보지 않는다"는 이른바 부동산 불패 신화가 만들어졌기 때문이죠. 실제로 부동산 시장은 과거 몇 차례의 금융위기를 거치며 단기적인 하락은 있었지만, 장기적으로는 꾸준히 가격이 상승해 지금은 금융위기 이전 가격을 거의 회복하거나 오히려 더 높이 형성되고 있습니다.

그렇지만 사회초년생들에게 부동산은 다른 투자자산에 비해 초기 투자 금액이 크기 때문에 쉽게 접근하기 어려운 편입니다. 그럼에도 불구하고 부동산은 한 번쯤은 제대로 공부를 해둘 필요가 있습니다. 당장 투자할 여유가 없거나 관심이 없어도 말이죠. 주식이나 펀드, 보험 등의 투자 상품은 본인이 원하지 않는다면 굳이 투자하지 않아도 괜찮습니다. 그러나 거주할 공간, 즉 살아갈 집은 누구에게나 반드시 필요하죠. 부동산을 알아야 내가 필요할 때 투자할 수 있습니다.

부동산이란 무엇일까?

그렇다면 부동산이란 도대체 무엇일까요? 부동산은 동양권에서 토지와 가옥을 뜻하는 용어로 쓰이고 있습니다. 우리나라에서는 일제강점기부터 쓰이기 시작했으며, 현재 민법상 "토지 및 그 정착물"*을 뜻하는 단어로 자리 잡았습니다(민법 제99조). 세부적으로 그 의미를 나눠보면 직접 거주할 수 있는 주택(집)과 땅(토지), 그리고 사무실·가게 등 상업용 목적으로 이용 가능한 상가 등으로 구분할 수 있습니다.

그중에서도 주택은 크게 단독주택과 공동주택으로 구분되는데요. 이 구분은 주택의 소유자가 1인만 가능한지, 아니면 다수가 나누어서 소유할 수 있는지에 따라 결정됩니다. 단독주택의 종류에는 말 그대로 단독 세대가 생활하는 단독주택 외에도, 독립된 주거 형태가 아닌 3층 이하로 학생 또는 직장인 등 다수가 장기 거주할 수 있는 다중주택, 19세대 이하가 거주할 수 있는 다가구주택 등이 있습니다.

공동주택은 여러 세대가 독립된 주거 생활이 가능한 구조로 된 주택입니다. 아파트가 대표적인 공동주택이지만 이외에도 연립주택과 다세대주택이 있습니다. 아파트와 연립주택, 그리고 다세대주택의 차이는 주택으로 사용되는 층수 및 1개 동의 바닥면적 합에 따라 구분됩니다. 대체적으로 아파트가 제일 크고 다세대주택이 가장 작다고 생각하면 됩니다.

---

* 토지나 건축물에 설치 또는 부착됨으로써 부동산처럼 취급되고 사용되는 물건. 대표적인 것으로 담장이나 출입문이 있다.

주택의 종류

구분	소유자 수	종류
단독주택	소유자 1인	• 단독주택 • 다가구주택 • 다중주택 • 공관
공동주택	소유자 다수	• 다세대주택 • 아파트 • 연립주택 • 기숙사

다가구와 다세대 세입자에게 불리한 쪽은?

단독주택과 공동주택은 살고 있는 사람의 수가 아닌 법적 소유주가 1명인지 그 이상인지에 따라 달라집니다. 그렇기 때문에 한 건물에 다수의 사람들이 살더라도 다가구주택은 단독주택이고, 다세대주택은 공동주택에 해당됩니다. 우리가 흔히 원룸 건물이라고 하는 곳은 소유주가 1명인 단독주택일 가능성이 높고, 빌라라고 하는 곳은 다세대주택 혹은 연립주택일 가능성이 높습니다. 건축법상 구분이 아닌 데다 겉으로는 별 차이 없어 보이지만, 이는 꽤 중요한 의미를 갖고 있습니다.

집주인 입장에서 다가구주택은 1개의 건물로 취급되기 때문에 한 건물에 여러 개의 원룸이 있더라도 1주택에 해당되며, 다세대주택은 호수별로 소유자를 다르게 해야 하므로 만약 여러 호수를 소유하게 된다면 여러 채의 집을 소유한 다주택자가 되어 세금 등에서 불이익을 받을 수 있습니다.

이 사실은 임대 계약 시 세입자에게도 중요합니다. 다가구주택의 경

다가구주택 vs. 다세대주택

다가구주택	비교 항목	다세대주택
불가	분양	가능
단독주택	건축물 종류	공동주택
불가(집주인 1명)	구분 등기	가능(집주인 다수)
3층 이하	층수*	4층 이하
19세대 이하	세대수	해당 없음

우 집주인은 1명이지만 세입자가 여러 명이기 때문에 만약 집이 경매로 넘어갈 경우 전세금(또는 보증금)을 돌려받기 어려울 수 있을 수 있습니다. 경매가 진행되면 우선순위에 따라 보증금을 돌려받는데, 아무리 계약 당일 전입신고를 하고 확정일자를 받아두더라도 나보다 먼저 들어온 다른 집 세입자의 우선순위가 높다면 돈을 받지 못할 가능성이 크죠. 이러한 피해를 막기 위해서 부동산 계약 시 기존 세입자들의 전체 보증금이 얼마인지도 반드시 확인해야 합니다. 거래를 중개하는 공인중개사도 이러한 내용을 세입자에게 고지할 책임이 있다는 대법원 판례도 있습니다.

---

* 단, 1층을 벽이 없고 기둥으로 이뤄진 '필로티' 구조로 해서 바닥 면적의 1/2 이상을 주차장으로 사용하고, 나머지 부분을 주택 외로 사용하는 경우에는 해당 층을 층수에서 제외한다. 예를 들어 다세대주택의 경우에 1층이 필로티 구조의 주차장일 경우 5층까지 건축할 수 있다.

수익형 부동산 투자 분석

구분	오피스텔	상가	소형 아파트
수익성	보통	높음	낮음
안정성	보통	낮음	높음
환금성	보통	보통	높음

수익형 부동산에 투자할까?

최근 저금리가 계속되자 많은 사람들이 수익형 부동산에 관심을 보이고 있습니다. 실제로도 많이 투자하고 있죠. 수익형 부동산은 주로 시세 차익보다 월세 등의 임대 수익을 목표로 투자하는 부동산을 말합니다. 주요 대상으로는 오피스텔, 상가, 소형 아파트를 꼽을 수 있습니다. 빌라와 마찬가지로 건축법상의 구분은 아니며 편의상 임대 수익을 목적으로 하는 부동산들이죠.

수익형 부동산에 투자하려면 수익성, 안정성, 환금성을 잘 따져봐야 합니다. 상가의 경우 수익성이 높지만 경기 불황이 장기화될 경우 임차인의 임대료 연체 또는 공실의 위험이 높습니다. 소형 아파트의 경우 시세 차익에 대한 기대가 크기 때문에 안정성과 환금성이 높지만 상대적으로 임대료가 낮게 형성되는 경향이 있고요.

오피스텔은 적정한 수준의 위험도와 수익성을 갖춘 수익형 부동산이라고 볼 수 있습니다. 다만 오피스텔을 업무시설이 아닌 주거용으로 사용할 경우에는 다주택자로 간주되어 양도소득세가 부과될 수 있으므로 주의해야 합니다.

부동산을 취득하는 법

부동산은 금액이 큰 자산입니다. 아마 개인이 보유한 자산 중 가장 큰 비중을 차지하고 있을 테죠. 당연히 집을 구하기 전 매매 또는 임대 여부를 결정해야 합니다. 매매, 즉 집을 사는 방법으로는 일반적인 기존 아파트 구매, 신규 아파트 청약, 그리고 경매 등의 방식이 있습니다. 임대하는 방법으로는 전세, 월세, 그리고 요즘 많이 보이는 반전세(보증부 월세)의 형태가 있습니다.

부동산 가격 하락에 대한 우려로 매매보다는 임대를 고집하는 사람들도 있지만, 자신의 상황에 맞게 무리하지 않는 수준에서 대출을 활용해 거주할 집 한 채는 가지고 있는 것이 좋습니다.

만약 내 집을 갖게 되었다고 가정해봅시다. 경제학적인 관점에서 물가 상승(인플레이션)에 따라 돈의 가치는 떨어지지만 실물자산인 집을 보유함으로써 인플레이션에 대한 방어를 할 수 있습니다. 그뿐만 아니라 2년마다 임대료가 오르지는 않을까 눈치를 보거나 재계약에 대해 걱정할 필요가 없습니다. 은퇴 후에도 내 집이 있다면 거주에 드는 비용이 줄어 노후 생활비가 절감되기 때문에 안정적인 생활을 이끌어 나가는 데 큰 도움이 될 것입니다.

경매와 공매

경매란 채무자(돈을 빌린 사람)가 돈을 갚지 못할 경우 채권자(돈을 빌려준 사람)가 법원에 채무자 대신 채무자의 재산을 매각해 돈을 받아내게 해달라고 신청해서 이뤄지는 매매 방식입니다. 법원은 이러한 채무자의 재산을 일반인들에게 공개 경쟁 입찰 방식으로 처분합니다.
공매는 경매와 유사하나, 체납된 세금이나 공과금 등을 회수할 목적으로 한국자산관리공사에서 진행합니다.

집을 사는 3가지 방법

집을 사는 첫 번째 방법은 이미 지어진 집을 사는 것입니다. 마음에 드는 지역의 공인중개사무소를 방문해 나에게 알맞는 집을 둘러보고 구매할 수 있죠. 두 번째, 경매 또는 공매를 통해 상대적으로 저렴한 아파트를 취득할 수도 있습니다. 세 번째, 새 아파트를 원하는 경우에는 청약이라는 절차를 거쳐 내 집 마련을 할 수 있습니다.

경매나 공매를 통해서 집을 구하기 위해서는 법률 지식이나 경험이 필요합니다. 그래서 일반적으로 대출을 받아 기존의 주택을 사거나 아파트 청약을 통해 새로운 집을 얻게 되죠. 대출과 청약에 대한 자세한 방법은 뒤쪽에서 자세히 다루도록 하겠습니다.

집을 빌리는 방법

집을 빌려서 거주하는 방법은 크게 전세와 월세의 형태로 나눠집니다. 즉 전세 계약을 해서 목돈을 집주인에게 주고 거주 기간 동안 별도의 비용 부담 없이 살 수도 있고, 월세 계약을 해서 보증금을 일부 내고 다달이 정해진 금액을 집주인에게 주면서 살 수도 있습니다. 최근에는 기존 전세금의 일부를 보증금으로 남기고 월세로 전환하는 이른바 준전세(반전세) 또는 보증부 월세의 형태도 늘고 있습니다.

일반적으로 세입자 입장에서는 전세가, 집주인 입장에서는 월세가 유리합니다. 집주인이 전세금을 받아 은행에 넣는다면 예금 이자율은 1~2% 정도지만, 전세를 월세로 전환해 받게 되는 경우에 이자율로 환산하면 5~6% 수준으로 받을 수 있어 수익률이 3~4배 높아지기 때문입니다.

전세금을 월세로 전환할 때 적용되는 비율을 전월세 전환율이라고 하며, 구하는 식은 다음과 같습니다.

$$\frac{\text{월세} \times 12\text{개월}}{\text{전세금 - 월세 보증금}} \times 100 = \text{전월세 전환율(\%)}$$

전월세 전환율은 지역과 주택 유형(아파트, 다세대·다가구주택 등)에 따라 다르지만 대체적으로 5~6% 수준입니다. 이러한 이유로 전세는 점점 구하기 힘들어지고 있죠.

하지만 신규 입주 아파트가 많은 지역이나 집값 상승이 유력한 지역을 노린다면 상대적으로 전셋집을 쉽게 구할 수 있습니다. 전세를 끼고 집을 구매하는 이른바 갭투자자들이 많기 때문이죠. 갭투자는 부동산 시세 차익을 목적으로 매매가와 전세가의 차액이 적은 집을 매입하는 방식을 말합니다. 투자 시 세입자의 전세금이 필요하니 전세 세입자를 구하는 수요가 많죠.

전세금을 마련할 때 목돈 부담이 크다면 전세자금대출을 활용하는 것도 좋은 방법입니다. 한국주택금융공사와 서울보증보험 등에서 대출받는다면 월세를 내는 것보다 훨씬 부담이 줄어들 것입니다.

여담이지만 도배를 원할 때 전세는 세입자가, 월세는 집주인이 한다는 관행이 있죠? 월세가 집주인에게 유리하기 때문에 생긴 관행입니다. 단, 이는 말 그대로 관행이기 때문에 계약서를 쓸 때 누가 할 것인지 정확히 명시해주는 것이 좋습니다.

세입자가 집주인 역할을 한다? 전대차 계약과 전전세

만약 계약 기간이 남았는데 피치 못할 사정으로 계약을 해지해야 한다면 어떻게 될까요? 원칙적으로 집주인이 계약 해지에 동의해주지 않는다면 계약 기간 동안 거주해야 합니다. 하지만 집주인도 그런 상황이 달갑지는 않겠죠. 그래서 관행적으로 새로운 세입자를 구할 때 집주인이 내야 할 중개수수료를 대신 부담한다면 동의해주는 편입니다.

때로는 이런 상황에 세입자가 다른 세입자를 구해 남은 계약 기간 동안 살도록 계약을 하기도 합니다. 이를 '전대차 계약'이라고 합니다. 전세권 설정등기를 하지 않았다면 반드시 집주인의 동의가 필요하지만, 기존 세입자가 집 전부가 아닌 일부분에 대해서만 세를 주는 경우에는 집주인의 동의가 필요 없습니다.

전세 세입자가 보증금 보호를 위해 전세권 설정 등기를 하는 경우에는 세입자의 권리인 '전세권'을 활용해 집주인의 동의 없이 집을 빌려줄 수 있습니다. 이러한 계약 방식을 '전전세'라고 해서 '전대차 계약'과 구분합니다. 참고로 일반적으로 전세 들어 살고 있다고 하지만, 전세권 설정 등기를 하지 않는 이상 전세권 계약*이 아닌 일반 임대차 계약입니다. 임대차 계약의 경우에도 전입신고, 확정일자 등으로 전세금을 보호받을 수 있어 대부분은 임대차 계약을 합니다.

새 집을 사는 방법, 청약과 전매

앞에서 보았듯이 집을 사는 방법은 크게 3가지가 있습니다, 공인중개사를 통한 아파트 구매, 경·공매, 그리고 청약입니다. 남이 살던 집이 아닌 새 아파트에 입주하기 위해서는 무조건 청약이라는 절차를 거쳐야

* 민법에 명시된 물권의 한 종류로 '전세보증금을 지급하고 타인의 부동산을 사용할 수 있는 권리'를 말하며, 등기를 해야만 효력이 발생한다. 효력이 강력해 세입자에게 유리하지만 비용이 많이 들고, 집주인의 동의도 필요하기 때문에 일반적으로는 잘 하지 않는다.

합니다. 청약은 다음과 같은 순서로 진행됩니다.

청약통장 만들기 → 청약 공고 확인 → 청약 →
입주자 선정(당첨자 발표) → 계약 및 대금 납부 → 입주

청약을 통해 분양받는 아파트는 아직 완공되지 않았기 때문에 상대적으로 가격이 저렴해 인기가 많습니다. 청약은 어떻게 신청하고 어떤 순서로 진행되는지 하나씩 차근차근 살펴보도록 합시다.

청약의 첫 단계, 청약통장 만들기

아파트는 다른 보통의 부동산과는 달리 건설사가 아파트를 짓기 전에 소비자를 대상으로 분양을 먼저 하고, 분양을 받은 입주 예정자들로부터 공사기간 동안 필요한 자금을 계약금과 중도금의 형태로 충당받아 짓습니다.* 분양을 받기 위해서는 청약이라는 절차를 거쳐야 하는데, 이렇게 청약을 하기 위해서는 청약통장이 필요합니다. 청약통장 없이 청약을 신청할 수는 있지만, 극심한 경쟁 속에서 당첨자를 가리는 기준이 청약통장이기 때문에 청약에 성공하기 위해선 청약통장이 필수라고

* 이를 선분양제라고 한다. 1977년 당시 집은 부족하지만 금융이 발달하지 않아 아파트 건설을 용이하기 위해 도입되었으나 부동산 가격 상승의 원인 및 건설사의 부도, 아파트 품질 저하 등의 이슈가 지속적으로 발생해 공공주택을 중심으로 후분양제를 도입하려는 움직임이 있다.

청약통장의 종류

청약통장	청약 가능 주택	가입 가능 은행
주택청약종합저축	국민주택*, 민영주택	농협, 신한, 우리, 하나 기업, 국민, 대구, 부산
청약저축	국민주택	2015년 9월 1일 이후 신규 가입 중단
청약예금	민영주택	
청약부금	전용면적 85m² 이하의 민영주택	

* 국민주택: 국가, 지방자치단체, 한국토지주택공사(LH) 등이 건설하는 전용면적 85m² 이하의 주택

할 수 있습니다.

청약통장은 2009년 이전까지는 청약저축, 청약예금, 청약부금으로 나눠 주택의 종류(국민주택·민영주택)나 평형에 따라 구분해 청약했습니다. 하지만 2009년 5월부터 이 3가지 통장을 하나의 통장으로 통합한 주택청약종합저축이 출시되었죠.

이 통장만 있으면 국민주택과 민영주택, 그리고 평형에 관계없이 청약할 수 있어 만능통장으로 불립니다. 2015년 9월부터 기존 청약통장의 신규 가입이 중단되었기 때문에 청약을 준비하시는 분들은 주택청약종합저축에 가입하면 됩니다.

청약통장은 미성년자는 물론이고 국내에 거주하는 재외 동포, 외국인도 만들 수 있으며(1인당 1계좌), 일부 지방은행을 포함한 주요 은행에서 발급받을 수 있습니다. 통장을 만든 뒤에는 매월 2만~50만 원의

국민주택 청약 공급 순서

순위	전용면적 40m² 초과 주택	전용면적 40m² 이하 주택
1	3년 이상의 기간 무주택 세대 구성원으로 저축 총액이 많은 자	3년 이상의 기간 무주택 세대 구성원으로 납입 횟수가 많은자
2	저축 총액이 많은 자	납입 횟수가 많은 자

출처: 주택도시기금

금액을 자유롭게 납입하면 됩니다.

청약통장의 납입 기간과 납입 금액에 따라 청약 가능 지역과 면적이 달라질 수 있고, 국민주택의 공급 순위를 결정하는 기준이 되므로 미리미리 가입하는 것이 좋습니다. 이 외에도 240만 원을 한도로 해서 연간 납부 금액의 40%(최대 96만 원)까지 소득공제를 받을 수 있어 절세 목적으로도 활용이 가능합니다.

다만 청약통장은 1인 1계좌이기 때문에, 기존의 청약통장에 가입한 경우에는 기존 통장을 해지하고 신규로 가입해야 합니다. 신규 가입할 경우 기존 청약통장의 가입 기간이나 금액 등을 인정받을 수 없기 때문에 신중하게 결정해야 합니다.

청약공고 확인과 지원은 아파트투유에서!

청약통장을 만들고 마음에 드는 아파트가 분양을 시작하면 금융결제원에서 운영하는 아파트투유(www.apt2you.com) 사이트에서 입주자 모집 공고를 확인해 청약을 하면 됩니다(국민은행 통장이라면 oland.kbstar.com). 입주자 모집 공고에는 청약 접수일, 발표일, 계약일 등의 상세한 청약 일정뿐만 아니라 특별분양 등 참고할 만한 정보가 많이 담겨 있으니 꼼꼼히 살펴보고 본인에게 맞는 아파트를 선택해 청약하는 것이 중요합니다.

청약 신청이 완료되면 기존에는 추첨제와 가점제*를 병행해 입주자를 선정했지만, 문재인 정부에서 8·2 부동산 대책을 발표한 후로는 방식이 조금 달라졌습니다. 이제 투기과열지구와 조정대상지역으로 지정된 서울 및 경기 일부 지역 등에서는 전용면적 85m^2 이하인 민영주택의 경우 모든 물량에 100% 가점제를 적용해 입주자를 선정하고 있습니다.

가점제 비율이 높아지면서 통장 가입 기간이 짧고 부양가족도 적은 신혼부부나 사회초년생은 가점이 낮아 일반 분양에서 당첨되기가 매우 어려워졌습니다. 그래서 정부는 이런 젊은 층과 무주택 세대주들을 위한 특별공급도 실시하는데요, 특별공급은 당첨 확률이 높은 만큼 청약조건도 까다로우니 꼼꼼히 살펴보고 지원해야 합니다.

* 무주택기간(32점 만점), 부양가족수(35점 만점), 청약통장 가입 기간(17점 만점)에 따라 점수를 부여해 가점점수 합계가 높은 순으로 당첨자를 선정하는 제도. 아파트투유 등의 사이트에서 상세한 항목별 점수와 계산기 등을 제공하고 있다.

신혼부부 & 생애 최초 주택 구입 특별공급

공통요건

- 동일한 주민등록등본상의 세대주 및 세대원 전원이 무주택자
- 세대주 및 세대원 중 본인의 배우자 및 직계존·비속이 모두 무주택

신혼부부

대상주택	전용면적 85m² 이하의 분양주택 및 임대주택
대상자	입주자 모집 공고일 현재 혼인 기간이 5년 이내 또는 그 기간에 출산(임신 및 입양 포함)해 자녀가 있는 자
순위	1순위: 대상자 중 혼인 기간이 3년 이내 2순위: 대상자 중 혼인 기간이 3년 초과 5년 이내 • 동일 순위 안에서는 자녀 수가 많은 자가 우선, 경쟁이 있는 경우 추첨으로 선정
소득기준	세대의 월평균 소득이 전년도 도시근로자 가구당 월평균 소득의 100% 이하(배우자가 소득이 있는 경우는 120% 이하)
청약통장	통장 가입 이후 6개월이 지났고, • 주택청약종합저축: 주택 종류에 따라 청약저축 및 청약예금과 동일 • 청약저축: 매월 약정납입일에 월 납입금을 6회 이상 납입 • 청약예금: 지역별 청약예금 예치금액에 상당하는 금액을 예치 • 청약부금: 매월 약정납일일에 납입한 금액이 지역별 85m² 이하, 청약예금 예치금액 이상

* 2018년 5월부터 일부 특별공급에 한해서는 혼인 기간 7년 이내의 부부도 지원할 수 있게 되었다. 공고별로 세부 기준은 달라질 수 있다.

생애 최초 주택 구입

대상주택	국민주택
대상자	아래 4가지 조건을 충족하는 생애 최초로 주택을 구입하려는 자 (세대원 모두 과거 주택을 소유한 사실이 없어야 함) ① 일반공급 1순위인 무주택세대의 세대주 또는 세대원으로서, 저축액이 선납금을 포함해 600만 원 이상인 자 ② 입주자 모집 공고일 현재 혼인 중이거나 자녀가 있는 자 ③ 입주자 모집 공고일 현재 근로자 또는 자영업자로서 5년 이상 소득세를 납부한 자 ④ 해당 세대의 월평균 소득이 전년도 도시근로자 가구당 월평균 소득의 100% 이하인 자
소득기준	세대의 월평균 소득이 전년도 도시근로자 가구당 월평균 소득의 100% 이하(배우자가 소득이 있는 경우는 120% 이하)
청약통장	통장 가입 이후 6개월(수도권 외) 또는 1년(수도권)이 지났고, • 주택청약종합저축: 매월 약정납입일에 월 납입금을 6회(수도권은 12회) 이상 납입 • 청약저축: 매월 약정납입일에 월 납입금을 6회(수도권은 12회) 이상 납입

* 공고별로 세부 기준은 달라질 수 있다.

2016년 도시근로자 가구당 월평균 소득

단위: 원	3인 가구	4인 가구
100%	5,002,590	5,846,903
120%	6,003,108	7,016,284

출처: APTzip

분양권 전매가 뭐야?

어렵게 청약에 당첨되면 해당 아파트에 대한 분양권을 받습니다. 이 분양권을 다른 사람에게 팔 수도 있는데, 이러한 행위를 '분양권 전매'라고 합니다. 청약 경쟁률이 워낙 높다 보니 분양권은 분양가보다 높은 가격에 형성됩니다. 이러한 가격의 차이를 프리미엄 또는 웃돈이라고 하며, 줄여서 'P'라고 이야기하기도 합니다.

그러나 정부는 이러한 분양권 전매가 청약 경쟁률을 높여 실거주자에게 피해를 주고, 부동산 가격 상승에 악영향을 끼친다고 판단해 전매 금지 기간을 늘리거나 입주 시까지 금지하기도 합니다. 새 정부가 발표한 8·2 부동산 대책의 핵심도 서울 지역의 분양권 전매를 강하게 규제한 것이었죠. 그러니 혹시 분양권 전매를 생각한다면 법적 문제는 없는지 미리 확인해봐야 합니다. 서울 전 지역에서는 신규 분양 아파트의 소유권 이전 등기 시까지 전매를 할 수가 없습니다.

LTV, DTI, 그리고 신DTI와 DSR: 부동산 대출의 기준

집을 살 때 집을 담보로 해서 저렴하게 대출받는 것을 주택담보대출이라고 합니다. 부동산은 금액이 큰 자산이다 보니 구매 과정에서 대출은 선택이 아닌 필수가 되고 있는데요, 부동산 가격의 상승과 함께 최근 급격히 늘어난 가계부채는 일반 가계뿐만 아니라 정부에도 큰 부담이 되고 있습니다.

이러한 과도한 대출로 인해 은행과 개인이 부실해지는 것을 막고, 아울러 대출로 인한 부동산 투기 과열을 막고자 정부에서는 대출과 관련된 규제를 도입합니다. 대표적인 제도가 LTV(주택담보인정비율)와 DTI(총부채상환비율)입니다.

LTV와 DTI에 따라 달라지는 대출금

우선 LTV를 살펴보겠습니다. LTV는 Loan To Value의 약자로 해당 주택을 담보로 해서 얼마까지 돈을 빌릴 수 있는지를 나타내는 지표입니다. 조건에 따라 차이가 나죠.

예를 들어 무주택자가 서울 시내에서 5억 원의 아파트를 구매하고자 할 때 일반적으로 집값의 40%인 2억 원까지 대출을 받을 수 있습니다. 이때 대출 신청자가 서민 실수요자 조건에 해당된다면 50%인 2억 5천만 원까지도 받을 수 있죠. 그러나 기존에 주택담보대출이 있다면 규제에 따라 30%인 1억 5천만 원만 대출받을 수 있는 것입니다.

DTI는 Debt To Income의 약자로 총소득에서 매년 갚아야 하는 원리금, 즉 원금과 이자가 차지하는 비율을 말합니다. 쉽게 말해 내가 벌고 있는 돈과, 현재 가지고 있는 빚의 규모를 측정해서 빚이 일정 기준 이상으로 많으면 대출을 추가로 해주지 않는 것이죠.

예를 들어 연소득이 5천만 원이라면 갚아야 할 원리금이 연 2,500만

LTV와 DTI 강화(일반 주택담보대출 및 집단 대출)

구분	투기과열지구 및 투기지역		조정대상지역		그 외 수도권	
	LTV	DTI	LTV	DTI	LTV	DTI
서민 실수요자(완화)	50%	50%	70%	60%	70%	60%
대출 미보유(기본)	40%	40%	60%	50%	70%	60%
대출 1건 이상 보유(강화)	30%	30%	50%	40%	60%	50%

원 이하(DIT 50% 적용)여야만 대출을 받을 수 있습니다. LTV와 마찬가지로 서민 실수요자 조건에 해당하거나 기존 주택담보대출을 받고 있을 경우에는 그 비율이 50%와 30%로 조정됩니다. 이러한 LTV와 DTI는 현재 지역과 기존 주택 소유 등에 따라 차등적으로 적용되는데요, 위의 표를 참고해주세요.

LTV와 DTI는 투기과열지구 및 투기지역, 조정대상지역 등으로 세분화되어 지역마다 비율이 달라집니다. 대출뿐만 아니라 청약 등 각종 부동산과 관련된 정책들은 이 기준에 따라 규제가 달라지죠. 그렇기 때문에 부동산 투자뿐만 아니라 내 집 마련을 할 때도 원하는 집이 어느 지역에 속하는지를 확실하게 알고 있어야 부동산 자금을 마련할 때 어려움을 겪지 않을 수 있습니다.

조정대상지역, 투기과열지구, 투기지역

부동산 시장이 살아나며 청약 시장이 뜨거워지기 시작하자 박근혜 정부에서는 2016년 11월 3일, 전매 제한과 청약 제한 등 분양에 여러 제한을 강화한 이른바 11·3 부동산 대책을 발표합니다. 서울 전 지역과 경기, 부산 일부 지역 그리고 세종시를 조정대상지역으로 전매 제한 기간을 강화하고, 2주택 이상 소유자를 청약 1순위에서 제외하는 등의 정책을 실시했죠.
이후 새로 들어선 문재인 정부는 2017년 6월 19일 경기도 광명시와 부산 기장군과 진구를 추가 선정해 전매 제한을 더욱 강하게 하고, 가계부채 증가 우려로 LTV, DTI도 강화합니다. 그럼에도 여전히 부동산 시장이 활성화되어 집값이 가파르게 상승하자 결국 새 정부는 역대 가장 강력한 부동산 대책이라는 8·2 부동산 대책을 발표하죠. 8·2 부동산 대책에서는 조정대상지역 외에, 2000년대 초반 처음 지정되었다가 사라진 투기과열지구와 투기지역도 부활시켜서 지역별 차등 규제를 적용했습니다.
조정대상지역과 투기과열지구, 투기지역으로 지정된 지역들에서는 크게 청약과 대출에서 제약을 받게 됩니다. 우선 청약의 경우 청약통장 가입 기간이 2년이 넘지 않는 사람은 청약 1순위를 받지 못하며, 청약 가점제의 비중도 높아집니다. 또한 LTV와 DTI의 규제도 다른 지역보다 높아져서, 이 지역에 집을 구입하려는 사람들은 작아지는 대출금 규모를 생각해 충분한 자금 조달 계획을 세워야 합니다.

너희들은 또 누구니? 신DTI과 DSR

기존의 LTV와 DTI 외에 정부에서는 신(新)DTI와 DSR(Debt Service Ratio, 총부채 원리금 상환비율)이라는 제도를 새로 도입했습니다. 신DTI

조정대상지역

서울, 세종, 경기(고양, 남양주, 하남, 과천, 광명, 성남, 화성동탄2, 구리, 광교, 안양 동안구), **부산**(남구, 진구, 동래구, 수영구, 연제구, 해운대구, 기장군 일광면)

투기과열지구

서울 전역(25개구), **세종, 경기**(과천, 성남 분당, 광명, 하남), **대구 수성구**

투기지역

서울(강남, 서초, 송파, 강동, 용산, 성동, 노원, 마포, 양천, 영등포, 강서, 종로, 중구, 동대문, 동작), **세종**

는 연소득을 기준으로 산정되는 기존의 DTI가 연봉이 낮은 사회초년생들에게 불리하다고 판단해서 이를 보완하기 위해 등장한 대출 기준으로 2018년 1월부터 적용되었습니다.

다시 말해 비교적 오랜 기간에 걸쳐 상환되는 주택담보대출의 특성을 고려해서, 현재 소득뿐만 아니라 미래에 예상되는 소득 증가 가능성과 소득 안정성을 감안해 연소득을 추산하고 대출 가능 금액을 조정하는 것입니다. 신DTI가 적용되면 소득이 높아질 것으로 예상되는 20~30대 젊은 직장인들의 내 집 마련이 조금은 더 수월해질 것이라는 게 당국의 설명이었습니다. 그러나 신DTI는 기존 DTI와 달리 주택담보대출이 이미 있는 경우에는 해당 대출의 원리금까지 포함해서 부채를 잡기 때문에 다주택자들에게는 여전히 까다로운 대출 기준이라고 할 수 있습니다.

DSR은 좀더 강력하게 대출을 규제합니다. 신DTI가 주택담보대출금만 포함시킨다면, DSR은 주택담보대출 외에도 자동차 할부금, 신용대출 등 다른 모든 금융권의 대출 원리금을 반영해 대출 가능 금액을 산정합니다. 급격히 늘어나는 가계부채에 대한 우려와 은행 건전성 유지를 위해 도입되는 강력한 제도로, 현재 일부 금융권에서 적용 중인 DSR이 2019년까지 전면 시행되면 집이 없는 이들조차 규제의 영향을 피할 수 없을 것입니다. 무주택자일지라도 이미 다른 대출이 있다면 받을 수 있는 대출금 규모가 줄어드는 것이죠

쉬어가기: 재건축과 재개발의 차이

부동산 뉴스를 보다 보면 재건축(주택 재건축 사업)과 재개발(주택 재개발 사업) 이야기가 자주 나옵니다. 뜻도 비슷해 보이고 단어가 주는 느낌도 비슷해 부동산 투자에 관심이 많은 사람들도 정확한 차이를 잘 모르는 경우가 많죠. 지금부터 이 2가지 사업에 대해 자세히 알아보도록 하겠습니다.

정의를 먼저 살펴볼까요? 주택 '재건축 사업'은 주변 정비기반시설* 은 양호하나 노후·불량 건축물이 밀집한 지역에서 주거 환경을 개선하기 위해 주택을 새로 짓는 사업을 말합니다. 반면에 주택 '재개발 사업'

* 도로·공원·시장·철도 등 도시주민의 생활이나 도시기능의 유지에 필요한 물리적인 요소.

재건축과 재개발의 차이

구분	재건축	재개발
기반시설	양호	낙후·불량
개발 성격	민영	공영
토지수용	매도청구권 인성	수용인성
안전진단	통과 필수	불필요
의무임대주택	전체 세대수의 17/100 이하	의무 비율 없음

은 주변 정비기반시설이 열악하고 노후·불량 건축물이 밀집한 지역에서 주거 환경을 개선하기 위해 시행하는 사업을 말합니다.

즉 둘 다 주거 환경을 개선하기 위해 시행하는 사업이지만 재건축은 건물만 다시 짓는 사업이고, 재개발은 도로나 상하수도 등 주변 거주 환경과 시설까지 함께 정비하는 사업인 것입니다. 가장 큰 차이는 기반시설의 정비 여부인 것이죠. 그래서 재건축은 주변이 정비된 오래된 아파트 단지일 가능성이 높고, 재개발은 오래된 단독주택이나 빌라가 밀집한 주거지역인 경우가 많습니다. 이런 이유로 흔히 '재건축=아파트', '재개발=단독주택 또는 빌라'라고 생각하는 사람들이 많습니다.

기반시설을 함께 정비하는 재개발 사업은 공공사업 성격이 강해 사업부지에 대한 강제 수용권이 있습니다. 그렇기 때문에 조합 설립에 동의하지 않아도 자동적으로 조합원이 되며 분양 신청을 하지 않으면 현금청산 대상자(현금으로 보상을 받는 자)가 되죠. 이에 반해 민간사업 성격이

재건축과 리모델링의 차이

구분	재건축	리모델링
사업방식	완전 철거 후 신축	골조 유지 증축
연한 (준공시점 기준)	준공연도별로 20~30년 이상	15년 이상
새 아파트 건설 비율	전용 82m^2 이하: 건립가구수의 60% 이상	없음
가구수 증가	제한 없음	기존의 15% 이내
집 넓히기	제한 없음	기존 전용면적의 30~40%까지
용적률	법적 상한 (3층 주거지역 300% 이하)	법적 상한 초과 허용

출처: 국토교통부

강한 재건축 사업에는 조합 설립에 동의하지 않는 사람이 본인의 토지 및 건축물의 소유권을 다른 사람에게 넘길 수 있는 매도 청구권이 생깁니다. 따라서 재건축을 원하지 않는 사람은 새 아파트에 입주할 수 있는 권리인 입주권을 포기하고 현금을 받을 수 있게 됩니다.

어찌 됐든 두 사업 모두 낡은 주택을 새롭게 하기 때문에 재건축이나 재개발 발표가 나면 해당 주택의 인기가 높아집니다. 그런데 최근엔 재건축도, 재개발도 아닌 리모델링이 더 인기라고 합니다.

재건축 사업이나 재개발 사업은 기존 주택을 허물고 새 아파트를 짓는 것이기 때문에 비용이 많이 들어갑니다. 그런 이유로 수익성이 좋은 강남권의 오래된 저층 아파트들 위주로 사업이 진행되는 경향이 있습니다. 그런데 저층 아파트들은 대개 용적률*이 낮기 때문에 아파트를 새로 지을 경우에는 용적률 범위 안에서 기존 거주자가 아닌 새로운 이들을 들이는 일반 분양을 많이 해서 재건축 조합에 많은 수익을 돌려주려고 합니다.

그러나 같은 이유로 1990년대에 지어진 1기 신도시 지역에서는 재건축보다는 리모델링에 대한 논의가 활발하게 진행되고 있습니다. 리모델링은 주택을 철거해 신축하는 것이 아니라 기존 주택의 골조를 유지하는 상태에서 증축과 개보수를 해서 비용도 상대적으로 적게 들어갈 뿐만 아니라 재건축과 달리 용적률에 제한이 없기 때문입니다.

1990년대에 지어진 신도시 지역의 고층 아파트들은 이미 용적률은 높은 반면 강남권에 비해 상대적으로 아파트 가격이 저렴해 재건축 사업성은 떨어집니다. 하지만 리모델링을 하면 저렴한 비용과 기존 주택의 15% 이내로 일반 분양을 할 수 있어 사업의 수익성을 크게 개선할 수 있습니다.

재건축에 대한 정부 규제는 갈수록 강화되지만 기존 아파트의 노후화는 계속되고 있어, 정부의 도시재생 뉴딜사업과 더불어 리모델링 사업은 꾸준히 늘어날 것으로 전망됩니다.

---

* 전체 대지면적에 대한 건물 연면적의 비율. 1천m^2의 땅에 100m^2 넓이의 20층짜리 아파트의 용적률은 200%[(100m^2×20층)/1,000m^2]가 된다. 주거지역에 따라 200~300%의 법적 상한이 있다.

부동산 투자에는 큰돈이 필요하다?

일반적으로 떠올리는 부동산 투자 방법은 크게 3가지 정도가 있습니다. ① 시세가 오를 집을 사서 기다린다. ② 임대 수익이 잘 나는 건물을 구매해서 세를 놓는다. ③ 재개발·재건축이 진행될 것으로 예상되는 지역에 집을 산다. 이상의 3가지 방법으로 투자하기 위해서는 먼저 집을 사야 합니다.

이런 맥락에서 대부분의 사람들이 부동산 투자를 하려면 목돈이 필요하다고 생각합니다. 몇 억이든 최소한 집을 살 수 있는 돈이 있어야 부동산 투자를 시작할 수 있다고 생각하는 것입니다. 하지만 그 정도 종잣돈이 반드시 필요했다면 부동산 투자를 하는 사람들이 이렇게 많지 않았을 것입니다. 최근 많은 사람들이 부동산 투자에 뛰어드는 것은 그리 많지 않은 돈으로도 투자를 시작할 수 있기 때문입니다. 일반적으로 수익형 부동산에 투자하기 위해서는 1천만~5천만 원 정도면 충분하다고 알려져 있습니다. 어떻게 그럴 수 있을까요?

집값 상승을 전제로 하는 갭투자

앞서 간단하게 소개했던 갭(Gap)투자는 부동산 직접투자의 가장 대표적인 방법입니다. 기본적으로 전세가와 매매가의 차이를 이용하는 방식이죠. 만약 전세가율이 80%라면 전세를 통해 80%를 내고 20%의 비용만 스스로 감당하면 됩니다. 전세가율(매매가격 대비 전세가격 비율)은 곧 '남의 돈(전세)으로 집값을 얼마나 충당할 수 있느냐'와도 같은 말입니다. 전세가율이 높을수록 본인이 감당해야 하는 비용은 적어집니다.

한국감정원이 발표한 2018년 6월 기준 서울 지역 아파트 평균 전세가율은 69.8%로, 조사에 따라서는 50%를 기록한 곳도 있습니다. 하지만 이는 어디까지나 평균적인 수치일 뿐 지역별로는 80%를 웃도는 지역도 적지 않습니다.

만약 A아파트의 매매가가 4억 원이고 전세가가 3억 5천만 원이라면 갭투자를 위해 실제로 지불해야 하는 비용은 5천만 원입니다. 이후 매매가가 4억 5천만 원으로 상승하면 시세 차익 5천만 원이 발생하죠.* 100%에 해당하는 수익률이 산출되는 것입니다(세금·수수료 등 제외). 그야말로 어마어마한 수익률이라 할 수 있습니다.

갭투자는 집값 상승을 전제로 합니다. 그간 집값은 꾸준히 상승해왔고, 특히 최근에는 그 상승세가 더욱 가팔랐습니다. 전세가는 매매가 이상의 상승 속도를 보이며 갭투자의 성공률을 더욱 높였습니다. 초기 자본금이 많이 필요하지도 않으며 기대 수익률은 상당히 높은 갭투자는 여러 투자자들 사이에서 상당히 흥행할 수 있었습니다.

단, 갭투자가 지속되려면 전세 가격과 매매 가격이 계속 상승해야 합니다. 전세 가격이 하락하면 새로운 세입자에게 기존보다 적은 전세금

* 4억 원에 매입해 4억 5천만 원에 처분하면 5천만 원의 수익금이 발생한다. 이 경우 본래 자신이 감당한 금액이 5천만 원이므로 이익이 0으로 보일 수 있지만, 실제로는 처분 금액 4억 5천만 원에서 전세 금액 3억 5천만 원을 뺀 돈이 고스란히 자기 몫이며, 이 중 투자금 5천만 원을 제외한 5천만 원은 실 수익금이 된다.

을 받게 되는데, 그 감소분만큼 내 돈으로 메워야 하기 때문입니다. 예를 들어 매매가 4억 원, 전세가 3억 5천만 원이던 A아파트의 전세가가 3억 2천만 원으로 하락하면, 기존 세입자에게는 3억 5천만 원을 돌려주고 신규 세입자에게 3억 2천만 원을 받게 됩니다. 이때 매매 가격에 변동이 없다면 3천만 원의 손해를 보거나 혹은 3천만 원의 투자금이 더 들어가야 되죠. 모든 부동산 투자가 그렇겠지만, 갭투자 역시 매매 및 전세 가격이 상승해야 지속될 수 있습니다.

물건을 고르는 안목이 중요한 부동산 경매

부동산 투자에서 갭투자만큼 보편적인 방법 중 하나가 바로 경매입니다. 서점에서 부동산 분야를 둘러보면, 경매에 관한 책들이 대부분을 차지할 만큼 선풍적인 인기를 끌었습니다.

부동산 경매의 장점은 일반 시세보다 싼 가격에 매입이 가능하다는 것과 낙찰가의 80~85%까지 대출이 가능하다는 데 있습니다. 부동산 투자는 내 돈을 최대한 적게 들이고 남의 돈을 최대한 이용하는 것이 좋습니다. 갭투자에서 내 돈을 적게 들이기 위해 전세금을 활용하는 것처럼 말이죠.

일반적으로 부동산 경매의 경우 대출이자를 월세로 충당함으로써 내가 써야 하는 자금을 줄입니다. 가령 대출이자가 20만 원이라면 월세는 30만 원을 받는 식으로 운영하는 것이죠. 물론 대출금리나 물건에 따라 상황은 조금씩 달라질 수 있지만, 부동산 경매 투자는 기본적으로 대출이자를 월세로 충당하면서 집값 상승분을 수익으로 가져가는 것을 목표로 합니다. 그 외에는 대출이자 대비 높은 임대 수익 자체를 목적으로 하는 방식이 있습니다.

그런데 일각에서는 부동산 경매가 이제 너무 보편적인 투자 방법으로 자리 잡은 나머지 수익을 낼 기회가 많이 사라졌다는 의견이 많습니다. 예전에는 경매 물건을 구하기만 하면 성공할 수 있는 방법이었다면, 이제는 경매로 나온 매물 중에서도 좋은 자리의 좋은 물건을 보는 안목이 있어야만 성공할 수 있게 된 것입니다.

좋은 자리, 좋은 물품을 보는 안목은 말처럼 쉬운 것이 아닙니다. 정말로 실력이 있어야 한다는 의미입니다. 게다가 최근에는 부동산 경매에 대한 수요가 많아지면서 경매 낙찰가가 사실상 시장가격과 비슷한 경우도 나타나고 있습니다.

난이도가 높은 투자법들

이런 맥락에서 등장하는 것이 권리 분석입니다. 경매에 나오는 물건들 중에는 권리관계상 분쟁이 예상되는 물건들이 있습니다. 법적 분쟁의 소지가 있다 보니 투자자들이 투자를 꺼리며, 낙찰가도 상당히 낮게 형성되는 편입니다. 권리 분석이 가능하다면 괜찮은 물건들을 낮은 가격에 입찰할 수 있어 최근에는 권리 분석에 대한 관심이 높아지는 추세입니다. 일반적인 부동산 경매 방식으로 수익을 올리는 게 어려워지자 사람들이 권리 분석에 눈을 돌리고 있는 것이죠. 권리 분석은 아무래도

법적인 부분과 연관되는 만큼 상당한 지식과 공부를 요하는 투자 방법이라고 할 수 있겠습니다.

많은 분들이 친숙하게 느낄 상가 투자도 꽤나 난이도가 높은 투자 방법에 속합니다. 상가 투자를 위해서는 상권 분석을 해야 하는데, 이는 장사와 사업에 대한 이해가 뒷받침되어야 하기 때문입니다. 이미 상권이 잘 형성된 지역은 가격이 높고, 성공적인 상권으로 자리 잡을 곳을 예상하는 것은 쉽지 않습니다. 그래서 상가 투자는 부동산 투자에서 상당히 난이도가 높은 투자로 꼽힙니다.

재개발·재건축 투자 또한 복잡한 편입니다. 개발 과정을 모두 이해해야 하기 때문입니다. 가령 정비계획 수립 및 예정 구역 지정 단계부터, 시공사를 선정하고 감정평가를 완료하는 관리처분, 그리고 이주에 이르는 전 과정을 이해해야 합니다. 단계별로 기대 심리는 어떻게 움직이고, 조합원과 투자자 간 역학관계는 어떻게 변화하는지를 이해해야 합니다. 예전처럼 재개발·재건축 소식이 들리면 미리 구매하는 방식은 잘 통하지 않습니다. 워낙 다들 부동산 투자에 관심이 많고, 정보도 빨라졌기 때문입니다. 그래서 공부하는 만큼, 노력하는 만큼 투자 결실을 얻을 수 있는 상황이 되어가고 있습니다.

혹시 여기까지 읽고 "난이도 높은 투자는 머리가 아프니 관심을 두지 말아야겠다"고 생각했나요? 당신뿐만 아니라 이미 많은 사람들이 그렇게 생각하고 있을 것입니다. 그렇다면 곧 거기에 기회가 있겠죠. 부동산 투자에 관심이 생겼다면 난이도가 높은 투자 방법들도 한번 공부해보길 바랍니다.

부동산도 간접투자가 가능하다? ①

부동산도 간접투자가 가능하다는 것, 혹시 알고 있나요? 간접투자 방식을 택하면 일반적으로 떠올리는 '대박'을 내긴 어렵지만, 금리보다 높은 수익을 올리는 것은 충분히 가능합니다. 아니, 웬만한 투자 상품보다 수익이 높다고 할 수 있습니다.

부동산 간접투자의 대표 상품으로는 부동산 펀드와 리츠가 있으며 2011년 이후 이 두 방식의 평균 수익률은 각각 10.6%, 8%대에 이릅니다. 재테크를 어느 정도 해본 투자자라면 알겠지만 그야말로 상당한 수준의 수익률입니다.

부동산 간접투자의 성장세

기관 투자자들은 부동산 간접투자를 점차 확대하고 있습니다. 주식과 관련된 간접투자는 수익을 내기가 쉽지 않지만, 부동산 간접투자는 상대적으로 수익을 내기 용이하기 때문입니다. 기관 투자자의 대표격이라 할 수 있는 국민연금이 진행하는 부동산 투자 중에서도 부동산 펀드의 비중은 2006년 21% 수준에서 2014년 41.9%까지 높아지기도 했습니다.

최근 인기를 끌고 있는 해외 부동산 투자 펀드의 투자자 비중도 기관 투자자가 96%로 절대 다수를 차지하고 있습니다(2016년 8월 말 기준). 실제로 이런 기관 투자자들의 부동산 간접투자 선호도가 최근 보이는

리츠 수 및 자산 규모 변동 추이

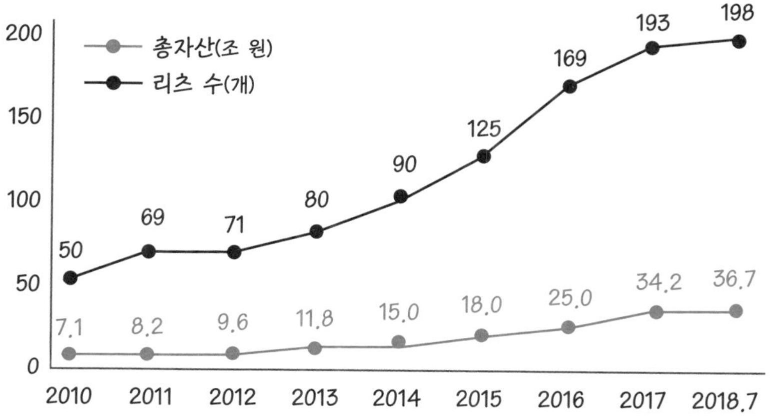

출처: 국토교통부

리츠 및 부동산 펀드의 가파른 성장에 동력이 되고 있습니다.

2010년 리츠에서 운용하는 자산 규모는 약 7조 6천억 원 수준이었지만 2018년 기준 36조 7천억 원까지 증가한 상태입니다. 8년 만에 약 5배까지 증가한 것이죠.

게다가 2009년 10조 원 수준이던 부동산 펀드 순자산은 2016년에 이르러 40조 원까지 증가했습니다. 6년 만에 규모가 4배 가까이 증가한 것입니다. 빠르게 증가하는 리츠 및 부동산 펀드 자산 규모는 그만큼 부동산 간접투자의 수익률이 좋다는 것을 시사합니다.

그런데 이런 성장세에도 불구하고 개인 투자자의 비중은 점점 낮아지고 있습니다. 2004년 부동산 펀드 출범 당시 개인 투자자의 비중은 40%에 달했습니다. 하지만 2014년에는 3% 수준까지 하락하는데요,

부동산 펀드 순자산 추이

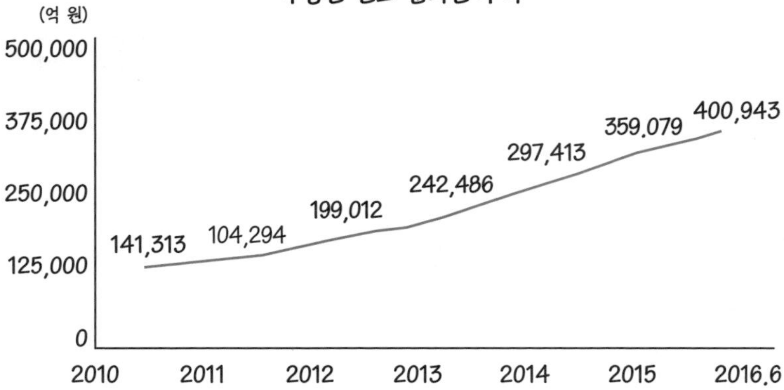

출처: 한국금융투자협회

전문 투자자들이 눈독을 들이는 떠오르는 투자처에 오히려 개인 투자자들은 별로 관심을 갖지 않기 때문입니다. 역설적이게도 다른 개인 투자자들이 기피하기 때문에 기회의 땅이 될 가능성이 크다고 볼 수도 있습니다.

리츠와 부동산 펀드

이제 부동산 간접투자 방법에 대해 알아보겠습니다. 부동산 간접투자는 다른 말로 부동산 투자신탁이라고도 하는데, 이는 일반적인 주식 펀드와 비슷합니다. 다수의 투자자들에게서 자금을 모아 전문가가 운용하고 그 수익을 배당하는 형식입니다. 다른 점이 있다면 부동산 투자신탁은 투자 대상이 주식이 아닌 부동산이나 부동산 관련 대출, 부동산 관련 유가증권 등이라는 것입니다.

부동산 간접투자의 종류는 크게 2가지가 있는데, 리츠와 부동산 펀드가 그 주인공입니다. 리츠(REITs, Real Estate Investment Trusts)는 총자산의 70% 이상을 부동산에 투자·운용하고, 배당가능 이익의 90% 이상을 배당하는 주식회사입니다. 리츠는 성장성과 수익률 모두 좋은 것으로 유명합니다. 특히 해외 리츠 시장의 규모를 보면 우리나라 리츠 시장의 성장성이 얼마나 큰지 짐작할 수 있습니다. 전 세계에 상장된 리츠 시장의 시가총액은 약 1,500조 원에 달하는데, 그중 미국이 약 1천조 원으로 가장 큰 비중을 차지하고 있습니다.

반면 우리나라의 상장 리츠 시가총액은 0.1조 원, 즉 1천억 원에 불과합니다. 시장 크기 자체에서 턱없이 차이가 나죠. 많은 산업 분야에서 시간이 지남에 따라 자연스럽게 선진국을 따라간 선례들을 볼 때 우리나라 리츠 시장 또한 앞으로 성장성이 상당함을 짐작할 수 있습니다. 우리나라는 아직 주도적인 우량 리츠가 없고 영세한 리츠가 주를 이루는 상황입니다. 이는 시장이 막 형성되는 시기의 특징입니다.

리츠는 성장성에 더해 수익률도 좋은 편입니다. 한국리츠협회에 따르면 2017년 기준 리츠 수익률은 평균 7.6%를 기록했습니다(개발 중인 임대주택리츠 제외). 이는 금리보다 압도적인 것은 물론이고 웬만한 주식 펀드보다도 뛰어난 성과입니다. 요즘은 임대 수익도 8.1%면 높은 편이라고 할 수 있어, 이렇게 보면 임대를 목적으로 한 부동산 투자보다도 수익률이 좋다고 할 수 있습니다. 부동산 간접투자가 오히려 부동산 직접투자보다도 나을 수 있는 것입니다.

리츠의 평균 배당 수익률

연도	2008	2009	2010	2011	2012	2013	2014	2015
평균 배당 수익률(%)	28.0	26.1	8.6	8.3	7.1	9.2	6.2	8.1

출처: 한국리츠협회

한편 부동산 펀드는 자산의 50%를 초과해 부동산 및 부동산 관련 자산에 투자하는 펀드를 가리킵니다. 주로 증권사에서 제공하는 투자 상품으로, 리츠와 마찬가지로 투자자들의 자금을 모아 부동산 관련 투자를 진행하고 배당금을 지급하는 형식입니다.

한 투자증권에서 투자자들의 자금으로 한 호텔을 매입해 임대하고, 그 임대료를 배당금으로 지급하는 부동산 펀드를 출시한 바 있습니다. 이 펀드의 연 수익률은 5%로 전망되었습니다. 부동산 펀드는 이러한 방식으로 운용되며 최근 기대 수익률은 5% 수준으로 알려져 있습니다.

부동산 간접투자에서 주의할 점

기대 수익률이 5%에 이르는 부동산 펀드에서 7%에 이르는 리츠까지, 부동산 간접투자는 꽤나 완벽해 보입니다. 그렇지만 부동산 간접투자에도 주의할 점이 있습니다.

첫째로 간접투자 또한 결국은 부동산에 대한 투자인 만큼, 부동산 경기에 영향을 많이 받습니다. 그간 성과가 좋았던 것은 부동산 경기가 좋았기 때문입니다. 증시가 호황일 때 주식 펀드의 수익률이 대체로 좋은 것과 마찬가지죠. 최근 들어 수익률이 저조한 것은 증시가 제대로 상승세를 보이지 못하고, 계속 지지부진한 흐름을 이어가고 있기 때문입니다.

그렇다면 앞으로의 부동산 흐름은 어떨까요? 부동산이 계속 호황세를 이어갈 것이라 예상한다면 부동산 간접투자는 좋은 투자처가 될 것입니다. 그러나 상승세가 멈추고 한동안 지지부진한 흐름을 이어간다면 지지부진한 성적으로 이어질 수 있습니다.

둘째로 부동산 펀드는 폐쇄형이 많습니다. 폐쇄형이란 3~5년간 환매(매매 계약의 해지)가 금지된다는 것을 의미합니다. 일단 한 번 자금을 넣고 나면 오랜 기간 자금이 묶여 있어야 한다는 것입니다. 쉽게 현금화가 어려운 것도 문제지만, 한번 투자하면 5년간 투자해야 한다는 것은 더욱 조심해야 하는 부분입니다.

잘못 선택했다간 5년간의 기다림이 물거품이 될 것이며, 아주 오랜 기간 어쩔 수 없이 마음고생을 해야 합니다. 한편 3~5년을 투자한다고 할 때 연 5% 수익률이 과연 절대적으로 뛰어난 수익률인가 하는 의문도 있습니다. 이렇듯 꽤 오랜 기간을 폐쇄형으로 묶인다는 것은 투자를 선택할 때 상당히 신중해야 한다는 뜻입니다.

부동산도 간접투자가 가능하다? ②

부동산 간접투자를 시작하려면 먼저 해외 부동산에 투자할지, 국내 부동산에 투자할지를 결정해야 합니다. 먼저 해외 부동산에 투자하는 방법으로는 글로벌 부동산에 투자하는 방법과 상장된 해외 리츠에 투자하는 방법이 있습니다. 둘 다 인덱스 펀드와 투자 관점이 비슷합니다. 해당 국가의 부동산이 잘될 것 같은지, 혹은 해당 국가의 리츠가 잘될 것 같은지를 거시적으로 보는 것입니다.

다음에 나오는 '미래에셋맵스미국부동산투자신탁 9-2'는 미국 지역의 부동산에 투자하는 것을 목적으로 자금을 모집한 사례입니다. 특정 건물을 정해두고 자금을 모집하는 경우도 있지만, 이처럼 세계의 특정 지역을 대상으로 투자하기 위해 자금을 모집하는 경우도 있습니다. 이 외에도 아시아태평양, 베트남 등의 부동산 경기와 연관된 부동산 펀드가 있습니다. 명칭 및 수익률 예시는 다음과 같습니다.

부동산 펀드가 하나의 투자 상품에 그친다면, 리츠는 그 자체로 한 회사가 되어 상장이 가능합니다. 리츠 펀드 수익률 표는 부동산 간접투자를 하려고 상장한 해외 리츠에 투자하기 위해 증권사에서 자금을 모집한 사례입니다.

앞서 미래에셋맵스가 글로벌 부동산에 직접 투자하는 사례를 나타냈다면, 리츠 펀드는 상장된 리츠에 다시 투자하는 사례를 나타냅니다. 이러한 형태의 펀드를 재간접형이라 부릅니다. 리츠 자체가 펀드의 형태인데 그 리츠에 다시 투자하는 펀드인 것이죠. 이는 회사의 주

글로벌 부동산 투자

미래에셋맵스미국부동산투자신탁 9-2 BH289 [?] 해외펀드 > 해외부동산형

1,037.06 기준가 09.12
전일대비 ▼2.75(-0.26%)

올해 수익률 8.24%	1개월 수익률 -0.06%	3개월 수익률 8.53%
1년 수익률 6.79%	3년 수익률 N/A	펀드등급 3년 [?] N/A

1개월 | 3개월 | 1년 | 3년 | 5년 | 10년

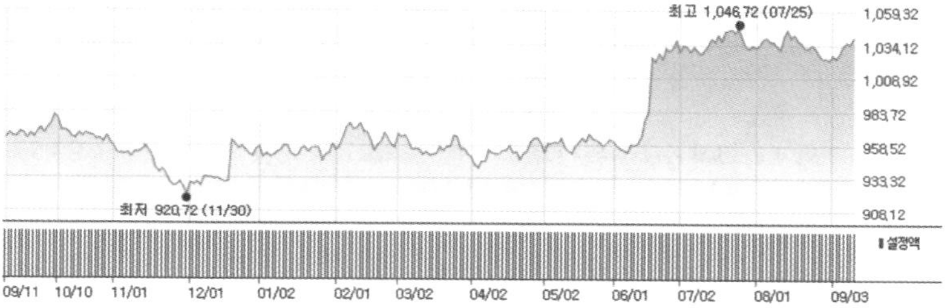

글로벌부동산(16건) | 수익률1개월 순 ^ | 수익률3개월 순 ˅ | 수익률1년 순 ^ | 신상품 순 ^ | 20개씩

선택	펀드명	수익률(%) 1개월	3개월	1년	3개월 설정액 추이	MY펀드 추가
▢	미래에셋맵스미국부동산투자신탁 9-2 설정일 2016.09.28 유형 해외부동산형>글로벌부동산 설정액 2,941억원 운용사 미래에셋자산운용 선취수수료 없음 총보수 0.7300%	-0.06%	**8.53%**	6.79%	[redacted]	+ 펀드 추가
▢	미래에셋TIGERMSCIUS리츠부동산상장지수투자신탁(파생형)(.. 설정일 2013.10.08 유형 해외부동산형>글로벌부동산 설정액 350억원 운용사 미래에셋자산운용 선취수수료 없음 총보수 0.2500%	1.17%	**6.28%**	5.22%	[redacted]	+ 펀드 추가
▢	한국투자KINDEX다우존스미국리츠부동산상장지수투자신탁(.. 설정일 2013.07.30 유형 해외부동산형>글로벌부동산 설정액 50억원 운용사 한국투자신탁운용 선취수수료 없음 총보수 0.3000%	0.73%	**5.71%**	5.68%	[redacted]	+ 펀드 추가
▢	한국WW베트남부동산개발특별자산 1 설정일 2007.03.16 유형 해외부동산형>글로벌부동산 설정액 808억원 운용사 한국투자신탁운용 선취수수료 1.50% 총보수 2.1000%	-0.00%	**4.70%**	-5.27%	[redacted]	+ 펀드 추가
▢	미래에셋맵스미국부동산투자신탁 11 설정일 2017.07.10 유형 해외부동산형>글로벌부동산 설정액 1,470억원 운용사 미래에셋자산운용 선취수수료 2.00% 총보수 0.6250%	-0.05%	**4.69%**	2.81%	[redacted]	+ 펀드 추가

리츠 펀드 수익률(단위: 억 원, %)

펀드명	운용 규모	6개월	1년	3년
신한BNPP탑스글로벌리츠부동산1	446	2.28	9.08	36.44
하나UBS글로벌리츠부동산	434	-1.70	0.44	27.22
하나UBS아시안리츠부동산	334	-0.4	-1.45	11.92
한화글로벌프라임상업용부동산자	266	-3.7	2.85	28.77
한화라살글로벌리츠부동산	247	-2.43	-2.76	18.32
한화아시아리츠부동산	68	0.88	11.38	29.93
한화일본주식&리츠1	58	-2.2	-1.58	18.88
한화japanREITs부동산1	109	-4.61	9.26	29.97
IBK아시아태평양부동산	13	3.25	10.33	14.77
JP모간글로벌부동산	42	-1.62	0.22	13.79

* 모두 재간접 펀드임

출처: 펀드스퀘어

식에 투자한다는 점에서 정유회사, 건설회사 등 특정 회사들을 투자 대상으로 하는 주식형 펀드와 비슷한 양상을 띱니다.

다음으로 국내 리츠를 보겠습니다. '하나대체투자니마크그랜드종류형부동산투자신탁'은 임대형 부동산 펀드의 일종입니다. 임대형 부동산 펀드는 임대 수익을 얻거나 매각 후 차익을 추구하는 상품입니다. 아래의 상품은 2016년 7월 출시됐으며 서울 회현동 소재 티마크그랜

재간접형

재간접형은 펀드가 투자하는 펀드를 가리킵니다. 펀드에 돈을 맡기고 주식에 바로 투자하는 것이 아니라, 주식에 투자하는 펀드들에 투자를 하는 펀드인 것이죠. 분산투자 효과가 더욱 커 리스크를 줄이는 데 효과적입니다.

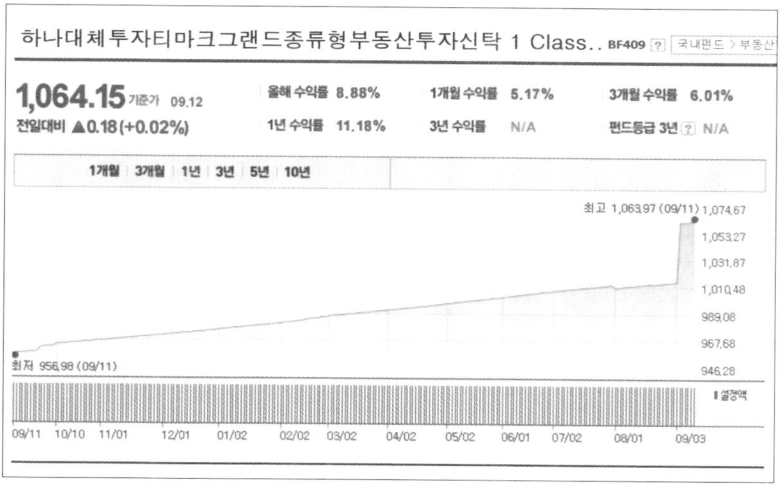

드호텔에 투자하는 펀드입니다. 5년 만기 폐쇄형이며 현금배당은 연 5.5% 계획되었고, 목표 수익률은 6~7% 수준입니다. 이 상품은 판매 1시간 만에 완판되었다고 합니다.

이상으로 부동산 간접투자의 종류와 수익률 등을 살펴보았습니다. 직접 부동산에 투자하는 것이 아닌 투자 전문가들에게 돈을 맡기고 이후 수익금을 회수하는 부동산 간접투자는 직접투자가 부담스러운 사

PF형

부동산 관련 펀드 중에 PF형이라는 말이 붙는 경우가 있습니다. PF는 Project Financing의 약자입니다. 일반적으로 대출은 자산이나 신용을 담보로 합니다. 하지만 건설 사업에서는 상당한 대규모 자금을 필요로 해서 건설 사업 자체를 담보로 대출을 해주는 경우가 많습니다. 실물 부동산이 아닌 사업 자체의 수익성과 업체의 사업수행능력 등을 평가해 자금을 대출해주는 방식입니다.

람들에게는 특히 좋은 대안이 될 것입니다. 더욱이 부동산 간접투자 시장이 여전히 성장 중이기 때문에, 시간과 노력을 투입하면 분명히 좋은 기회를 잡을 수 있을 것입니다.

부동산 시장에 관한 전망

부동산 전망을 살펴보기 전에 한 사례를 소개하고자 합니다. 이제 50세에 접어드는 A씨는 TV나 신문에 나오는 전문가들을 크게 신뢰합니다. A씨가 TV로 만나는 전문가들은 계속 집값이 떨어질 거라고 외칩니다. 이를 믿고 A씨는 집 구매를 미뤘습니다. 이후 정말로 집값이 떨어지는가 싶더니 좀더 떨어지길 기다리는 동안 집값은 다시 회복되었고, 얼마 지나지 않아 가파르게 상승합니다. 과거에 집 구입을 미뤘는데 언제부

턴가는 집을 살 수가 없게 된 것입니다. 그렇게 A씨는 10년 동안 계속 오르는 전세가를 감당하며 살아가고 있습니다.

같은 나이의 B도 TV와 신문에 나오는 전문가들을 크게 신뢰합니다. B씨가 보는 전문가들은 계속 집값이 오를 거라고 외칩니다. B씨는 이에 불안감을 느껴 최대한 빨리 집을 구매했고, 상당한 집값 상승의 혜택을 누리게 되었습니다.

A씨와 B씨는 같은 나이로 같은 시대를 살아왔습니다. 같은 시기에 똑같이 전문가를 믿었는데, 결과는 왜 이렇게 달라졌을까요? 이 사례를 언급한 것은 전문가들의 주장을 보는 관점을 설명하기 위함입니다. 부동산뿐 아니라 주식 등에서도 시장에는 항상 상승을 주장하는 사람과 하락을 주장하는 사람이 동시에 존재합니다. 전문가라고 해서 그의 말이 모두 맞는 것은 아닙니다. 전문가라는 사람들의 말을 무조건 믿기보다는 주장의 근거를 꼼꼼히 살피고 주체적으로 판단하려는 노력이 필요합니다.

한편 집이 있는 사람 중에 "집값이 곧 떨어질 테니 집 사지 마세요!"라고 외치는 사람을 본 적이 없습니다. 만약 집을 갖고 있는 사람이 이러한 주장을 하고 다닌다면, 그 사람은 분명 대단한 이타심의 소유자일 것입니다. 주변 사람이 집을 사는 것을 말릴 수는 있겠지만, TV 같은 언론을 통해 '모두에게' 집값 하락 가능성을 주장하지는 않을 것입니다. 이것은 사실상 집값이 떨어지도록 애쓰는 것과 같기 때문입니다.

앞서 A씨는 왜 부동산 하락 전망에 혹했을까요? 그 논리가 더욱 설득력 있었기 때문일까요? 아마 그가 부동산을 구매해야 하는 입장이었기 때문일 것입니다. 집값이 떨어지길 바라는 소망이 예측에 반영된 것이죠. A씨는 지금 이 순간에도 하락을 기다리고 있습니다. 2018년은 인구가 급격히 감소하는 인구 절벽의 해이기 때문에, 드디어 이번에야 말로 집값이 하락할 것이라고 A씨는 굳게 믿고 있습니다.

목적에 따라 전망도 다르다

먼저 실제로 거주하기 위해 부동산을 찾는 사람(실거주자)의 관점에서 말하자면 집값을 전망하는 것은 크게 의미가 없습니다. 조정이 있을 수는 있겠지만 하락하지 않을 가능성이 큽니다. 집값이 하락할 것이라고 전망하는 이들이 가장 많이 드는 근거가 인구의 감소입니다. 하지만 주택 전망을 보려면 인구가 아니라 '가구'를 봐야 합니다. 예를 들어 인구가 6명에서 4명으로 줄었다고 해도, 6명일 땐 두 집에 살다가 4명이 되고 각자 한 집씩 따로 산다면 인구가 줄어도 주택 수요는 오히려 증가합니다. 그래서 인구 수보다 가구 수가 중요하죠. 1인 가구가 증가하는 등의 이유로 가구 수는 2035년까지 계속 증가할 전망입니다.

한편 자산으로써의 부동산 가격 전망을 이야기해보죠. 경제가 발전하면서 자산 가치는 계속 오를 것이고 부동산 가격도 지속적으로 상승할 것입니다. 소득이 증가하면 자연스럽게 주택 수요가 증가할 테고, 이는 집값 상승의 요인으로 작용할 수 있습니다. 참고로 주택가격 상승률이 인플레이션보다 낮아지는 사례는 한국뿐 아니라 전 세계 어느 곳에서도 찾아보기 힘듭니다. 고령화가 인플레이션과 어떤 관계에 있

전국 및 서울 주택가격 적정지수(2016)

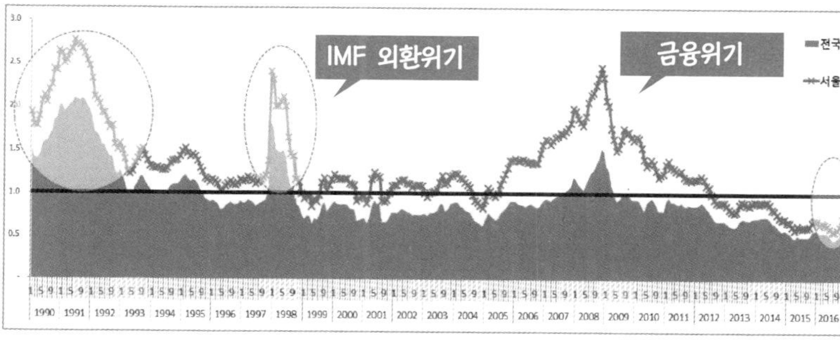

출처: 한국주택금융공사

는지도 연구자 간 합의가 이뤄지지 못한 상황이고요.[1] 이에 대해서는 뒤에서 다시 이야기하겠습니다.

부동산 투자자들이 부동산 전망에 주목하는 이유는 분양, 임대, 상가, 재개발·재건축 등 각 분야에서 어떤 것이 좋고 나쁠지를 따져보기 위함입니다. 또한 투자 시기를 저울질하고 어느 지역에 투자를 집중해야 할 것인지 등을 파악하고자 하죠. 실거주 목적이라면 이렇게 복잡하게 따질 필요가 없습니다. 10~20년 살다 보면 집값은 자연스럽게 매입 가격보다 높아질 것입니다. 위 그림은 한국주택금융공사에서 발간된 리포트의 한 부분으로, '아파트 가격의 적정성 지수' 대비 현 가격이 어떠한지를 그래프로 나타낸 것입니다.

이를 보면 집값이 크게 오르고 내리는 구간이 반복되고 있다는 것을 알 수 있습니다. 아직 조사에는 반영되지 않았지만 2018년 하반기 들어서는 집값이 치솟고 있어 다시 한 번 상승 구도가 형성될 가능성이 높아지고 있습니다. 개별 분야 전망으로 들어가보면 문재인 정부에 들어와 공공지원민간임대주택으로 사업명이 바뀐 뉴스테이에 주목할 필요가 있습니다. 뉴스테이는 "중산층 주거 안정을 위해 2016년에 도입한 민간기업형 임대주택"입니다. 여기서 기업형 임대주택이라는 문구가 눈에 들어오는데요, 기존에 임대를 놓는 주체는 개인이었습니다. 집을 가진 사람이 그 집을 임대로 내놓는 식이죠.

그런데 이제는 기업이 임대주택의 관리자로 떠오르는 것입니다. 개인과 기업이 모두 임대를 놓으면 자연스럽게 두 주체 간 경쟁 구도가 형성되는데, 개인과 기업이 대결하면 절대적으로 기업이 유리합니다. 그렇기 때문에 임대 시장은 점점 기업의 비중이 커지는 방향으로 변화할 것으로 전망됩니다. 반대로 임대 수익을 내고 싶은 개인의 부동산 투자는 전망이 썩 좋지 않다고 할 수 있겠습니다.

이때 매매는 별개입니다. 세를 사는 사람도 언젠가는 실질적으로 집을 소유하기를 원합니다. 소형 주택이나 아파트에 머물던 사람은 더 큰 집으로 이동하기를 원할 것이고요. 그렇기에 실거주 목적의 수요는 계속 유지될 가능성이 큽니다. 임대와 매매는 전혀 별개인 것입니다.

앞서 집값은 경제 발전에 따라 계속 상승할 것이란 전망을 언급했는데요, 이때의 집값은 곧 매매가입니다. 우리나라는 땅 덩어리 자체가 작고, 그 작은 땅에서도 모두 수도권으로 몰리는 형국이라 주택 공급을 늘리기가 여의치 않습니다. 공급은 크게 증가하지 못하는 상태에서 수요는 계속 증가할 것이기에 매매가 상승에 힘이 실릴 것으로 예상됩니다.

재개발·재건축 시장은 전망이 좋습니다. 우리나라는 주택 공급이 부족한 상황입니다. 공급을 추가적으로 늘려줘야 하는데 서울에는 더 이상 땅이 없죠. 그래서 주택 공급을 늘리려면 재개발·재건축을 통해 기존 건물을 대규모로 확장해야 합니다. 정부에서도 이를 인식하고 재개발·재건축이 잘 이뤄지도록 지원해주고 있는 상황입니다.

최근에는 부동산 신탁사도 재개발·재건축 사업에 참여할 수 있게 되었습니다. 본래 한국토지주택공사나 SH공사 등 공공기관만이 단독 시행자가 될 수 있었지만, 부동산 신탁사도 시행자로 등장하게 된 것입니다. 재개발·재건축 시장의 규모는 무려 100조 원에 달합니다. 지금까지는 자금 문제 등으로 이를 시행할 주체가 없다는 것이 문제였는데, 신탁사의 등장은 이 잠재적 시장이 빠르게 현실화되는 데 기여할 것으로 보입니다.

이는 앞서 언급한 뉴스테이, 즉 공공지원민간임대주택과도 관련된 것으로, 2016년 개정된 도시정비법에서는 공공지원민간임대주택(뉴스테이) 제도가 도시정비사업에 도입될 수 있는 법적 근거를 마련했습니다. 재개발·재건축과 공공지원민간임대주택은 함께 활성화될 전망입니다. 또한 문재인 정부는 공공지원민간임대주택의 혜택 적용 기준을 완화해 수혜 대상을 더욱 확대할 방침을 밝히기도 했습니다.

끝으로 지역별로는 전통적으로 강세였던 지역의 인기가 계속 높을 것으로 예상됩니다. 한동안 지방 부동산 경기가 호황이기도 했지만, 이것이 언제까지 지속될지는 알 수 없습니다. 선진국들도 수도 및 경제중심지의 가격은 계속 오르는 경향을 보였지만 지방 부동산의 인기는 차차 진정되었습니다. 우리나라의 경우도 서울 위주의 강세가 지속될 것으로 보이며, 특히 강남권은 앞으로도 부동산 열기가 식지 않을 것입니다.

부동산 투자에 관한 전망

바로 앞에서 “부동산 시장에 관한 전망”을 다뤘는데 왜 또 “부동산 투자에 관한 전망”을 다루는 것일까요? “시장에 관한 전망이 곧 투자에 관한 전망이 아닌가?” 할 수도 있지만, 둘은 미묘하게 다릅니다. 부동산 전망은 나쁘지 않습니다. 그러나 부동산 투자 전망은 썩 좋지 않죠. 이는 투자의 특성에서 비롯됩니다.

우리나라에서 최고의 재테크 수단으로 꼽히는 것은 단연 부동산입니다. ‘부동산 불패 신화’라는 단어가 있을 정도며, 지금도 많은 사람들이 부동산 투자를 위해 공부하고 발품을 팔고 있습니다. 서점에 가도 부동산 투자에 관한 도서들이 가득합니다. 갭투자나 경매, 재개발·재건축, 권리 분석 등 다양한 책들이 있습니다. 하지만 이런 인기는 곧 부동산 투자가 위험하다는 징후입니다. 수많은 사람들이 관심을 가지고 경쟁하고 있기 때문입니다.

모든 사업이나 투자가 그렇습니다. 처음에 잘 되고 잘 된다는 게 소문이 나면, 다른 사람들도 투자하려고 몰립니다. 그러다 보니 수익을 얻을 기회는 점차 줄어들죠. 가령 물장사가 잘 된다며 카페 창업이 좋다는 소문이 퍼지더니 어느새 수많은 사람들이 카페를 차리게 되었습니다. 현재 카페는 수익성이 안 좋은 대표적 사업 중 하나입니다.

부동산 투자 또한 비슷한 흐름이 예상됩니다. 부동산 시장은 그간 좋아도 너무 좋았습니다. 부동산 불패를 믿고 수많은 사람들이 부동산에 관심을 갖게 되었으니까요. 그 때문에 조용히 수익을 올릴 수 있었던 부동산 경매 매물은 이제 시가와 얼마 차이 나지 않는 수준에 낙찰받게 되었습니다. 좋은 물건은 제한되어 있는 상황에서 그 물건들을 노리는 사람은 계속 늘어나고 있는 것입니다. 경매에 물건이 나오는 즉시 누군가 낚아채기 때문에, 이제는 알짜 매물을 잡기가 쉽지 않습니다. 지금까지의 부동산 투자가 "사두면 오른다"는 특징을 보였다면, 앞으로의 부동산 투자는 정말로 소수의 능력 있는 투자자만 이익을 볼 수 있는 시장이 될 것입니다.

대개 공급이 일정한 상황에서 수요자만 늘어나면 가격은 상승합니다. 가격 상승 측면에서만 보면 부동산 투자에 대한 관심이 높아진 것은 오히려 긍정적인 부분이 아닌가 생각할 수 있습니다. 하지만 그럼에도 이 시장을 긍정적으로 보기 힘든 이유는, 첫째로 조금 전 설명한 것처럼 좋은 물건을 확보하는 것 자체가 쉽지 않아졌기 때문이며, 둘째로 좋은 물건은 매수 가격이 계속 높아진다는 점 때문입니다.

서울, 그중에서도 강남은 앞으로도 계속 좋아질 것이라는 전망이 많습니다. 그렇지만 누가 강남의 건물을 쉽게 살 수 있을까요? 본래 투자는 남들이 모르는 기회를 발견하고 하는 것입니다. 그러나 부동산 투자에 이제 남들이 모르는 기회는 많지 않습니다. 이제는 모두가 아는 기회지만 그 기회를 잡을 능력이 있는 사람만이 기회를 잡는 쪽으로

시장 전망과 투자 전망은 별개

• 부동산 투자는 투기에 가까움 • 정부는 투기를 관리하고자 함	• 공급을 억제함 • 공급 축소는 집값을 상승시킴	• 매물 자체의 감소 • 신규매수값 상승 • 부채를 이용하기 어려워짐
+ 부동산 투자는 부채를 늘림 + 정부는 부채를 통제하고자 함	+ 애초에 공급이 한정적 + 기입형 임대주택 활성화 선망	+ 경쟁자 증가 + 임대 사업에 기업이 진출

부동산 경기는 좋아도 투자는 힘들어질 수 있다.

변화하고 있습니다. 이전처럼 1천만~5천만 원의 소규모 자금을 가진 일반인들도 참여할 수 있는 투자와는 다소 다른 양상으로 진행될 전망입니다.

최근에는 부동산 투자를 공부하는 사람들이 많습니다. 인터넷 커뮤니티나 블로그, 카페 등에 모여 부동산 스터디를 하는 사람이 계속 늘어나고 있습니다. 투자자가 증가하고 그 투자자들은 더욱 똑똑해지고 있는 것이죠. 앞으로 부동산 투자에서 좋은 기회를 발견하기는 쉽지 않을 것으로 보입니다. 부동산 가격이 계속 상승하는 것과 별개로 경쟁은 더욱 치열해질 것입니다.

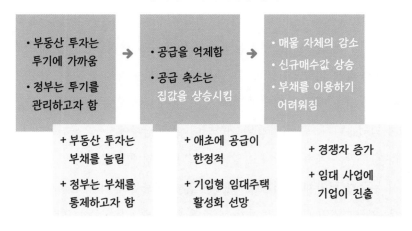

실제로 최근 부동산 정책을 살펴보며 정리한 위의 표를 살펴보면 기업형 임대주택의 확대로 임대 사업의 기회는 줄어들고 있으며, 부채 통제

및 공급 축소로 신규 매수는 어려워지고 있습니다. 후자의 경우 집값 상승의 유인으로 작용해 이미 집을 소유하고 있는 사람이나 실거주 목적으로 집을 구매하는 사람은 좋을 수 있습니다. 반면 매매 차익을 보려는 투자자 입장에서는 이전보다 훨씬 많은 투자금이 요구되어 진입이 더욱 어려워질 전망입니다.

쉬어가기: 발로 뛰는 부동산 투자

주식·펀드와 부동산 투자는 여러 면에서 차이점이 있겠지만, '발로 뛰는 투자'라는 부분이 가장 큰 차이가 아닐까 싶습니다. 주식·펀드 투자는 집에만 있어도 얼마든지 할 수 있습니다. 모든 자료가 인터넷에 있으며 딱히 돌아다니며 알아볼 것도 없습니다.

하지만 부동산 투자는 인터넷에서 개괄적인 것만 확인할 수 있을 뿐, 실제 투자에 참고할 만한 사항은 직접 발로 뛰며 알아내야 합니다. 물건을 직접 확인해야 하고, 각 지역을 돌아다니며 분위기는 어떤지, 교통은 어떤지, 상권은 어떤지 등을 파악해야 합니다. 또한 부동산 중개사무소에 들러 대화를 나눠보는 것도 중요하며, 때로는 택시기사와 이야기하는 것도 필요합니다.

이런 맥락에서 부동산 투자를 잘하려면 ① 많은 사람들과 초면에도 잘 대화할 수 있도록 붙임성이 좋아야 하고, ② 여기저기 돌아다닐 수 있도록 체력이 좋아야 하며, ③ 인터넷과 현장을 고루 확인할 수 있는 끈기가 필요합니다.

이는 정말 중요한 부분입니다. 정적이거나 다소 내향적인 성격이라면 부동산 투자가 잘 맞지 않을 수 있습니다. 알짜 정보는 현장에서 얻을 가능성이 높으며, 투자 아이디어 또한 현장에서 얻는 경우가 많습니다. 한곳을 방문해서 모든 게 해결되는 일은 많지 않다 보니, 실제 한 건의 투자를 위해서는 수많은 현장을 방문해야 하곤 합니다.

최근 NPL*이나 권리 분석에 대한 관심도 높아지고 있는데요, 이 또한 상당히 동적입니다. 치열하게 돌아다니고 알아봐야 하며, 수시로 법원도 들락날락할 수 있어야 합니다. 지방 투자의 경우는 간혹 부도 아파트나 사기 분양을 만나는 경우도 있습니다. 이런 일을 방지하기 위해서는 지역 주민이나 관리사무소 직원 등과 대화하는 노력이 필요합니다. 이 모든 노력들은 발로 뛰는 투자를 전제로 합니다.

물론 인터넷을 통해 알아볼 수 있는 것들도 있습니다. 각 지역의 대략적인 시세나 지역별 특징, 오피스텔·빌라·아파트의 매매와 임대의 차이 등은 인터넷으로도 알아볼 수 있습니다. 강남은 오피스텔 수요가 높은 반면 신촌은 원룸이 많아 오피스텔 수익률이 낮고, 평택은 기업 투자 호재가 기대된다는 점은 굳이 직접 돌아다니지 않아도 알아낼 수 있는 내용입니다.

빌라는 어린아이가 있는 가족의 수요가 대부분이기 때문에 주변의 초

---

* 무수익여신(Non Performing Loan). 부실대출금과 부실지급보증액을 합친 것으로 금융회사의 부실채권. 리스크가 큰 만큼 기대 수익률도 높다고 알려져 있다.

등학교가 중요하다는 점, 오피스텔의 경우는 직장인 수요가 많아 교통이 중요하다는 점 등도 인터넷 검색만으로 충분히 알 수 있는 정보들입니다. 하지만 이런 내용들은 어쩌면 '상식적인 내용' 수준에 그치며, 어디까지나 사전 조사 혹은 기본 조사로 보는 것이 맞습니다.

부동산 투자에서 가장 중요한 것은 '시세 파악'이라고 해도 과언이 아닙니다. 시세를 제대로 판단하기 위해서는 철저한 현장 조사가 병행되어야 합니다. 현장 조사는 아무래도 온라인상으로 조사하는 것보다 시간이 훨씬 많이 들고 상당히 귀찮은 일입니다. 너무 복잡하고 피곤한 과정이라는 생각이 들 수도 있죠. 하지만 가장 중요합니다. 점점 많은 사람들이 부자가 되는 법에 관심을 갖고, 투자를 위해 열심히 공부하고 있습니다. 그들과 경쟁해서 이기려면 평균 이상의 노력이 필요하며, 그런 평균 이상의 노력이 바로 부동산 투자의 핵심, 발로 뛰는 투자입니다.

CHAPTER 9

경제와 투자

자본주의 사회에서의 투자

혹시 재테크 도서를 읽어본 적이 있나요? 많은 재테크 도서들이 종잣돈 모으기와 지출을 통제하는 법을 소개합니다. '아껴 쓰고 저축하기'라는 것이 말로는 쉽지만 실제로 실천하기는 정말 어렵기 때문입니다. 그래서 가계부를 작성하며 돈을 쪼개는 방법을 배우고, 지출을 최대한으로 통제할 수 있는 방법을 공부합니다. 이런 방법으로 모은 돈은 다양한 예·적금과 보험 상품에 투자하며 조금씩 자산을 불려가는 것이 일반 재테크 도서에 소개되는 내용들입니다.

그런데 이 책에는 그런 부분이 없습니다. 주식, 펀드, 부동산 등 모두 투자와 관련된 내용입니다. 왜 예·적금이나 저축성 보험 등은 논외로 하고 투자 관련 정보만 다뤘을까요? 우리가 살아가는 세상이 '자본주의'라는 데 그 이유가 있습니다.

다음의 재테크 2단계를 살펴봅시다. 먼저 절약하고 저축해서 종잣돈을 만듭니다. 노동자의 재테크죠. 종잣돈을 바탕으로 투자를 시작합니다. 투자는 자본가의 재테크라고 할 수 있습니다. 절약과 저축만 해서는 안 되냐고요? 부는 결국 투자로 일궈낼 수 있습니다. 투자를 해야

재테크 2단계

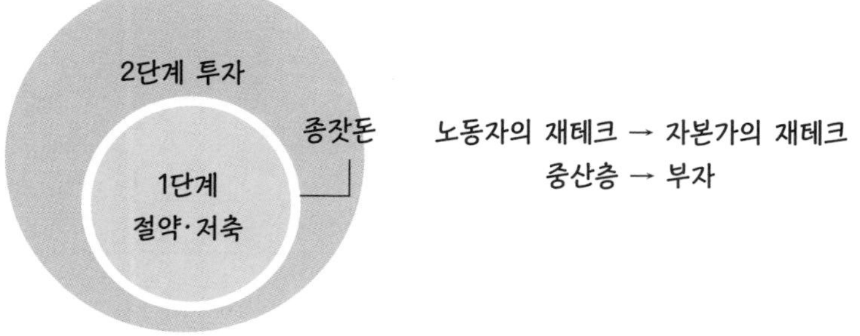

수익의 파이가 커지는 것이죠. 절약과 저축은 기본이고 이를 바탕으로 투자를 할 수 있어야 합니다.

자본주의 사회는 '자본'을 보호한다

자본주의의 의미는 무엇일까요? 꽤나 익숙한 개념이지만 그 정의에 대해서는 쉽게 대답하지 못하는 경우가 많습니다. 자본주의의 의미는 다양한 관점에서 바라볼 수 있지만, 저는 자본주의를 '자본이 중심이 되는 사회'로 봅니다. 여기서 자본이란 주식이나 부동산 같은 자산으로 표현될 수 있는 동시에, 투자의 근간으로 볼 수도 있습니다. 이 세상은 자본이 중심이 되는 사회이기 때문에 자본을 보호해줍니다. 투자를 격려하고자 하고 투자자를 지켜주려고 합니다.

계속 상승하기만 하는 부동산 가격을 보고 짐작했을지도 모르지만, 부동산 가격은 앞으로도 하락하지 않을 것입니다. 자산 가격이 하락하

부동산 가격이 폭락하면?

① 기다리던 사람들이 집을 산다. → 집값이 회복된다.

② 사람들이 계속 집을 안 산다. → 신축이 감소한다.

❶ **임대 공급이 감소한다**(누가 집을 사야 임대를 놓을 수 있다). → 임대 가격이 상승한다.
❷ **신규 공급이 감소한다.** → 매매 가격이 상승한다.
❸ **경기 파급력이 큰 건축 경기가 악화된다.** → (집을 안 사니까) 경기가 악화된다.

→ 부동산 가격이 하락하면, 기다리던 수요로 인해 금방 값이 회복하거나 아니면 아예 경기가 악화된다!

주가가 폭락하면?

① 돈이 사라진다. → 증시가 하락하면 '증발'이라는 표현을 사용한다.

ex) 브렉시트로 전 세계 증시 시가총액이 하루 만에 약 2조 5천억 달러(약 2천 7백조 원)가 증발했다.

② 투자가 원활히 이루어지지 않는다. → 기업이 어려움을 겪는다.

→ 증시가 폭락하면 경제에 안 좋은 영향을 준다.

는 것은 자본주의 세계에 좋지 않기 때문입니다. 주식 가격이 하락하는 것도 방관하지 않을 것입니다. 실제로 2016년 브렉시트로 주가가 폭락했을 때 이런 기사들이 나왔습니다.

"사이드카 발동, 브렉시트로 금융 시장 '패닉'… 정부 비상대응팀 구성"
"'회의 또 회의' 주말 잊은 정부… 브렉시트 대응 총력"
"[브렉시트 大쇼크]③ 정부 '시장 방어' 총력대응 나선다"

브렉시트뿐 아니라 금융 시장에 어떤 위기가 발생하면 정부는 항상 발 벗고 나섭니다. 자본주의 경제의 흐름은 자본가로부터 출발해서 노동자로 향하기 때문에 정부는 반드시 자본가를 지켜줘야 합니다. 결국 이 세상은 자본을 전폭적으로 지지해주는 사회이고, 이러한 세상에서 자본가가 되지 못한다면 정말 아쉬운 일일 것입니다.

자본주의 성장은 곧 기업의 성장

자본주의를 움직이는 핵심 동력은 기업입니다. 알게 모르게 기업과 가계를 분리해 생각하곤 하지만 기업과 가계는 사실 엄밀히 분리되지 않습니다. 가계에 일자리를 제공하고 임금을 지급하는 것이 곧 기업이기 때문입니다. 기업이 잘 안 되면 가계도 함께 무너집니다.

반면 기업이 살아나면 국가 경제가 살아납니다. 지금 와서는 많은 반감을 얻고 있는 단어 중 하나가 '낙수 효과'인데요, 낙수 효과가 잘 발생하지 않고 있는 것은 사실이지만 기업들이 흔들린다면 상황은 또 다를 것입니다. 기업이 잘 되어도 서민들은 그 혜택을 공유하지 못할 수 있습니다. 하지만 기업이 못 되면 서민들은 반드시 손해를 봅니다. 당장 내가 다니는 회사가 망했다고 생각해보세요. 회사가 어려우면 구조조정을 한다며 임금 삭감이나 반강제적 퇴직이 진행됩니다. 이렇듯 일자리와 임금을 공급하는 주체는 기업이기 때문에 기업이 힘들면 일자리도, 임금도 없어집니다.

여기서 어떻게 낙수 효과를 이끌 것이며, 어떻게 기업과 가계가 함께 살아날 수 있을 것인지를 이야기하려는 것은 아닙니다. 이는 어디까지나 정치적 문제이며 정치인들이 해결해야 할 문제입니다. 다만 기업이 경제에서 핵심적인 기능을 하기 때문에 기업을 위한 환경은 계속될 것이라는 사실이 중요합니다. 기업이 성장을 멈추는 것은 경제가 발전을 멈추는 것과 같습니다.

실제로 주식 시장의 역사는 경제 발전의 역사와 함께해왔습니다. 미국 다우지수의 변화를 봐도 확실히 알 수 있죠. 다우지수는 우리나라로 치면 코스피 지수입니다. 몇백에 불과했던 다우지수는 현재 2만 근처까지 꾸준히 상승해왔습니다. 중간에 대공황도 있고, 전쟁도 있었지만 결국은 계속 발전했습니다. 오랜 기간 '박스피'*라는 오명이 씌워져 있던 코스피 지수 또한 시간 문제일 뿐, 결국은 다우지수와 같은 흐름을 그려갈 것으로 기대됩니다. 주식 시장은 경제가 발전하는 한 계속 상승하기 때문입니다.

이런 믿음은 인덱스 펀드 투자에도 반영할 수 있습니다. 중간에 지지부진한 시기가 있고, 경제에 답이 없어 보이는 시기도 있겠지만 결국

---

* 일정한 폭 안에서만 지속적으로 주가가 오르내리는 코스피. 주가가 박스권을 벗어날 정도로 크게 오르는 일이 없어졌다는 비관을 의미하기도 한다.

은 모두 극복하고 상승할 것입니다. 이런 자본주의의 본질에서 좁게는 인덱스 펀드가 장기적으로 상승할 수밖에 없는 이유를, 넓게는 우리 모두가 자본을 가져야 하는 이유를 찾을 수 있습니다.

인플레이션과 투자

인플레이션은 간단히 말해 '물가 상승'을 의미하죠. 투자에서 매우 중요한 개념이기 때문에 좀더 자세히 살펴볼 필요가 있습니다.

인플레이션의 경제적 효용

경기침체는 대개 디플레이션으로 표현됩니다. 디플레이션은 인플레이션의 반대말로, 물가 하락 및 화폐가치 상승을 의미하죠. 왜 물가가 하락하는 게 경기침체일까요? 왜 정부는 물가 하락을 목표로 하는 것이 아니라 물가 상승을 목표로 하는 것일까요?

'물가가 하락하면 좋은 것 아닌가?' 하고 생각할 수 있지만 전혀 그렇지 않습니다. 인플레이션에 대한 기대감이 있어야 경제가 잘 돌아가기 마련입니다. 투자를 하는 이유는 간단합니다. 자산 가치가 상승할 것이라고 믿기 때문이죠. 많은 사람들이 집값 하락을 기다리며 집 구매를 미루고 있습니다. 그런데 막상 집값이 하락하면 어떨까요? 가격이 다시 회복될 거라 기대한다면 집값이 떨어져도 사겠지만, 집값이 더 떨어진다고 생각한다면 사지 않을 것입니다. 즉 미래의 자산 가치가 하락할 것으로 예상한다면 사람들은 자산을 구입하지 않습니다.

인플레이션은 화폐가치 하락을 의미합니다. 반대로 디플레이션이 발생한다는 건 미래의 화폐가치가 더욱 커진다는 의미죠. 우리 경제는 지금까지 꾸준히 물가가 상승해왔습니다. 그래서 지금 100만 원과 예전의 100만 원이 같지 않다는 것을 압니다. 예전의 100만 원으로는 훨씬 많은 것들을 할 수 있었습니다. 또한 미래의 100만 원은 지금의 100만 원보다도 실질 가치가 더 하락할 것입니다. 우리는 무의식적으로 이를 받아들이고 있습니다.

만약 미래의 화폐가치가 더욱 커진다면 어떻게 될까요? 화폐야말로 최고의 투자처가 될 것입니다. 가만히 돈만 들고 있어도 미래에는 그 가치가 커질 테니까요. 화폐가치가 점차 상승할 것이라 생각한다면 대출받을 유인도 작습니다. 실질적으로 지금 빌린 돈보다 미래에 더 큰 돈을 갚아야 할 것이기 때문입니다.

그렇게 투자가 돌지 않고 대출이 돌지 않으면 경제는 정지합니다. 화폐가치의 측면에서 봐도 인플레이션에 대한 믿음이 곧 경제를 움직이는 원동력임을 알 수 있습니다. 이러한 맥락에서 인플레이션은 계속될 것이고, 자산 가치는 계속 상승할 것입니다. 그리고 정부는 이를 격려할 것입니다. 결국 자산을 보유하고 있는 것만으로도 자산 가치는 계속 상승할 수밖에 없습니다.

임금 문제도 있습니다. 자산 가격이 앞으로도 계속 상승할 것이라는 전망은 곧 노동의 가치가 계속 떨어진다는 의미와도 같습니다. 지금도 "임금은 쥐꼬리만큼 오르는데 집값은 혼자 엄청 올라버린다"고 사람들이 말합니다. 아마 앞으로도 집값보다 임금이 빠르게 오르는 시대는 오지 않을 것입니다.* 그리고 자본의 가치가 계속 상승함에 따라 노동의 가치는 그만큼 상대적으로 하락하게 될 것입니다. 어떤 자본가들의 음모, 부자들의 정치적 로비 등 때문에 일어나는 일이 아닙니다. 경제학의 생리 자체가 투자가 격려되어야 자본주의가 잘 돌아갈 수 있을 뿐입니다.

인플레이션과 기업

경제가 잘 돌아가고 있는지, 잘 돌아가지 않고 있는지는 어떻게 알 수 있을까요? 물가상승률을 보면 알 수 있습니다. 주식 투자자들이 가장 좋아하는 것이 바로 물가지수 상승입니다. 이는 수요가 증가하고 있다는 의미이기 때문입니다. 수요가 증가하고 물가가 상승한다면 곧 기업의 이익이 증가합니다. 그리고 일단 인플레이션이 시작되고 나면 이는 장기간 진행되는 경향이 있습니다.

---

* 한국주택금융공사에서 발간된 리포트에 따르면, 아직까지 주택가격상승률이 인플레이션보다 낮아지는 경우는 거의 없다. 물가는 계속 상승하는데(화폐가치는 계속 하락하는데) 주택은 그보다도 더 빨리 상승한다는 것이다. 선진국들의 경우 우리보다 10~20년가량 앞서 있는데도 이런 현상을 찾아보기 어려운데, 우리나라 주택 가격의 미래가 어떠할지를 잘 보여주는 듯하다.

"일단 인플레이션이 시작된 다음 그것을 중단시키는 것은
사래 긴 밭을 갈 듯이 어려운 일이다.
인플레이션은 결코 당장 멈출 수 있는 것이 아니다."
- 밀턴 프리드먼,** 『화폐경제학』(한국경제신문사, 2009) 가운데

주식 투자의 방법을 설명할 때 다룬 경기민감주와 경기방어주 내용을 기억하시나요? 인플레이션은 경기민감주를 상승시킵니다. 경기가 좋아지고 있다는 신호이기 때문입니다. 경기민감주에는 대개 해운·조선·철강·석유화학 등의 산업이 포함됩니다. 각 사업군에 해당하는 기업들을 꼽아보면 대한해운·팬오션, 현대중공업·삼성중공업, 포스코·현대제철, S-oil·한화케미칼·SK이노베이션·롯데케미칼 등을 꼽을 수 있습니다. 그야말로 우리나라를 대표하는 기업들입니다. 또한 시가총액이 큰 기업들이기도 합니다.

코스피 지수는 1980년 1월 4일을 기준 시점으로 해서 그날의 시가총액을 100, 비교 시점을 100으로 해서 '(비교 시점의 시가총액/기준 시점의 시가총액)×100'으로 산출합니다. 분자를 봤을 때 시가총액이 커질수록 코스피 지수가 높아짐을 확인할 수 있습니다. 달리 말하면 시가총액이 큰 주식이 움직일수록 코스피 지수의 변화폭도 커집니다. 시가총액 1천억 원인 주식이 10%(10억 원) 올라봤자 시가총액 280조 원

** 케인스와 더불어 20세기에 가장 큰 영향을 준 경제학자. 1976년 노벨경제학상을 수상했으며, 1988년에는 미국 레이건 대통령으로부터 대통령 자유 메달을 수여받기도 했다.

인 삼성전자가 1%(2조 8천억 원) 오르는 것에 미치지 못하는 것입니다. 삼성전자 주가의 방향에 따라 코스피 지수의 향방이 결정된다는 말이 괜한 것이 아닙니다.

이때 중요한 것은 경기민감주들의 경우 대부분 시가총액이 큰 기업들이라는 점입니다. 2011년 대세상승은 그 유명한 '차화정(자동차·화학·정유) 시대'로 경기민감주가 주도한 시장이었습니다. 경기민감주의 상승은 증시 대상승으로 이어지고 강세장을 이끌었습니다. 즉 증시가 호황되면 경기민감주들이 선두 주자로 달리게 되고, 이로 인해 수많은 주식들이 함께 오르는 선순환이 발생하며, 그것이 강세장의 힘이라는 것이죠.

최근 경기가 오랜 침체를 벗어나 회복될 조짐이 보이고 있습니다. 그 징후는 미국의 금리 인상에서 시작되었는데, 거기에 트럼프 대통령의 당선까지 더해져 경기회복에 대한 기대감이 더욱 높아졌습니다. 트럼프 대통령이 대규모 인프라 투자와 석유산업을 육성할 것임을 밝히면서 건설·철강·석유화학·해운·조선 등의 경기민감주들이 상승할 만한 여건을 조성하고 있기 때문입니다.

지금까지 인플레이션과 투자의 상관관계를 살펴봤는데요, 다음은 금리가 경제와 어떻게 연관되는지, 그리고 주식 시장에 어떤 영향을 미치는지 살펴보도록 하겠습니다. 이는 부동산과도 무관하지 않은 내용입니다.

금리와 투자

금리는 언제, 왜 인상할까요? 일반적으로는 금리를 인하하면 경기가 확장되고 금리를 인상하면 경기가 축소된다고 봅니다. 금리를 인하하면 저축도 덜할 테고 대출도 잘 받을 테니 소비든 투자든 늘어날 수 있다고 보는 것입니다. 하지만 현실적으로는 조금 다릅니다.

금리를 왜 인하할까요? 지금 경제가 좋지 않기 때문에 인하하는 것입니다. 어떻게든 경기를 활성화해보려고 하는 것이죠. 그러나 경기는 사이클이 있어 일단 하락 사이클로 접어든 이후로는 이를 되돌리기가 쉽지 않습니다. 다시 상승 사이클이 돌아올 만큼 충분한 시간이 지나야 합니다. 그리고 상승으로 접어들기 시작할 때가 되면, 비로소 다시 금리를 올리기 시작합니다.

간략하게 표현하면 '경기 사이클' 그림과 같이 진행된다고 보시면 됩

경기 사이클

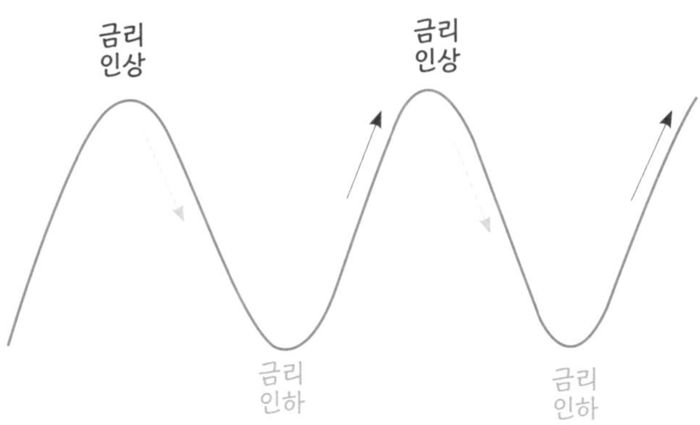

니다. 이에 따르면 금리를 인상하는 때가 오히려 경제가 좋은 때임을 알 수 있습니다. 그리고 지금은 금리가 인상되려는 시점에 와 있습니다. 상당히 의미심장한 부분입니다.

금리와 경기 흐름의 관계

비영미권 출신 투자자 중 가장 유명한 인물이자 '유럽의 버핏', '주식의 신'이라고도 불리는 앙드레 코스톨라니는 달걀 모형을 제시합니다.

채권 가격은 금리가 하락하면 상승합니다. 금리가 막 하락하기 시작하는 시점은 곧 채권 가격이 상승하기 시작하는 시점입니다. 이때 채권 투자의 매력이 증가하고 투자자들은 채권 투자를 시작합니다. 이후 금리가 어느 정도 하락하고 나면 채권 투자의 매력은 서서히 감소합니니

코스톨라니의 달걀 모형

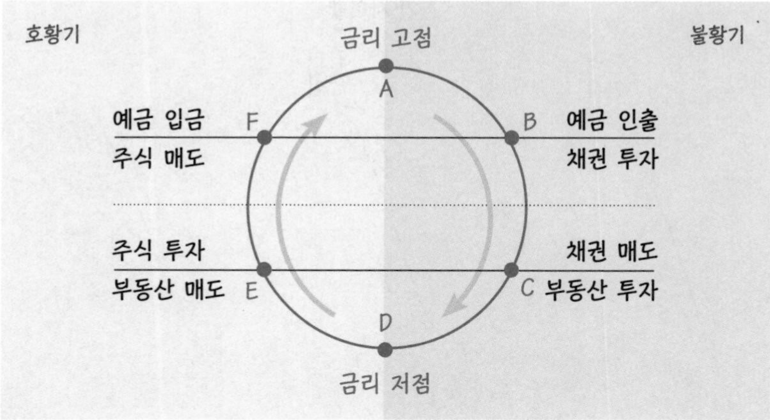

저점과 고점

투자에서 저점은 하락하던 가격이 더 내려가지 않고 상승하는 지점을 말하며, 반대로 고점은 상승하던 가격이 더 오르지 못하고 떨어지는 지점을 말합니다.

다. 이전에 매수했던 물량의 가격이 올랐으니 서서히 정리해야 하는 것입니다. 금리가 저점일 때(채권 가격이 고점일 때) 팔겠다고 기다렸다간 매도 시기를 놓칩니다. 금리가 어느 정도 하락한 이후, 즉 아직 저점을 찍지 않았을 때가 적절한 매도 시점입니다.

한편 금리가 하락하면 부동산의 투자 매력이 높아집니다. 저금리의 투자 대안으로는 부동산 투자만 한 것이 없거든요. 금리가 낮으면 굳이 투자자가 아니어도 부동산에 대한 수요가 높아집니다. 일반 서민들도 낮은 금리로 대출을 받아 집을 사려고 하기 때문이죠. 이는 곧 투기 수요를 부추깁니다. 이 둘이 맞물려 부동산 가격 상승효과를 불러일으키고 이는 연쇄적으로 또다시 부동산 투자의 매력을 높입니다. 참고로 그 유명한 미국의 2008년 서브프라임 모기지 사태는 저금리 속에서 부동산 대출이 확대된 것이 원인이었습니다.

금리가 저점을 찍고 상승하기 시작하면 이제 부동산 대출이 부담스러워집니다. 대출을 받아 부동산에 투자하기보다 새로운 투자처를 찾게 되죠. 금리 인상은 곧 경기회복의 신호입니다. 경기가 회복되면 기업들의 실적이 좋아지고, 특히 경기민감주들의 실적이 좋아져 강세장을 기대할 수 있습니다.

이제 주식이 눈에 들어오기 시작합니다. 금리가 높아지면 채권 가격은 하락할 것이고, 부동산 대출은 어려워집니다. 반면 기업 실적과 연동되는 주식은 호황기입니다. 이제 투자자들은 부동산이 아닌 주식으로 이동합니다.

금리가 고점에 다다른다는 것은 이제 경기회복이 끝에 다다랐다는 것을 의미합니다. 곧 경기가 불황 사이클로 접어들겠죠. 어차피 금리는 고점까지 계속 상승 중이므로 채권은 여전히 매력이 없습니다. 금리가 높아진 상황에서는 부동산 투자도 어렵습니다. 주식은 한 바탕 호황을 일으킨 후 이제 약세장으로 접어들 준비를 하고 있습니다. 이때는 현금만 한 것이 없습니다. 투자할 만한 곳이 보이지 않을 때는 투자금을 모두 회수해야 합니다. 다시 새로운 투자처가 보일 때까지 기다리며 예금을 하면 됩니다.

지금 우리는 어느 지점일까?

경기와 금리 사이클에 따른 투자 매력도는 이렇게 돌고 돕니다. 혹시 이 부분을 읽으면서 최근 저금리 속 부동산 호황이 떠오르지는 않았나요? 미국 증시는 이미 경기 호황에 대한 기대감을 바탕으로 연일 신고가를 갱신하고 있습니다. 반면 우리나라에선 부동산이 다시 급등하는 추세가 나타나고 주식은 약세장으로 들어서는 분위기입니다. 금리와 투자와의 관계, 그리고 코스톨라니의 달걀 모형을 떠올릴 수 있는 부분입니다.

주식과 부동산만 언급한 것은 이 책이 출간되는 시점인 지금 금리가 저점을 찍고 막 인상되기 시작하려는 시점에 와 있기 때문입니다. 이 시점 전까지의 유망한 투자처는 부동산이었으며, 이후의 유망 투자처는 주식입니다. 아직 채권과 예금은 거리가 멉니다. 하지만 이 사이클을 기억하고 있다면 앞으로 모든 사이클에 걸쳐 훌륭한 투자를 진행할 수 있습니다.

예금은 현금이 안전자산으로 떠오른다는 것인데, 또 다른 안전자산인 금이나 달러 등을 보유하는 식으로 응용할 수 있습니다. 또한 금리가 하락할 때 오랜 기간 박스권에 갇혀 있는 코스피에 묶여 있을 것이 아니라 금리 하락에 유망한 채권, 부동산을 향해 자본을 움직일 수 있습니다. 금리와 투자의 관계를 이해함으로써 '채권 → 부동산 → 주식 → 예금 → 채권 → …'으로 이어지는 투자 사이클을 알고, 이에 따라 투자처를 탁월하게 선택할 수 있을 것입니다.

환율과 투자

우리나라 주식이나 부동산이 더 익숙하고 상대적으로 더 잘 알고 있다고 생각하는 투자자들에게는 해외 자산보다 국내 자산을 더욱 선호하는 '국내 자산 선호 편향(home bias)'이 있습니다. 그렇기 때문에 투자할 때 환율을 상대적으로 덜 중요하게 여기곤 합니다.

사실 환율 역시 금리만큼이나 재테크에서 중요한 지표인데요, 특히 우리나라는 전체 경제에서 무역이 차지하는 비중이 크기 때문에, 환율과 국제 정세의 변화가 국내 주식과 부동산 시장에까지 많은 영향을 미칩니다.

환율과 금융 자산과의 관계

환율이 오르면 상대적으로 우리나라 수출품의 가격 경쟁력이 높아져 수출이 늘어날 가능성이 커집니다. 예를 들어 3천 원짜리 제품을 판다고 했을 때, 환율이 '1달러=1,000원'일 경우에는 3달러에 팔아야 하지만, '1달러=1,500원'으로 오르면 2달러에 팔 수 있기 때문에 가격 경쟁력이 높아지는 것이죠.

따라서 단순하게 보면 환율이 오르면 주가도 오를 것 이라고 생각하기 쉽습니다. 그러나 실제로는 환율이 상승하면 코스피 지수는 하락하고, 반대로 환율이 떨어지면 코스피 지수는 상승하는 현상이 벌어집니다. 그 이유가 무엇일까요?

첫 번째로는 외국인 투자자를 이유로 들 수 있습니다. 우리나라 유가증권 시장에서 외국인이 보유한 주식의 총액은 592조 7,240억 원으로 전체 시가총액의 32.2%에 달합니다(2018년 7월 기준). 이때 환율이 급격히 오르게 되면 국내에 투자한 외국인들은 한국 경제에 뭔가 좋지 않은 일이 생겼다고 생각합니다. 즉 외국인 투자자들이 싫어하는 불확실

환율과 코스피의 관계

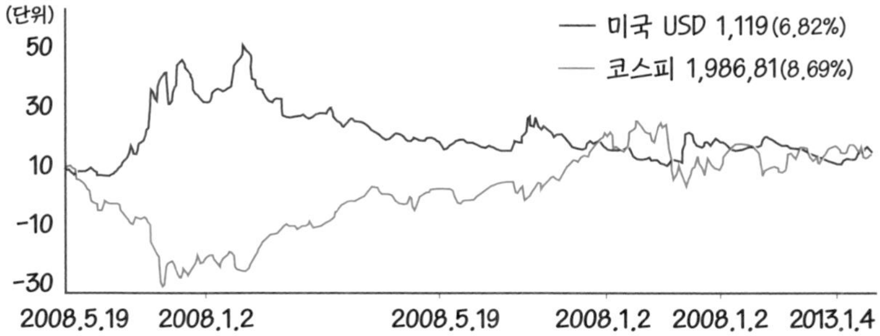

출처: 네이버 금융

성이 커진 상황인 것이죠. 그래서 이들은 보유하고 있던 주식을 매도하게 되고, 이로 인해 코스피 지수가 하락하게 되는 것입니다. 그렇기 때문에 정부에서는 환율이 오르면 이를 안정시키기 위해 많은 노력을 기울입니다.

두 번째로 세계경제의 영향입니다. 글로벌 경제위기 없이 세계경제가 잘 굴러간다면 국내 수출은 증가합니다. 수출이 증가한다는 말은 무역의 결제 수단인 달러가 우리나라로 많이 들어오게 된다는 것이고, 그러면 환율이 떨어지게 됩니다. 환율이 떨어지는 원인이 우리나라 기업의 수출 증가에 있다 보니 주가가 상승하는 것이죠. 그래서 환율이 떨어지면 오히려 코스피 지수가 상승하는 현상이 벌어지는 것입니다.

환율이 오르내리는 것은 이처럼 경제 상황과 밀접한 관계가 있기 때문에, 경기에 따라 인상과 인하가 결정되는 기준금리 역시 환율의 영향을 받는다고 할 수 있습니다. 또한 금리가 오르면 주가와 채권 가격은 내려가며, 금리가 내려가면 주가와 채권 가격이 올라가는 경향*이 있습니다. 그렇기 때문에 환율과 금리, 그리고 금융 자산은 서로 밀접한 영향을 주고받으며 시장에서 등락을 반복합니다.

환전, 그리고 헷지

요즘 안정적인 수익을 위한 자산 배분 또는 고수익을 위해 해외 펀드나 주식에 투자하는 사람들도 부쩍 많아졌습니다. 특히 별다른 환헷지** 없이 해외 자산을 외국 통화 표시 자산으로 투자한다면 환율의 변동이 투자 수익에 큰 영향을 미칩니다. 예를 들어 해외 펀드에서 10%의 수익이 났을 경우 환율이 10% 올랐다면 수익은 20%가 되지만, 반대로 환율은 10% 떨어졌다면 수익은 본전에 가깝게 돼버리고 맙니다. 이렇듯 해외 투자를 할 경우에는 환율 변동의 추이가 중요합니다.

그러나 해외 펀드라고 해서 무조건 환헷지가 유리한 것은 아닙니다. 환율 변동에 따라 하지 않는 것이 유리할 수도 있으므로 투자 전에 환헷지를 하는 상품인지 아닌지 확인해야 합니다. 다만 환율 하락(원화 가

* 일반적으로 금리가 오르면 주식에 투자했던 자금을 이자가 높아진 예금으로 옮기기 때문에 주가가 떨어진다. 금리가 오르기 전에 발행되었던 채권 역시 수익률이 상대적으로 나빠져 가격이 하락할 수 있다.

** 사전에 미래의 환율을 미리 약속해두는 것. 이를 통해 환율 변동에 따라 발생 가능한 투자 손실이나 수익을 줄일 수 있다.

환율에 따른 해외 투자의 수익 변화

1달러가 1,000원일 때 100달러(100,000원)를 해외에 투자해
10% 수익(10달러)을 올려 110달러를 번다고 가정

환율이 1달러 1,000원에서
1,100원으로 10% 올랐을 경우
→ 110달러 × 1,100원
→ 121,000원
21% 수익

환율이 1달러 1,000원에서
900원으로 10% 떨어졌을 경우
→ 110달러 × 900원
→ 99,000원
본전 이하

치 상승)이 예상된다면 반드시 환헷지 상품에 가입해 환율에 따른 투자 손실이 발생하지 않도록 미리 예방해야 합니다.

환율은 부동산에도 영향을 미친다

부동산은 상대적으로 금융 투자에 비해서는 환율의 영향을 덜 받습니다. 하지만 아예 영향이 없는 것은 아닙니다. 부동산 투자 역시 환율에 따라 투자 성과가 달라질 수 있습니다.

크게 금리와 소비 및 투자 차원에서 살펴보겠습니다. 앞에서 말한 것처럼 투입 금액이 큰 부동산 투자는 보통 대출을 이용하기 때문에 금리가 매우 중요합니다. 문제는 금리가 환율의 영향을 아주 많이 받는다는 것이죠.

금리가 낮아지면 부동산 투자자의 입장에서는 일시적으로 유리하겠

지만, 국내에 들어온 외국 자본은 금리가 높은 다른 나라로 빠져나갈 가능성이 높습니다. 글로벌 자금이 빠져나간다는 말은 원화의 수요가 줄어들어 환율이 올라갈 수 있다는 뜻이며, 이를 막기 위해 다시 금리를 높일 수 있습니다. 당연히 부동산 투자를 위한 대출은 받기 어려워지겠죠. 이런 이유로 부동산 투자를 할 때 환율이 지나치게 높다면 금리가 곧 상승할 수 있다는 가능성을 염두에 두는 것이 좋습니다.

우리나라가 세계 10위권의 경제대국이 된 이후 다른 나라의 경제 상황이 우리나라에도 직간접적으로 많은 영향을 주고받고 있습니다. 단순히 우리나라의 금융 상품(주식·채권·펀드 등)이나 부동산에만 투자한다고 해도 환율과 세계경제 정세를 어느 정도는 파악하고 위험에 대비하는 자세가 필요한 이유입니다.

앞으로의 투자 전망

투자에는 사이클이 있습니다. 당연히 모든 투자에 적용되는 이야기지만, 여기선 주식 투자를 예로 들어보겠습니다.

세계 증시의 사이클

1930년 전후 미국에서 세계 대공황이 터집니다. 당시 얼마나 많은 사람들이 주식 투자로 피해를 보았을까요? 대공황이 터지기 전인 1920년대

미국 다우존스 차트

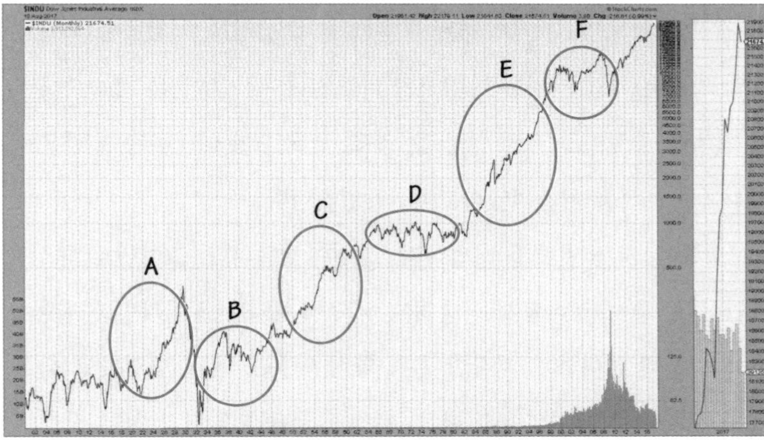

는 그야말로 미국 경제에 장밋빛 전망만 가득하던 때였습니다. 너나 할 것 없이 모든 사람이 주식을 매수하려던 때죠. 다우존스 차트에서 A는 1920년대 내내 지속되던 증시 호황을 잘 보여줍니다.

하지만 대공황이 터지면서 증시는 오르기 전보다도 더 떨어지며 그야말로 대폭락했습니다. 소수의 부자들을 제외하곤 대부분의 사람들이 피해를 보았을 것입니다. 우리나라에서 IMF 사태, IT 버블, 금융위기 때 누군가는 이를 기회로 활용해 부자가 되었지만, 대부분의 사람들은 피해를 보았던 것처럼 말입니다.

대공황 이후 사람들은 주식 투자를 불신하게 됩니다. '주식=패가망신'이라는 공식을 떠올리며 주식을 가능하면 멀리하고자 합니다. B는 이를 잘 나타냅니다. 그림에선 이 기간이 별로 길지 않아 보이지만 무려 20년의 기간입니다. 그 오랜 시간 사람들은 주식을 멀리합니다.

이 기간 동안 기업도 발전을 멈췄을까요? 그렇지 않습니다. 대공황은 결국 회복되었고, 기업들은 꾸준한 실적 향상을 이뤄냈습니다. 주식의 가치는 기업 가치를 따라가기 마련입니다. 기업들은 계속 발전하고 있는데 주식이 오르지 않을 순 없죠. 결국 B에 해당하는 20년은 에너지를 응축하는 기간이었다고 볼 수 있습니다.

모인 에너지는 언젠가 터집니다. 그것이 C입니다. 그야말로 대상승기입니다. 증시가 이렇게 상승하니 '주식=패가망신'이라던 사람들도 주식 시장에 참여하기 시작합니다. 옆집 이웃도 돈을 벌었다고 하고, 회사 동료도 돈을 벌었다고 하고, 친척도 돈을 벌었다고 하니 참을 수가 없겠죠. 다 같이 잘되는데 나만 안 될 리 없다고도 생각합니다. 이렇게 주식 투자를 안 하던 사람들이 새로운 매수자로 등장하며 증시는 상승 흐름을 이어갑니다. "주식 투자를 도박이라고 생각하는 사람들이 있기 때문에 주식 투자가 성공할 수 있다"는 말이 괜한 것이 아닙니다. 그들은 곧 잠재적 매수 대기자인 것입니다.

시간이 흘러 응축했던 에너지를 모두 쓰고 나면 이제 상승할 힘이 없습니다. 다시 성장 에너지를 모으는 시간이 필요합니다. 기업 실적이 좋아지고, 경제가 발전하며, 증시가 저평가로 보일 만큼 시간이 흘러야 합니다. 바로 D 시기죠. 오랜 기간 증시가 지지부진하다 보니 사람들이 주식 시장을 떠나고, 증시는 지루한 흐름을 이어갑니다. 그리고 일정 기간이 지나면 아까와 같은 원리로 다시 대상승을 기록하며 사이클이 반복됩니다. E와 F처럼요

현재 어느 위치에 있을까?

투자에서 사이클을 이해하는 것은 중요합니다. 오랜 기간 상승세를 이어간다고 할 때, 그 모든 기간 내내 상승만 하는 투자처는 거의 없습니다. 대부분 상승과 하락을 거치고 조정 기간을 거치며 우상향(가로축을 시간이라고 했을 때 그래프 우측으로 상승)을 이어가는 것입니다.

이때 조정 기간은 몇 주 또는 몇 달 내에 끝나는 것이 아니라 몇 년의 시간이 되는 경우가 많습니다. 다시 에너지가 쌓일 때까지 기다림이 필요하기 때문입니다. 평가이익*을 보던 사람들이 수익을 실현하는 기간이 필요하고, 새로운 투자처로 옮겼다가 돌아오는 시간이 필요하며, 사람들의 소득이 올라가 자산을 살 수 있는 자금이 모일 시간이 필요합니다. 그렇게 시간이 흐르면 응축된 에너지는 다시 폭발하게 됩니다.

그렇다면 최근의 부동산 및 주식은 어떤 위치에 있을까요? 상승 흐름을 탔을 때 그 흐름이 얼마나 이어질지, 조정 기간에 접어들었다고 할 때 그 조정이 얼마나 이어질지는 아무도 모릅니다. 하지만 장기적 관점에서 본다면 답은 그렇게 어렵지 않습니다. 많이 올랐다면 조정이 있을 것이며, 오랜 기간 조정이 이어지고 있다면 언젠간 오를 것입니다. 투자는 주식이든 부동산이든 장기 투자가 필수입니다. 그리고 장기적으로 볼 수만 있다면 투자는 그때부터 쉬워집니다.

---

* 미실현이익. 자산의 취득원가와 비교해 자산을 계속 보유함으로써 점점 시장가치가 증가하는데, 이에 따른 자산 가치의 증가분을 평가익 또는 장부상이익이라 한다(매일경제).

주택 실거래 가격 지수

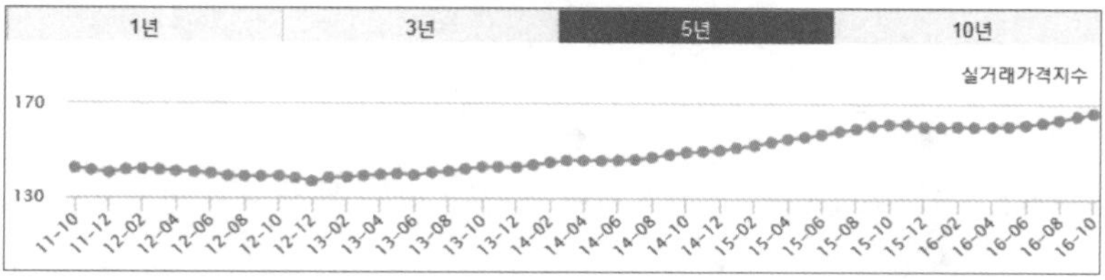

출처: 한국감정원

코스피 지수

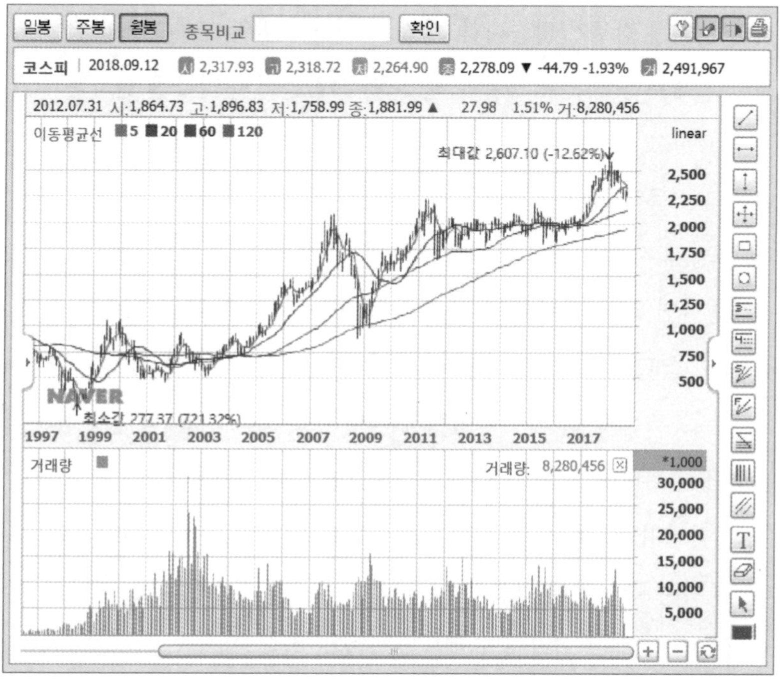

출처: 네이버 금융

현재 부동산과 주식 시장은 어느 위치에 있으며 앞으로는 어떨까요? 자금은 어떻게 운용해야 할까요? 그 답은 당신의 판단에 달려 있습니다.

미주

PART 1 — 기초 다지기

CHAPTER 1 — 나를 둘러싼 경제

1 [리포트+] 식료품 물가 1위 '서울'…파리와 뉴욕도 앞질렀다?, 〈SBS NEWS〉, 2017.04.01

2 e-나라지표(www.index.go.kr/potal/main/EachDtlPageDetail.do?idx_cd=1492)

3 한국통신 민영화 15년 통신비는 오르고 노동자는 잘리고, 〈매일노동뉴스〉, 2017.04.12

4 『최진기의 지금당장 경제학』, 최진기 지음, 스마트북스 펴냄

5 中정부, "세금 많다" 불평한 와하하 회장에 깨알 반박, 〈연합뉴스〉, 2017.01.19

6 北 주민, 세금에 강한 불만… 공공연히 김정은 욕, 〈서울신문〉, 2016.10.21

7 복지천국? 노르딕 모델은 환상, 〈신동아〉 2017.04.10

8 [라이코스이야기 22] 미국 의료보험 이야기. 에스티마의 인터넷이야기(estimastory.com)

CHAPTER 2 — 사회를 움직이는 경제

1 [팝콘경제] 원·달러 환율인가? 달러·원 환율인가?, 〈아시아경제〉, 2015.08.17

2 [유정우의 머니&엔터] 中, 한류 예능 제동… 한류 콘텐츠 수출 비상, 〈텐아시아〉, 2016.07.28

3 경제검찰 공정위 옛 명성 되찾는다…권한 대폭 강화, 〈CBS노컷뉴스〉, 2017.05.12

4 [이제 다시 주식이다①] 박스권 증시··시장 불신 팽배, 〈한국경제TV〉, 2017.02.13

5 오호영 한국직업능력개발원 선임연구위원, '4차 산업혁명에 따른 취약계층 및 전공별 영향' 이슈브리프

6 『대한민국 재테크 생활백서』, 이정우 지음, 비즈로드, 171쪽

7 『물권법』, 곽윤직·김재형 지음, 박영사, 14쪽 "구미 각국의 법제에서는 건물은 독립성이 없으며, 토지의 일부이다"

CHAPTER 3 — 세계를 바꾸는 경제

1 전기차 시대 성큼 "2030년 이후 석유 수요 줄어든다", 〈에너지경제〉, 2017.04.26

2 1997년을 기억하는 스무 가지 방식(9) 재벌의 자신감, 〈중앙일보〉, 2017.06.04

3 『아시아 외환위기의 발생과정과 원인』, 최두열 지음, 한국경제연구원 펴냄

4 글로벌 금융위기와 한국의 정책대응(글로벌 금융위기 극복백서 편찬위원회), 한국경제포럼 제2집 제1호 글로벌 금융위기의 전개과정(최혁) 참고

5 〈2016 브렉시트 국민투표 결과와 시사점〉, 코트라

6 영국은 왜 유럽연합(EU)을 탈퇴하려고 하나(news.joins.com/Digitalspecial/86), 〈중앙일보〉 디지털제작실

7 주한영국상공회의소 대표 "한-영 FTA 논의 진행중…브렉시트 타격 최소화", 〈SBS CNBC〉, 2017.04.03

8 日대표작가 히라노 "하루키 글 안 좋아해 안 읽는다", 〈문화일보〉, 2017.05.03

PART 2 — 지식 넓히기

CHAPTER 5 — 세상을 새롭게 하는 마케팅

1 스타벅스·이디야 실적 대폭 증가…투썸은?, 〈EBN〉, 2018.04.26

PART 3 — 투자하기

CHAPTER 7 — 주식과 펀드 투자

1 조선·해운 등 '종목형 ELS' 투자자 어쩌나, 파이낸셜뉴스, 2016.07.24

CHAPTER 8 — 부동산 투자

1 방송희, 「중장기 주택가격 하락리스크 점검」, 한국주택금융공사, 2016, 10쪽

사이다경제

초판 1쇄 발행 2018년 10월 1일
초판 5쇄 발행 2019년 9월 20일
지은이 사이다경제
펴낸곳 원앤원북스 | **펴낸이** 오운영 | **경영총괄** 박종명
편집 최윤정 · 김효주 · 채지혜 · 이광민 | **마케팅** 안대현 · 문준영
등록번호 제2018-000058호 | **등록일자** 2018년 1월 23일
주소 04091 서울시 마포구 토정로 222 한국출판콘텐츠센터 306호 (신수동, 한국출판콘텐츠센터)
전화 (02)719-7735 | **팩스** (02)719-7736 | **이메일** onobooks2018@naver.com
블로그 blog.naver.com/onobooks2018
값 17,000원 | **ISBN** 979-11-89344-14-6 03320

이 도서의 국립중앙도서관 출판예정도서목록(CIP)은 서지정보유통지원시스템 홈페이지(http://seoji.nl.go.kr)와 국가자료공동목록시스템(http://www.nl.go.kr/kolisnet)에서 이용하실 수 있습니다.(CIP제어번호: CIP2018029712)